教育部人文社会科学重点研究基地山东师范大学齐鲁文化研究院"十三五"规划重大项目

山东省中华优秀传统文化转化创新重大理论研究项目

当代视域下的
中国传统经济制度与思想研究

陈新岗 著

人民出版社

责任编辑:宫　共
封面设计:源　源
责任校对:徐林香

图书在版编目(CIP)数据

当代视域下的中国传统经济制度与思想研究/陈新岗 著. —北京:
　人民出版社,2020.12
(中华优秀传统文化的时代价值研究/安作璋,王志民主编)
ISBN 978-7-01-022762-7

Ⅰ.①当… Ⅱ.①陈… Ⅲ.①中国经济-经济制度-研究②经济思想-
　研究-中国 Ⅳ.①F121②F092

中国版本图书馆 CIP 数据核字(2020)第 245840 号

当代视域下的中国传统经济制度与思想研究
DANGDAI SHIYU XIA DE ZHONGGUO CHUANTONG JINGJI ZHIDU YU SIXIANG YANJIU

陈新岗　著

人民出版社 出版发行
(100706　北京市东城区隆福寺街 99 号)

中煤(北京)印务有限公司印刷　新华书店经销

2020 年 12 月第 1 版　2020 年 12 月北京第 1 次印刷
开本:710 毫米×1000 毫米 1/16　印张:18.25　字数:289 千字

ISBN 978-7-01-022762-7　定价:55.00 元

邮购地址 100706　北京市东城区隆福寺街 99 号
人民东方图书销售中心　电话 (010)65250042　65289539

总　序

　　本套丛书是教育部人文社会科学重点研究基地山东师范大学齐鲁文化研究院"十三五"规划重大项目的结项成果。2015 年，以安作璋教授、王志民教授为首席专家，入选山东省中华优秀传统文化转化创新重大理论研究项目"中华传统文化思想内涵的时代价值辨析研究"。在实施项目之初，课题组经过反复讨论，决定以十八大报告提出的社会主义经济建设、政治建设、文化建设、社会建设、生态文明建设五位一体总体布局为指导思想，多角度结合中华优秀传统文化的实际，进行课题整体框架设计，于是将该课题分设为五个子课题："中国传统经济体制和经济思想的时代价值辨析研究"；"中国传统政治体制和治国理政思想的时代价值辨析研究"；"中国传统思想文化的时代价值辨析研究"；"中国传统社会管理体制和管理思想的时代价值辨析研究"；"中国传统生态文化及其时代价值辨析研究"。这虽然有利于对课题研究的创新和深入，但也大幅增加了研究的学术难度和完成任务的工作量。

　　在首席专家安作璋教授、王志民教授的组织领导下，为完成本课题采取了以下重点措施：一是聘请在相关子课题领域素有研究的较强的骨干研究力量，形成了以孟祥才教授、陈新岗教授、朱亚非教授、王林教授、刘厚琴教授等学术水平高、研究能力强的学者为子课题负责人，并组织起结构合理、研究能力较强的科研团队。二是高度重视了每个子课题的框架布局和提纲设计。在首席专家领导下，多次举行研讨会，发挥团队学术优势，逐一研究、厘定各卷提纲目录，既强调各卷内容的协调，体现项目的整体统一性，又突出各卷的重点和特色，力求从整体上提升项目质量。三是突出坚持和强调以挖掘、阐发时代价值为主线。通过认真学习、深入研讨党的十八大以来习近平总书记的相关论述和党中央有关文件精神，为准确把握、深入阐释优秀传统文化的当代价值做了不懈努力。四是以研讨方式，尽力抓好对各卷的审稿、修改、统稿工作，力求提升整体撰写水平。特别值得提出的是，首席专家安作璋先生，以90多岁高龄，倾力于该项目的研究推进，坚持出席每次会议，给予具体指导。2019年2月20日，安作璋先生因病去世后，在王志民教授的带领下，课题组成员充分发扬了团结协作的学术精神，继续完成课题的后续工作。2020年8月底，五个子课题全部定稿。经课题组成员会议商定，书稿总名为《中华优秀传统文化的时代价值研究》，全书分为五卷，第一卷为《当代视域下的中国传统经济制度与思想研究》，第二卷为《当代视域下的中国传统政治文化研究》，第三卷为《当代视域下的中国传统儒道释文化研究》，第四卷为《当代视域下的中国传统社会管理研究》，第五卷为《当代视域下的中国传统生态文化研究》。

中华传统文化积淀着中华民族最深层的精神追求，代表着中华民族独特的精神标识，是我们今天社会主义新文化建设的文化基因。努力传承与弘扬中华优秀传统思想文化，去其糟粕、取其精华，深入探究、挖掘其时代价值，实现对传统经济、政治、思想文化、社会管理、生态文化的创造性转化与创新性发展，是我们当代学人光荣而艰巨的历史责任。参与本项目研究的校内外13位专家，正是怀着这样一种强烈的使命感、责任感，团结合作，戮力同心，以严肃认真的态度去对待这项重要科研任务，在历经四年的不懈努力后，终于较圆满地完成了本项目的撰写任务。

回顾该项目的编纂出版过程，我们由衷怀念和感谢安作璋先生为本项目作出的重大贡献；衷心感谢山师大历史文化学院副教授秦铁柱博士为该项目的实施所做的大量编务、会务等默默无闻的琐碎工作；感谢学校和齐鲁文化研究院相关领导对项目编纂与出版的鼎力支持；感谢人民出版社王萍主任及相关编辑的辛勤付出。没有各方面的大力支持，本项目能如此顺利出版发行是不可想象的。

在编纂过程中，我们也深深体会到：本项目创新要求高，论述难度大，真正做成高质量、高水平之作，远非易事。我们虽然尽了自己的最大努力，但由于各卷所涉史实既专又广，其中数卷是多人集体之作，在许多问题的把握和研究上，仍存在可修改和完善之处。望学界同仁与读者多予批评、指导是盼。

王志民

2020 年 10 月 16 日于泉城

目　　录

第一章　绪　论

经历了无数的历史磨难，也经过了数代人的艰辛努力，中国经济再次回到世界舞台中央，中华民族距离伟大复兴也是咫尺之遥。当代中国经济成功的原因是什么？学界有很多解释，如技术创新说、资本投入说、劳动红利说、制度变迁说等等，虽然每一种解释都很有道理，但笔者更倾向于文化基因说。这种文化基因最主要是指传统经济带给我们的成功信念，即"通过努力我们可以成功"的历史信念，包括积极有为、自强不息、心怀天下、不折不挠、以史为鉴等优秀历史品格。这些成功信念，是传统中国乃至近代中国中华民族生生不息的原因，更是当代中国乃至未来中国持续走向成功的保证。成功信念之形成，与中国传统经济之成功密不可分，而传统经济之成功离不开传统经济制度与经济思想的支撑。就经济制度而言，中国传统经济制度主要包括但不限于土地制度、赋税制度、工商管理制度、货币制度等；就经济思想而言，中国传统经济思想主要包括但不限于义利思想、重农抑商思想、消费思想、轻重思想等。限于篇幅，本书将围绕上述重大经济制度和经济思想展开探讨，在简要阐述其历史内涵演变的基础上，突出强调其经验教训和时代转化。

一、土地制度变迁

土地制度是最基本、最重要的传统经济制度。土地既是人类文明不断发展进步的依靠，也成为历史上无数冲突和战争的起因。历代统治者对土地的管理，不论是对于土地所有权的规定，还是通过赋税徭役等制度对来源自土地的财富进行分配，具体的做法虽在几千年历史中有所变化，但对土地进行重点管理的态度却是从未改变。中国历史上的土地制度变迁，不但对传统政治产生了重大影响，同时也带来了农业经济的繁荣和思想文化的传承。风物长宜放眼量，无论历史上的土地制度变迁，还是当代的土地制度变革，都离不开土地这一永恒的主题。只要主题没有发生变化，我们的研究便具有了历史意义和现实价值。

传统土地制度经历了许多变迁。从土地所有权的角度看，传统社会经历了宗族土地所有制、土地国有制、土地私有制等大的历史阶段；从土地具体经营的角度看，传统社会经历了井田制、授田制、名田制、均田制、租佃制等大的组织方式。夏商周时期，宗族土地所有制是主要土地所有制，井田制是主要土地耕作经营制度，"贡"法、"助"法、"彻"法是主要赋税形式。春秋时期，宗族土地所有制逐步向国家土地所有制转变，井田制度逐步瓦解。战国至唐朝中叶，土地国有制逐渐占据主导地位（总体呈下降趋势），土地私有制也得到迅速发展（总体呈上升趋势）。授田制、名田制、屯田制、占田制、均田制是最重要的土地经营制度。赋税形式主要表现为两汉的田税、曹魏的屯田户调、西晋的占田户调、隋唐的租庸调等。唐朝中叶至明清时期，土地私有制逐渐确立了主导地位，土地国有制则极度萎缩。租佃制是最重要的土地经营制度，明清时期进一步发展为永佃制。田赋等是主要赋税形式，但经历了两税法改革、王安石改革、"一条鞭"法改革、"摊丁入亩"改革等重要阶段。

土地制度变迁既有"得"也有"失"。只有符合农民利益的土地制度，才是王朝政权稳定的好制度。但凡历史上繁荣昌盛的时代，大都是统治者较好地处理了土地制度的时代，如"文景之治""开元盛世""康乾盛世"等；但凡历史上黑暗暴力的时代，大都是因土地制度失衡而导致政治军事上的混乱无序，如东汉末年的军阀混战、明朝末年的农民起义等。成功的统治者总是通过土地制度调整来获得民心进而取得长治久安，失败的统治者总是漠视土地关系的剧烈变动从而失去民心进而政权崩溃。

传统土地制度对当代农地流转制度改革具有显著的时代转化价值。土地流转是指在保证土地承包经营权的基础上，农户将土地经营权（使用权）

转让给其他农户或经济组织，即保留承包权，转让使用权。农户可以通过转包、转让、入股、合作、租赁、互换等方式出让经营权，鼓励农民将承包地向专业大户、合作社等流转，发展农业规模经营。围绕土地制度的时代转化与当代农地流转制度改革，我们应做好以下工作：一是农地流转一定要实现农业规模经济。家庭农场、农业产业园区等都是较好的规模经营模式。除土地流转外，我们也可以采取提高农业生产效率的其他选项。二是农地流转必须坚持公平底线。就国情而言，任何经济问题都是一个政治经济学问题，而不是一个单纯的经济技术问题。农地流转改革一定要以提高效率为目标，但也一定要坚持公平原

中华人民共和国农村土地承包经营权证，是农村土地承包合同生效后，国家依法确认承包方享有土地承包经营权的法律凭证。从 2017 年起，新版农村土地承包经营权证开始发放

则。三是反对土地私有化。中国历史上没有纯粹的土地国有制，也没有纯粹的土地私有制，"盛世"大都是土地产权关系处理较好的时代，尤其是国有与私有的关系。我们必须在坚持发展集体土地所有制的基础上，探讨提高激励和绩效的可能方式。四是农地流转改革必须立法先行。中国历史上的重大经济改革，如唐朝刘晏改革、北宋王安石改革、明朝张居正改革等，一般都是立法先行，通过经济立法来保证改革的顺利实施。作为顶层设计的农村土地制度改革，必须遵循全面依法治国的基本要求。

二、重大工商业经营

重大工商业经营制度是传统经济制度的重要构成，它是社会稳定和经济发展的重要保障。工商业是国民经济的重要补充，发展工商业对于国家治理具有重要意义。历代统治者围绕盐铁茶酒等有关国计民生的重大工商业经营，形成了一整套相对完整的制度或政策，即重大工商业经营须由官府和私人共同参与为特点的"刘晏模式"。"刘晏模式"的关注点是重大工商业，即国计民生行业。历代对国计民生行业的界定，一般是事关百姓日常生活和国

家财政税收的重要行业，如煮盐、冶铁、开矿等。国计民生行业呈现历史的动态演进，有的行业曾经属于国计民生行业但后来成为一般工商业，有一些行业则从一般工商业上升为重大国计民生行业。

重大工商业经营以刘晏改革为界分为两个阶段。唐朝刘晏改革以前，是官营和民营的充分实验期。商周时期，工商业实行"工商食官"制度。春秋战国至西汉前期，国家对煮盐、冶铁、酿酒等行业实行自由放任政策，私营工商业得到迅猛发展，并出现了古代商品经济发展的第一次高潮。自汉武帝始，重大工商业完全进入官营轨道，民营工商业发展受到严重限制。刘晏改革实现了官营与民营的有机结合，并成为后世重大工商业经营的典范。唐朝刘晏在盐业、漕运等改革中实行官商合作，变以前的"官府独利"为现在的"官商分利"，我们把上述改革模式称之为"刘晏模式"。刘晏改革以后，官营与民营相兼成为历代重大工商业经营的主要原则。鸦片战争以后的重大工商业经营改革也深深带有"刘晏模式"烙印，尤其是官督商办、官资商办、官商合办等工商经营方式，无不反映出官营私营、官商分利等问题。

世界上任何一种经济体制或模式的建立，都离不开历史和传统的影响。中国历史上的重大工商业经营实践及其思想给后代人留下了宝贵财富。适时转化这些宝贵经验，不仅有助于了解传统经济的成功，也有助于现代经济的改善。当代中国政府所推动的混合所有制改革，是国家面对新的政治经济形势，在国有企业与民营企业之间实现良性互融的有效尝试，也是提高中国经济活力，改善社会民生的重大改革举措。围绕重大工商业经营与当代混合所有制改革，我们应做好以下工作：一是充分发挥"刘晏模式"对混合所有制改革的助推作用。"刘晏模式"的本质在于探讨不同时代国有与民营的结合形式及效率问题。国有企业、私营企业及混合所有制企业都能做好国计民生行业。二是科学定义国计民生行业。在混合所有制改革中，我们要按照国有企业与国计民生的相关程度，准确界定不同国有企业的功能，合理确定国有产权与其他产权的结合方式。三是强化产权保护制度。王朝政府之所以能够不断将国计民生行业纳入自己的垄断经营范围，一个非常重要的原因是没有严格的产权保护制度。混合所有制改革必须加强产权保护，既要防止国有资产流失，又要避免侵犯私有产权。四是国有企业必须去行政化。重大工商业完全官营会带来诸多问题。我们可以积极发展职业经理人市场，通过市场竞争机制实现职业经理人在混合所有制企业中的优胜劣汰。五是实现国有资本与民营资本的双向流动。"刘晏模式"的重要启示就是在重大工商业经营中引入了商人和商业机制。私人资本可以参与到国有企业和项目之中，国有资本亦可以参与到私人资本及其项目之中，实现交叉持股、相互融合。

三、"钱荒"、通货膨胀与货币治理

货币制度不仅是传统经济制度的重要构成，也是传统经济走向巅峰的重要支撑。古代中国曾长期遥遥领先于世界其他国家和民族。从某种意义上讲，传统文化不仅是古代中国发达的表现，也是古代中国发达的重要原因。作为传统文化的重要组成部分，包括货币制度在内的货币文化对于古代中国之发达也具有重要意义。货币形制、货币铸造、货币流通等是传统货币制度的主要内容。就货币流通而言，"钱荒"与通货膨胀是两个极为明显的特点，两者此起彼伏，深刻影响了古代中国经济发展。历代政府针对"钱荒"与通胀，也出台了许多货币治理措施。

"钱荒"与通胀是两种重要的货币流通现象，对古代社会经济产生了深刻影响。"钱荒"主要出现在唐朝中期至明朝中期这一段时期内，尤以两宋最为突出。到明中期白银货币化完成，贵金属货币体系取代贱金属货币体系以后，"钱荒"现象得以终结。唐朝中期以来，货币购买力直线上升，物价急剧下降，时人还没有"钱荒"的明确称呼，多以"钱重物轻""钱少物多"等语言表达通货紧缩现象。北宋出现了明确的"钱荒"概念，欧阳修、余靖、包拯、苏辙等人先后论及当时的"钱荒"问题。北宋人一般把"钱荒"归咎于赋税征收现钱（包括王安石推行新法增收现钱），"钱荒"发生地区一般都讲东南地区。南宋思想家认为要解决"钱荒"就要进一步实行"铜禁"和"钱禁"，特别是禁止铜钱销毁和外流。通货膨胀则是统治者强加于货币流通的一种人为现象。历代统治者为了满足财政需要，铸币减重和滥发纸币现象层出不穷，从而造成通货膨胀此起彼伏，一次比一次严重。从汉朝到辛亥革命以前，历代发生过较大的通货膨胀有 15 次。金属货币流通条件下，统治者大都通过贬损通货的方式掠夺民财。自北宋纸币产生后，很快成为政府攫取民间财富、弥补巨额财政赤字的工具。两宋、金国、元朝等王朝政权在这种危险的货币游戏中苟延残喘，最终走上了亡国之路。

古代货币史告诉我们，货币治理同国家兴亡有密切关系。有效的货币治理能够促进社会经济发展，混乱或无效的货币治理则成为社会危机的导火索。围绕古代货币治理的时代转化与当代货币制度改革，我们应做好以下工作：一是通过适当的货币政策避免出现"钱荒"现象。无论自然经济条件下，还是市场经济条件下，通货紧缩对经济发展都会导致不利影响。古代社会通过短陌、虚实钱、飞钱乃至纸币等措施应对通货紧缩。在现代经济中，通货紧缩比通货膨胀具有更大的危害，通货紧缩一般仰赖于货币政策和财政政策相配合。二是保持适度的通货膨胀率。中国历史上因通胀而亡国的案例很多，如元朝因宝钞大幅贬值而亡国，南京国民政府因法币恶性通胀而丢掉政权等。在现代经济中，适当的通货膨胀有利于经济发展，我们必须通过货币政策保持合理的通货膨胀率。三是降低财政赤字对通货膨胀的影响。中国历史上通货膨胀爆发的根本原因就是财政收支的极度不平衡。在现代经济中，财政赤字虽然不是导致通货膨胀的最重要因素，但依然对通货膨胀之形成具有诱导作用。政府必须采取措施尽可能降低财政赤字，从而降低财政赤字对通货膨胀的影响。四是稳定人们的预期。古代思想家非常重视政府发行纸币的信用，主张引导人民的预期，实行稳定的政策。五是坚持人民币国际化。中国历史上很多时期的货币国际化现象较为突出，如北宋铜钱的国际化等。目前中国已经是世界经济大国，要想真正成为有影响力的经济强国，必须依托强大的国内经济，做好人民币国际化。

四、赋税制度变迁

赋税制度是最重要的传统经济制度之一，它保证了国家运转、对外战争、皇室消费等。古代王朝政治的一个重要特点是经济集权，而赋税则是经济集权的重要体现。中国最初的赋税是统治者向下属征取土产、劳役和其他实物，稍后渐变为按丁口征收军役及军需品称为"赋"，按土地及工商经营征收财物称为"税"。春秋战国以后,赋、税逐渐混合。唐宋时期,按田亩征课的又称为田赋(或田租)。清朝"摊丁入亩"后,最终完成了赋役合并征收。辛亥革命后,漕粮、芦课和官田征纳均称"田赋","税"则成为国家财政收入的一种概称或其他征课之名。

赋税制度包括田赋制度、工商税制度、专卖制度及杂税制度,但主要以田赋制度为主。田赋是古代政府收入的最基本、最主要来源。王朝统治者为征收田赋,采取了诸如户调、租庸调等一系列措施,基本保证了王朝政权的顺利运转。夏商周三代"因井田而制赋",徭役地租是主要形式。春秋战国时期,土地私有制得以确立,以田赋为代表的实物地租取代了夏商周三代的徭役地租,田赋收入成为各诸侯国最重要的财政收入。秦汉至清朝前期,实物地租逐渐转向货币地租,田赋收入一直是各个朝代最重要的财政收入之一。古代工商税的比重日益提高,成为财政收入的重要补充。西周后期,随着官营工商业的衰落和私营工商业的发展,工商业逐渐成为国家的征税对象。唐中叶以前,工商税仅作为财政收入的一般性补充。唐后期、五代及宋,财政支出日益庞大,政府逐渐对盐、酒、茶、矾、矿冶等行业增设税收或实行专卖,工商税收入在国家财政中的比重日益增大。清朝后期,工商税收范围也日渐扩大,工商税比重已经超过农业税。专卖制度从春秋战国时期开始直至汉武帝时期才基本成型。汉武帝起用桑弘羊、孔仅、东郭咸阳等人,实行盐铁专卖,建立起一套完整的官产—官运—官销的专卖体系。随着商品经济的发展和越来越多的市场因素的介入,专卖制度也由唐以前简单的直接专卖制转变为唐以后复杂的间接专卖制。杂税是正税的补充,灵活多变。政府若想在正税之外增加税额,杂税便成为经常性的手段。限于经济发达程度,唐以前的杂税较少,唐以后的杂税迅速增加。日益增加的杂税给百姓增加了极大负担,也不利于社会发展稳定。为应对杂税的负面影响,历代政府进行了"两税"法改革、王安石改革、"一条鞭"法改革、"摊丁入亩"改革等。

赋税制度变迁不仅体现了现实政治经济情况的变化,也反映出国家治理能力的变化。无论是古代的赋税改革,还是当代的税制改革,皆因时而变,随事而制。围绕赋税制度的时代转化和当代的税制改革,我们应做好以下工作：一是坚持民富先于国富。赋税制度变迁告诉我们，藏富于民、百姓富足等始终是社会各阶层努力追求的一个美好目标，减轻税负是实现这一美好愿望的重要途径。在现代经济中，民富是国家长治久安的基础，政府应继续采取措施扩大居民收入在国民收入中的比例。二是坚持税负公平。历史上很多赋税改革的主要诉求就是税负公平。如管仲主张"相地而衰征"、唐朝两税法规定"人无丁中，以贫富为差"等。早期的分税制改革，没有很好解决税负公平问题。始于2018年的国地税合并改革，虽然统一了监管尺度，但仍需在公平税负方面继续努力，最终提升国家治理能力。三是坚持以纳税人为本。赋税征收从实物地租转化为货币地租，赋税改革以简化税制为目标追求，实际上是为了保证农业生产和方便纳税。在现代经济中，个人所得税占比日益提高，政府应注重个人所得税改革，不断降低个税税率、提高个税起征点。四是从供给侧结构性改革的角度认识"营改增"的时代价值。中国历史上曾长期以农业税为主，但后来工商税逐渐增加并占据主导地位。直接税与间接税的交替变化，说明赋税征收应因时制宜或因地制宜。"营改增"作为供给侧结构性改革的重要环节，仍属于生产经营环节的间接税。在现代经济中，政府应逐步降低间接税比重，逐步提高所得税和财产税等直接税比重。

五、"重义轻利"思想

"重义轻利"思想不仅是传统义利观的最重要概括，也是最具中国传统文化特点的经济思想。无论封建经济，还是计划经济，抑或当代市场经济，人们总要思索实现经济利益的方式和方法，总要考虑个人逐利行为是否符合社会道德要求。如孔子曾说，"富而可求也，虽执鞭之士，吾亦为之。如不可求，从吾所好"，"不义而富且贵，于我如浮云。"[1] 这表明孔子主张个人的求利行为必须符合社会道义要求。古代思想家给我们提供了多种观察处理义利关系的视角和方法，这些视角方法便构成所谓的义利观。在传统社会中，儒家义利观经过孔子、孟子、董仲舒、朱熹等人的大力宣扬，影响到古代社

---

① 《论语·述而》。

会的政治经济诸方面。儒家义利观实际上就是官方意识形态，因其对治国理政具有重要意义，所以受到历代统治者的高度重视。

儒家"重义轻利"思想最符合统治者的治国要求，最终在众多义利观中脱颖而出，至西汉中期成为占主导地位的义利观，并成为后世的主流义利观。先秦时代，诸子百家提出了内容迥异的义利观，如儒家主张"重义轻利"，法家主张"重利轻义"，墨家主张"义利并重"等，给后世正统义利观之形成提供了重要的思想基础。西汉董仲舒提出"正其谊（义）不谋其利，明其道不计其功"，虽承认义与利两者于人皆不可少，但反对人们"谋利计功"，因而他主张"重义而轻利"。南宋朱熹认为"义者，天理之所宜也；利者，人情之所欲也"，主张"存天理，灭人欲"，把"义"与"利"完全对立起来，人们应该只讲义不讲利。清初颜元认为"义中之利，君子所贵也"，较好地将义与利统一起来。儒家义利观发轫于农业社会，发扬于诸儒之手，发达于王朝政体。儒家义利观主张"先义后利"，不仅适应了传统经济的发展需要，更适应了传统社会的发展需要。近代以来，传统义利观得到一定程度的资本主义改造，但这种改造却因频繁的政权更迭而无法更进一步，近代义利观呈现给我们的是传统义利观与资本主义义利观的扭曲结合。

中华人民共和国成立以来，传统义利观得到继承发展，社会主义义利观逐步形成。计划经济时期，国家大力宣传"以阶级斗争为纲"，突出政治建设和国家利益。市场经济时期，社会主义义利观逐步明确化，"共同富裕"成为主要表述，它突出物质文明建设，为改革开放、市场经济建设、实现"富起来"梦想作出重要贡献。现代经济时期，社会主义义利观逐渐凝练为"社会主义核心价值观"，它与中国特色社会主义发展要求相契合，与中华优秀传统文化和人类文明优秀成果相承接。社会主义核心价值观主张以人民为本，突出国家、社会及个人的整体利益，为继续深化改革、建立现代经济体系、实现"强起来"梦想作出重要贡献。

世界总是在有限的资源与无限的欲望之间轮转，统治者总是以调节利益的分配为己任，所以任何时代都需要能够正确对待义利关系的意识形态。在现代经济体系建设进程中，传统义利观的作用在减弱，但社会主义义利观的作用尚未充分发挥。围绕传统义利观的时代转化与当代市场经济建设，我们应做好以下工作：一是必须坚持"义利并重"。社会主义制度不同于历史上其他社会制度的重要特征之一，就是把人民利益放在首位，以共同富裕作为基本追求。充分挖掘传统义利观中"义利并重"的相关内容，将"共同富裕"作为社会主义市场经济建设的最终目标。二是大力进行信用建设。传统义利观"重信""义以生利"等特点，让我们有信心将信用建设贯穿于社会主义市场经济建设全过程。自 2014 年国家发布《社会信用体系建设规划纲要（2014—2020)》以来，我国信用社会建设进入快车道。在国家发展改革委员会和中国人民银行的领导协调下，政务诚信、商务诚信、社会诚信和司法公信建设等已取得明显进展，信用正日益成为市场经济的本质要求。三是重视社会"公利"。市场经济并不完全以"利己"为准则，"利他"也是市场经济的基本要求。市场经济要求"利己"与"利他"有机结合。传统义利观重视个人道德修养和社会"公利"，应将这些特点积极融入社会主义市场经济建设进程之中。四是讲求社会责任。社会主义市场经济条件下的企业，尤其是国有企业，一定要发挥传统义利观之"平天下"特点，积极构建企业家的社会责任体系，同时充分发挥传统义利观中重视"利"的相关内容，建立市场经济条件下的企业激励机制。五是充分重视"重利轻义"等非主流义利观。历史上"重义轻利"虽是主流意识形态，但"重利轻义"等义利观也有一定市场。社会主义核心价值观既"重义"也"重利"，是传统主流与非主流义利观的时代转化，也是当代中国实现"义利"均衡的努力尝试。当我们能够正确认识处理"义利"关系之时，便是中国市场经济成熟之日。

六、"重农抑商"思想

　　"重农抑商"思想与"重农抑商"政策并行不悖，两者相互影响，相互强化，最终形成中国历史上的"重农抑商"传统。"重农抑商"思想是农业社会的典型思想或政策安排。"重农"思想用"本""本业"来表示农业，主要强调农业在社会经济中的根本意义。"重农"历史可追溯到新石器时代的农业革命，并一直受到社会各阶层的认可和支持。"抑商"的历史则要晚很多，战国时期，人们用"末""末作"来表示工艺技巧并开始"禁末"，战国末期"末"的外延进一步从"技巧"扩大到"工商游食之民",最终形成"农本工商末"的历史概念。"重农抑商"政策的直接目标是发展农业和抑制私营工商业。但在长期实践中,"重农抑商"政策也被赋予了其他政策目标,如实现社会稳定的政治目标、增加财政收入的经济目标、实现尊卑有别的等级秩序等。无论"重农抑商"政策的直接目标还是其他目标,根本上都是为维护王朝统治服务的,这表明"重农抑商"政策不是单纯的经济政策,而是经济政策与政治政策的混合。

"重农抑商"政策的历史演进波澜不惊,历史上虽然不时有反对之声,但它总能重新披上合法的外衣。"汉承秦制",汉初统治者继承了秦朝创设的"重农抑商"政策。汉武帝严厉打击私营工商业,同时实行盐铁官营。至此,"重农抑商"制度正式形成。从春秋开始的工商业自由经营的主流,到汉武帝时终于让位给国家控制工商业。唐朝安史之乱后,刘晏对"重农抑商"政策进行了重大改革,即坚持"重农"政策的同时,改"抑商"为"重商",从而稳定了唐朝政权。两宋时期,随着商品经济的进一步发展,传统"抑商"观念不断受到冲击。有人开始怀疑传统"本末"教条的权威地位,如叶适明确提出"抑末厚本,非正论也"。明中叶以后,"惠商""资商"等观点不断出现,为工商辩解或主张维护商人利益的观点成为思想潮流。明代张居正将"重农抑商"修改为"厚农资商""厚商利农"。清代诗人袁枚将商品交换活动看作人体内的"血脉",把商人的社会职能理解为"犹气之行血脉"。近代以来,随着资本主义工商业发展,传统"重农抑商"或"重本抑末"思想逐渐走向破产,"以商立国""以工立国""实现工业化"相继成为资产阶级处理农工商关系的基本见解。

"重农抑商"政策具有双重历史影响。一方面,"重农抑商"政策限制打击私营工商业,不利于古代商品经济发展;另一方面,"重农抑商"政策始终保证农业的优先地位,对于农业经济的发展有着重大的激励和保障作用,保证了古代中国农业经济的成功,并确定了古代中国在世界上的长期领先地位。当代中国政府对"三农"问题的重点关注,可以看作"重农"政策的历史延续;对民营企业发展及企业家精神的鼓励,可以看作"抑商"政策的时代转化。围绕"重农抑商"思想的时代转化和当代农村改革,我们应做好以下工作：一是保持农业的可持续发展。现代经济发展特别注重农业与工商业之间的内在联系和相互促进作用。农业产业化已经将农业和工商业融为一体，密不可分，成为复合运营的现代产业经济。二是保证粮食安全。粮食的宏观安全和粮食的微观不安全并存于古代社会。当代中国应依靠科技支撑，通过农业现代化保证国家粮食安全。三是确定农民的职业属性而不是身份属性。古代社会虽有"士农工商"四业的划分，这种划分虽有一定的职业属性，但更多的是身份属性。农民很难实现从农业到其他行业的流动，社会固化现象较为严重。我们应淡化农民等其他从业者的身份属性，最终让农民或农业成为任何人都能够从事的一种职业。四是准确定位农业的历史作用。历史时期内，中国经济经历了从农业社会到工业社会的重大转变，产业结构也从相对单一的农业经济结构演化为今天包括基础产业、支柱产业、新兴产业、战略产业等在内的较为复杂的产业结构。传统"重农抑商"政策所具有的调整社会经济结构并使结构优化的一定合理性，对于今天仍然具有借鉴意义。五是继续改善农村面貌。我们应加大国家财政支持力度，探索农村公共产品的私人供给形式，实现农村可持续发展。

七、"崇俭黜奢"思想

如何满足人们的合理需求和有序消费，进而求得社会的稳定，是古代统治者及思想家必须要探讨的问题。"崇俭黜奢"思想既符合治国需要，也能最大限度地满足统治者的奢靡消费，因而受到历代统治者的提倡和宣扬，并成为传统消费思想的核心和主流。在长期实践中，"崇俭黜奢"思想具化为各种消费政策，王朝政权规定人们必须按照等级原则进行消费，比如在服饰、饮食、出行、住所等方面都有严格限制，任何人不得逾制，否则视为僭越。统治者提倡人们减少日常消费和宗教消费，但不能降低以"祭天祀祖"为主要内容的礼教消费。除"崇俭黜奢"思想外，传统消费思想还包括"崇奢黜俭"等异端消费思想，它们也在某些历史时段得到实践。

传统消费思想的历史演进紧紧围绕"崇俭黜奢"而展开，人们逐渐形成了"节俭持家"等传统美德，而把奢侈浪费视为恶行之一。夏商周时期，周文王式的"尚俭"行为得到赞扬，商纣王式的"奢靡"行为受到批判。周公总结了商纣奢靡败国的历史教训，担心周成王"有所淫佚，乃作《多士》《无逸》"。春秋战国时期，"尚俭"成为各学派共有的伦理主张。秦汉时期，"崇俭黜奢""以俭治国"等思想有了充分实践的沃土。魏晋隋唐时期，出现了中国最早的家训及格言，如《颜氏家训》等。宋元时期，"崇俭黜奢"思想进一步完善、定型，同时也出现了众多的异端消费思想。明清时期，"崇俭黜奢"思想最终成为占统治地位的消费思想，但奢侈消费言论和行为也不断涌现。近代以来，传统消费思想逐渐适应于资本主义化经济发展，人们开始用现代储蓄投资关系代替传统节俭奢侈关系。

传统消费思想主张"崇俭黜奢"，平衡了古代社会的生产消费关系，有利于农业经济发展和社会稳定。"崇俭黜奢"思想仍有重要的现实意义。计划经济时期，由于受到节俭传统的影响，人们形成了较高的储蓄率，从而保证国家能有更多的资金进行经济建设。市场经济时期，社会总供给总体上大于社会总需求，国家提倡居民降低储蓄率，通过消费带动经济增长。现代经济时期，为实现经济高质量发展，我们必须建设一个成熟的国内消费市场，同时也要利用好国际市场。围绕"崇俭黜奢"思想的时代转化和当代消费社会建设，我们应做好以下工作：一是建立现代消费观。我们应将传统消费观中的过度节俭、过度消费等行为，改造为适度的消费观。同时多一些对消费的社会关注、伦理关注和生态关注，树立可持续消费观。二是将消费政策与财政政策相结合。"崇奢黜俭"异端消费思想，要求增加政府购买支出，增加国家对社会公共事业的支出，散府库之财，藏富于民。政府也可以通过减税政策促进社会消费。三是将消费政策与文化产业发展相结合。古代社会不仅非常重视物质消费，而且积极发展精神消费。古人对"琴棋书画"的偏爱就是精神消费的很好说明。现代人对精神消费有了更多追求，这是实现"强起来"的基本路径之一。我们应大力发展文化产业，在弘扬中华优秀消费文化的同时，大力满足人们的精神消费，不断完善消费市场结构，最终实现经济高质量发展。四是大力发展信用消费。信用消费如车贷、房贷、网贷、分期贷等，可以解决总供求失衡的基本矛盾，降低交易成本，助力经济发展。政府应鼓励人们转变消费观念，在自己能够合理负担的前提下进行信用消费。

八、"轻重"思想

"轻重"思想的核心内容是国家如何进行宏观调控，它是极具中国特色的经济思想，在传统经济思想体系中占有重要地位。在宏观经济管理问题上，传统政策主张可分为国家干预和自由放任两种方式。"国家干预"论者主张政府干预宏观经济运行，实行工商业官营政策，其中以管仲的"轻重"论最具代表性。"自由放任"论者主张减少国家干预，实行工商业民营政策，其中以司马迁的"善因"论最具代表性。"轻重"论与"善因"论是两种截然不同的宏观经济管理思路，虽然它们在中国古代商品经济产生和发展的早期几乎同时出现，但在古代中国经济发展史上影响最大并占据主导地位的是"轻重"论，"善因"论只是在有限的时间和区域内发生作用。古代经济改革的主题多数时候是加强国家干预，只有少数时候是减少国家干预。

"轻重"思想的形成时间很早，王朝政权也有意识地将这种思想与国家的经济活动相结合，所以"轻重"思想对后世影响深刻。早在春秋时期，"轻重"概念就已出现。最初指货币实际分量的轻重，后指货币购买力的大小，再扩大到商品价格的高低。如《管子·轻重》篇中"轻重"被引申为商品和货币的比价关系，"币重而万物轻，币轻而万物重"。随着人们对商品货币流通规律的认识与重视，"轻重"论应运而生。"轻重"论是指关于"轻重"问题的学说、理论及政策等。"轻重"论主要由三个部分组成，即"轻重之势""轻重之学""轻重之术"。

历史上的"轻重"理论主要有五次重要实践。第一次是春秋时期齐国的经济改革，代表人物是管仲。第二次在西汉时期汉武帝的经济改革，代表人物是桑弘羊。第三次是新朝王莽改革，他进行了一次极为失败的"轻重"政策实践。第四次是唐朝中期的经济改革，代表人物是刘晏。第五次是北宋王安石改革，这是古代经济史上一次重要的"轻重"政策实践与运用。

"轻重"思想是古代宏观调控思想的最重要体现。其含义虽几经演变，但每一次都是随着社会生产力的发展而愈加深化。宏观调控的两大主线是国家干预与自由放任。国家干预符合农业经济发展需要，所以得到统治者极力提倡。自由放任不符合社会发展需要，所以没有得到统治者的重视。古代"轻重"传统是现代宏观调控的历史根源。围绕"轻重"思想的时代转化和当代宏观调控，我们应做好以下工作：一是深化国家干预研究。从传统经济运行轨迹看，国家干预是常态，自由放任是非常态。在现代经济中，宏观调控虽然必不可少，但市场调节应是常态。政府应保证市场在资源配置中发挥决定性作用，同时通过国家干预尽量减少"市场失灵"带来的各种损失。二是政府干预要遵循经济发展规律。历史上很多政府干预违背了经济发展规律，低效甚至无效。在现代经济中，政府一定要打好组合拳，宏观调控和市场调节两手都要抓，两手都要硬。三是深入研究市场机制的不足。面对经济新常态，国家虽然主动进行了"供给侧"结构性改革等系列举措，但仍面临新旧动能转换、创新驱动发展等诸多挑战，这需要深入研究市场机制的不足，充分发挥政府的宏观调控职能。四是大力发展民营经济。历史上"轻重"论的一个重要特点是鼓励官营工商业，限制私营工商业。这种做法能够实现国强，却做不到民富。现代市场经济无法容忍民穷而国富，所以在实施国家干预的同时，必须大力支持民营经济发展。政府应继续扩大、深化改革开放，向民间资本等各类资本开放中国市场，做强做大国有企业和私营企业，从而实现经济强国目标。

行文至此，我们已分别阐述了中国历史上重要的经济制度或经济思想，这些制度思想保证了古代中国农业经济的发达，使得中国长期居于世界领先地位。传统经济的长期高水平发展，铸就了中华民族"通过努力我们可以成功"的历史信念，这些历史信念日益成为我们的文化基因。近代以来，中国经济一落千丈，国家地位一降再降，但经济政治的沉沦并没有泯灭仁人志士对国富民强的不懈追求，因为持续成功的文化基因始终在激励着人们通过努力不断实现自己的梦想。自中华人民共和国成立以来，我们经历了"站起来"和"富起来"两个重要阶段，目前正处在"强起来"的重要阶段。我们靠什么"强起来"，靠什么实现中华民族伟大复兴？历史是最好的镜子，总结转化包括传统经济思想体制等在内的传统文化，必能为中华民族伟大复兴继续提供强劲动力。中国经济发展曾经长期以马克思主义为指导，也曾经接受西方资本主义的经验，但传统文化始终没有缺席经济发展的每一个阶段。

站在历史长河中，我们可以看到，虽然近代中国屡遭屈辱，但从更长的历史周期看，中国社会乃至经济发展都是成功的。这种成功源于农业文明的发展与发达。换言之，中国传统经济的成功，从某种意义上讲，是农业经济的成功，并在一定程度上伴随着工商业经济之发展。传统经济社会之成功，使道路自信、理论自信、制度自信、文化自信成为国人的成功基因，虽有近代工业文明与传统农业文明交汇时的巨大失落，但这些成功基因却激励着一代又一代的国人努力走出失败的阴影。时至今日，中国经济已经崛起并变得更加强大，在传统文化成功基因的影响下，在习近平中国特色社会主义思想的引领下，我们即将全面建成小康社会，也必将实现中华民族伟大复兴。

第二章　中国历史上的土地制度变迁与当代农地制度改革

　　从古到今，土地都是人类重要的财产形式之一。古代中国，土地事关赋税、徭役、兵役等重大问题，因而成为历代统治者关心的首要问题。如战国商鞅主张"为田开阡陌封疆"①，大力推行土地私有制；新朝王莽"今更名天下田曰王田，奴婢曰私属，皆不得买卖"②，大力推行土地国有制等。历代思想家也十分关注土地问题。如西汉董仲舒云："除井田，民得买卖，富者田连阡陌，贫者无立锥之地。"③ 北宋袁采云："贫富无定势，田宅无定主。"④ 北宋罗椅云："古田千年八百主，如今一年一换家。"⑤ 他们认为土地产权变动事关百姓民生和国家稳定。因此，从班固《汉书·食货志》所载"理民之道，地著为本"开始，历代正史之《食货志》均要首先研究土地问题。土地制度问题事关治国理政。中国历史上的土地制度经历了诸多变迁，既有土地所有制的宏观变动，也有土地经营方式的时代转变。厘清传统土地制度变迁的基本史实，总结土地制度时代转化的基本规律，对于当代农地制度改革具有重大意义。

---

① 《史记·商君列传》。
② 《汉书·食货志上》。
③ 《汉书·食货志上》。
④ 袁采：《袁氏世范》卷二。
⑤ 罗椅：《涧谷遗集》卷一。

一、土地制度的历史演进

土地制度不仅是当代中国最重要的经济制度之一，也是古代中国最重要的经济制度之一。夏商周三代的宗族土地所有制，实质上是土地王有制。春秋战国时期，由于经济形势的高涨和诸侯国争霸战争的需要，宗族土地所有制逐渐转向土地国有制，土地国有制逐渐成为占主导地位的土地所有制形式。但在土地国有化的过程中，诸侯国为了招徕更多的人口以增强国力，又将部分土地授予农民世袭耕种，从此开启了中国土地私有化的浪潮。此后，土地国有与土地私有成为中国历代土地产权运动的两条主线，并深刻影响了中国社会各阶层的生产生活。

（一）井田制与土地国有制的主导

春秋战国时期，宗族土地所有制逐步向国家土地所有制转变，三代时的井田制度也逐步瓦解。与此同时，土地私有产权也逐步在整个社会经济中占有了一定的地位，并得到了法律的认可和保护。经过春秋时期的变革，战国时期土地制度结构的基本形式便是土地国有制和私有制并存，并以土地国有制为主。通过这一时期的土地制度变革，新兴的封建国家逐步建立起来，并具有了相对稳定的经济基础。另外，土地私有制也已经突破了传统的制约，以大土地私有制为主要形式发展了起来。这种私有制不仅对当时整个制度（政治、经济、文化等）矩阵的均衡产生了重大的影响，也为后世的土地制度变革埋下了伏笔。①

商代实行宗族土地所有制，生产方式是集体耕作。商王非常重视土地耕种。著名的商代"王令众人曰协田"刻辞牛骨上有一段甲骨文："（王）大令众人曰：协田，其授年？十一月。"大意是商王命令众人（奴隶）进行协田（集体耕作）活动，并卜问是否丰收。西周实行土地王有制，天子是天

---

① 陈新岗：《周秦间土地制度变迁的动力机制与主要过程：一个基于利益集团理论视角的分析》，《齐鲁学刊》2009 年第 5 期。

下"共主"，名义上拥有全国所有的土地，所谓"普天之下，莫非王土"。但在土地经营过程中，全国土地实际上又被各级贵族占有，采用井田制的方式进行生产经营，又形成所谓的宗族土地所有制。历代学者都非常关注西周的井田制，并有精彩论述。《孟子·滕文公上》中关于井田制的记载如下："死徙无出乡，乡田同井，出入相友，守望相助，疾病相扶持，则百姓亲睦。方里而井，井九百亩，其中为公田。八家皆私百亩，同养公田；公事毕，然后敢治私事，所以别野人也。"西周井田制的主要特点是把土地划分成若干块（有学者认为是九块），每块百亩，中间一块土地为"公田"，由各级奴隶主贵族所有，一般是最为肥沃、位置最好的土地，周围若干块土地为"私田"，众多"私田"拱卫在"公田"周围，形状如"井"字，故曰"井田"。奴隶或农奴每年必须拿出大部分时间在"公田"上耕作，"公田"上的产出物全部由奴隶主贵族所有。只有完成了"公田"上的无偿劳作后，奴隶或农奴才能在"私田"上耕种。这种土地制度安排适应于当时低下的生产力水平。奴隶主贵族只能通过集体耕作的方式保证自己的稳定收益，而奴隶或农奴则因为有限的"私田"耕作时间而得不到保障。孟子把这种剥削方式称之为"助"法，这些无偿产出物就是所谓的劳役地租。西周统治者通过禁止土地买卖和定期轮换的方式保证土地制度的稳定运行。各级奴隶主贵族对土地并不享有完全的所有权，他们只有土地的占有权和使用权而无处分权，未经允许，土地也不能随便买卖，即所谓"田里不鬻"①。同时，因为天下各地的土地肥瘠不一，长时间耕种同一块土地会引起土地收益的巨大差异。于是，最高统治者又规定土地可以定期轮换，所谓"三年一换而居"②。总之，西周时期，建立在宗族土地所有制基础上的井田制已经很成熟，"古者井田养民，其田皆上之田也"③，它对促进生产力的发展起到了重要作用。

春秋时期，随着农耕工具、农耕技术等的发展，农业生产力水平迅速提高。一是铁制农具的推广使用。管仲曾说："美金以铸剑、戟，试诸狗马；恶金以铸、夷、斤，试诸壤土。"其中的"恶金"即指铁，说明春秋初期齐

---

① 《礼记·王制》。

② 《汉书·食货志上》。

③ 黄宗羲：《明夷待访录·田制一》。

《牛耕图》画像砖（藏于国家博物馆）展现了中国古代的牛耕技术，此项技术发轫于春秋战国时期，在秦汉时期广为流行，一直使用到现代农业机械出现之时，为中国古代农业生产力发展做出了重要贡献

国已有铁制农具。《管子·海王》还说："今铁官之数曰：耕者必有一耒、一耜、一铫，若其事立。"二是牛耕技术的发展。西周时期，祭祀祖先是"国之大事"，因而牛主要被用作牺牲。后来，随着农业的发展，"宗庙之牺，为畎亩之勤"[1]，牛作为动力被广泛应用于农业生产。由于牛与耕的结合，出现了人名字上牛与耕的相连，如孔子弟子冉耕其字为伯牛，司马耕的字叫子牛，晋国有姓牛名子耕的大夫等。铁制农具和牛耕技术的结合，使得劳动生产率大为提高，也逐渐将家庭生产推上历史舞台，而集体生产则逐渐退出历史舞台。相对应地，"公田"遭到抛弃，奴隶或农奴逐渐丧失了对"公田"服役的积极性，怠工逃亡的情形一再发生。《孟子·滕文公上》载："《诗》云：'雨我公田，遂及我私。'惟助为有公田。"所以周宣王即位时，不得不废除了籍田制度，史载"宣王即位，不籍千亩"，奏响了井田制瓦解的序曲。同时，土地所有权逐渐下移，"私田"得到追求。春秋时期，各诸侯国无视周天子的"经略"与"封界"，通过各种手段扩充国土。随着诸侯的强大，诸侯对周天子的政治、经济隶属关系日见削弱。比如先前诸侯继位需要由周天子"赐命"，但此时已被诸侯视为可有可无。诸侯不仅很少朝见周天子，而且朝见时也没有贡献。周天子权力衰落，王室对诸侯之间交换土地的行为也逐渐无法干预，导致维持井田制的操作成本直线上升。例如春秋初年，"郑伯请释泰山之祀而祀周公，以泰山之祊易许田。"[2]许田原来是成王赐给周公作为鲁君朝见周王时的住宿之邑，祊则是郑桓公助祭泰山时的汤沐之邑。按说许田有周公之祀，鲁国是不该放弃的，但两邑交

---

[1]　《国语·晋语》。

[2]　《左传·隐公八年》。

换，各近本国，对双方都有好处。现实的经济利益压倒了传统的礼制观念，两国终于完成了这桩交易，而完全把周天子撇在了一边。[①]

公田制和井田制遭到破坏，导致国家赋税收入急剧减少。各国为解决这一危机，纷纷进行土地制度改革，如晋国于公元前645年"作爰田"、鲁国于公元前594年实行"初税亩"、楚国于公元前548年实行"量入收赋"、齐国于公元前538年"作丘赋"等，直至公元前350年秦国商鞅正式废除井田制，从而确立土地私有制。《史记·商君列传》载："为田开阡陌封疆。"《汉书·食货志上》载："改帝王之制，除井田，民得卖买。"至此，土地私有制得以萌生，古老的"井田制"逐渐让位于更有效率的"授田制"。[②]

（二）授田制与土地私有制的确立

从战国至两汉，土地国有制一直占据主导地位，同时土地私有制发展迅速。各国变法运动结束了各级封君分层占有土地的局面，确立了土地国有制，完善了国家授田制。山东临沂银雀山汉墓曾出土一批竹简，其中《田法》篇反映了齐国实行授田的制度。《田法》云："五十家为里，十里而为州，十州而为乡。州、乡以地次授田于野。百人为区，千人为或（域）。人不举或（域）中之田，以地次相。"《田法》所记载，齐国授田的主要对象是16—60岁之间的人，14—16岁以及60岁以上者，授以半数之田；极有可能，13岁以下以及70岁以上者，不再授田。《田法》明显地反映出齐国普遍实行土地国有制的事实。授田制是以诸侯国掌握的国有土地或无主荒地为基础，将土地分配给农民耕种，让农民成为国家佃农，承担赋税、徭役、兵役等义务。授田方式除以份地形式授予农业生产者外，还以"军功赏田"方式在份地授予基础上按军功大小增益土地，从而形成土地占有规模不等的地主阶级。[③]授田制导致土地占有日益凝固化，加上各级官吏纷纷"盗侵"官田，从而为私有地权形成准备了条件。秦朝建立后，为了获得稳定的赋税徭役，政府采取了一系列顺应土地私有制发展的政策措施。秦始皇三十一年

---

① 陈新岗、张秀娈：《山东经济史》，山东人民出版社2011年版，第36页。

② 万淮北：《中国古代土地制度演变浅析》，《辽宁教育行政学院学报》2010年第1期。

③ 陈润田：《我国古代授田制探析》，《中国农史》1994年第1期。

（前 216），颁布"使黔首自实田"令，要求农民如实向政府呈报自己占有的土地数量，从而作为征收赋税的依据。同时政府鼓励广大农民自行开垦并占有土地，国家不再对其加以限制，也不再继续进行授田。此项法令的颁布，标志着秦朝正式以法律形式确立了土地私有权。汉文帝即位后，废止了授田制，国家授田制就此终结。有学者认为，中国传统土地国有制与国有地权的根本变革在秦始皇三十一年（前 227）至汉文帝即位期间，私有地权最终完成于汉文帝即位废止国家普遍授田制之时。[①] 授田制实际上是对国有土地的一次大规模的分配运动，在授田的同时，先以县为单位对土地进行统一的规划，进而将可耕田从国有土地中分化出来，授田则只实施于可耕地。授田的对象一般是个体农民和有功于国家的人。土地一经授予，则可以传袭子孙，以为世业，只有当无人继承时，才由国家收回。时间既久，便逐渐成为个人的私有。所以，授田制虽然是在国有土地上实施的，但其结果却是挖了自己的墙脚，使土地私有制逐步发展了起来。[②] 汉武帝时期出现汉朝第一次土地兼并高潮，授田制遭到彻底破坏，到东汉建国，授田制再也没有恢复，历史进入了豪强地主掌权时期。就土地所有制而言，终两汉之世，除了短暂的王莽新朝，基本上还是延续了土地国有制和土地私有制并存的格局。

（1）两汉的土地国有制。历代政府实际掌握的国有土地数量常常变动。一般说来，大乱之后或开国之初的国有土地数量均大幅增加。一则因为战乱增加了无主荒田的数量，二则因为前朝公侯及官吏的私产被新王朝没收成为官田。[③] 两汉的国有土地大致包括山林川泽、苑囿、公田和草田。历朝法令皆规定，私人不得占有山林川泽之地，所以这部分土地自然属于国有土地。两汉公田的来源，除山林川泽外，主要有三种途径：户绝田、政府组织的屯田、政府对原私有土地的没收以及灾荒战乱年间的抛荒土地。比如汉武帝通过"算缗""告缗"政策，没收了大量的商人地主土地，"田大县数百顷，小县百余顷，宅亦如之"。[④] 汉武帝还极力提倡屯田，既可开垦荒地，又能解

---

① 张金光：《普遍授田制的终结与私有地权的形成》，《历史研究》2007 年第 5 期。

② 陈新岗、张秀雯：《山东经济史》，山东人民出版社 2011 年版，第 78 页。

③ 赵冈、陈钟毅：《中国经济制度史论》，新星出版社 2006 年版，第 62 页。

④ 《史记·平准书》。

决边疆地区的粮食供应（汉武帝以后，历朝或多或少都有屯田行为）。又如新莽末年和东汉末年，"土业无主，皆为公田"。① 这些时期公田都有大量的增加。草田是指尚未开垦的荒地，这也是国有土地的一部分，即所谓"其地有草莱者，尽曰官田"②。

（2）两汉的土地私有制。两汉的土地私有制主要分成两类：官僚、豪族及大商人的大土地私有制和自耕农的小土地私有制。从国家政策或制度设计层面讲，两汉政府对这两类土地所有制采取了不同的管理方式。

首先，对于大土地所有制，两汉政府采取的是利用与限制并存的管理方式。一方面，通过赐田等方式，两汉政府本身就培植了一批大土地所有者，并且认可他们的存在。两汉史料中因为各种原因赐田的材料很多，不再一一赘述。另一方面，两汉的统治集团也认识到大土地私有制的扩张，不论是上侵国土还是下兼小民，都会威胁到国家的统治，所以也对大土地所有制的扩张作出过一些限制。汉武帝后期，土地兼并问题已经非常严重，董仲舒在《汉书》中曾将当时情况描述为"富者田连阡陌，贫者无立锥之地"③。王朝统治者不得不采取适当的政策来改变日益严重的土地兼并问题。汉武帝时，董仲舒建议"限民名田，以赡不足"④，汉哀帝时师丹提出"吏民名田皆毋过十顷"⑤ 的限田措施，东汉光武帝实行"度田"，但是均告失败。不论是汉武帝"算缗""告缗"中的直接动手，还是历代的限田度田措施，都反映了这方面的努力。尤其值得一提的是王莽新朝实施的"王田制"。王莽把西汉以来的土地兼并及农民贫困问题皆归因于土地私有制。因此，他下令严禁土地买卖，并把全国土地全部收归国有称为"王田"。王莽的土地国有措施遭到社会各个阶层的反对，不仅各级贵族官僚、豪强地主强烈反对改革，甚至农民也反对改革，更重要的是，当时土地私有化的历史进程已不可逆转，所以改革是徒劳的，王莽最终"下诏诸食王田及私属皆得买卖，勿拘以

---

① 《三国志·魏志·司马朗传》。
② 《后汉书·仲长统传》。
③ 《汉书·食货志上》。
④ 《汉书·董仲舒传》。
⑤ 《汉书·食货志上》。

法"①，王田制改革以失败而告结束。

其次，对于自耕农的小土地所有制，两汉政府是着力维护的，因为他们清楚，从各个方面来说，自耕农的土地私有制是维持其统治的基础。所以，不论是两汉开国的政治清明年代，还是王朝后期的混乱时候，最高统治者对"小民"或授田或赈济扶持的记录一直不绝于史。当然，实际执行的效果受很多因素的影响。相关材料很多，可以略举两条以兹说明：比如在西汉建立初期，因为"地有遗利，民有余力……游食之民未尽归农也"。②《汉书·东方朔传》记载，"又诏：中尉，左右内史，表属县草田，欲以偿鄠、杜之民"，并对垦荒者给予减免一定年份赋役的奖励。所以政府鼓励农民占垦荒田，并对由此形成的小土地私有制进行税收优待和保护；又如已是东汉后期的汉顺帝永建二年（127）二月，也有赈贷贫民的记录："甲辰，诏禀贷荆、豫、兖、冀四州流冗贫人，所在安业之，疾病致医药。"③

（三）均田制与土地私有制的抑制

从东汉末年至唐朝建立，中国社会处于长期战乱之中。战乱对土地赋役制度有两个重要影响：一是导致百姓流离失所，土地无人耕种，因而很多荒芜土地被国家收为公田。由于人口锐减，国家手中掌握大量公田，具备了按人丁或按户分田的条件。二是导致土地向地主阶级集中，很多农民无地耕种，形成土地占有的两极分化，也影响到国家赋税征收。当土地高度集中，农民纷纷丧失土地、无以维生而背井离乡四处逃亡时，国家无处征税，农民在贫困下不得不揭竿而起，就会危及社会稳定。王朝统治者为了保证税源、稳定政权，他们必须要对土地兼并采取限制措施。三国时期曹魏、东吴、蜀汉先后实行屯田；西晋时期实行占田制，对官僚、王公贵族及普通农民占田都做了规定；北魏时期实行按人丁计口授田的均田制。均田制虽常常处于有名无实状态，但存在的时间相当长，历时北周、北齐、隋、唐初。上述措施都是在国家掌握大量可耕土地的基础上实施，主要以人头税为主，并取得不

---

① 《汉书·食货志上》。
② 《汉书·食货志上》。
③ 《后汉书·顺帝纪》。

错的统治效果。

东汉末年，战乱导致民生凋敝，人口锐减，"名都空而不居，百里绝而无民者，不可胜数"①。广大农民四处流浪，大量耕地荒芜，形成"白骨蔽平原"②"千里无鸡鸣"③的凄惨景象。无人耕种土地，不仅农民生活难以为继，就连地主也没有收入来源，国家税收更是无从谈起。统治者的首要任务是让农民耕种土地从而解决粮食问题，于是各地政权纷纷采取屯田垦荒的措施发展粮食生产，"屯田制"便应运而生。曹魏政权首先实行"屯田制"。政府把所有荒地一律收归国有，建立屯田区，分给流民耕种。当时"屯田制"主要包括民屯和军屯。民屯是由官府招募流民，在国家控制的荒地上统一生产，他们不仅要向国家缴纳地租，还要承担兵役和徭役。民屯每 50 人 1 屯，屯田民不得随意离开土地，没有人身自由。而军屯主要包括两种情况：一种是由军人进行的屯田，即战时打仗，平时屯田，"出战入耕""且耕且守"；另一种是由一部分军人专门从事屯垦，作为职业屯田兵。军屯每 60 人 1 屯，军屯的士卒与屯田民一样要缴纳地租。吴国、蜀国也相继实行屯田制。屯田制的实行，不仅解决了军队的给养问题，稳定了国家的赋税收入，而且对安置流民，缓和社会矛盾，恢复和发展农业生产起到了重要作用。

西晋于太康元年（280）颁布占田制。《晋书·食货志》载："男子一人占田七十亩，女子三十亩。其外，丁男课田五十亩，丁女二十亩，次丁男半之，女则不课。……其官品第一至于第九，各以贵贱占田。品第一者占田五十顷……第九占十顷。"占田与课田有密切关系。所谓占田，是国家规定每个人（包括农民和官员）在法律上可以占有土地的最高限额。所谓课田，即课税之田，是说在占田之中，丁男有 50 亩，丁女有 20 亩，次丁男有 25 亩，这些都是要课税的。占田制下，政府按法定的课田数收租（如丁男 50 亩），而不管农民是否占足规定的田地数（如丁男 70 亩），都必须按此定额征收。占田制并非由政府授予或分配土地，而是规定人民拥有土地私产的最高限额。虽然政府没有任何措施保证人民占有足够数量的土地，但因长

---

① 《后汉书·仲长统传》。

② 王璨：《七哀诗》。

③ 曹操：《蒿里行》。

期战乱，人少地多，农民占田数高于课田数，因而占田制有效地激励农民从事农业生产，一度推动了社会经济发展，故当时有"天下无穷人"①的谚语。占田制也对官僚占田进行了规定。根据占田令，既追认过去占田的既成事实，又允许那些尚未达到法定占田数的官僚贵族可依法补占，于是一度形成新的土地兼并高潮。②西晋官员占田中没有课田，他们的土地全部免税。西晋占田法是课田法的补充立法，不是西晋政府的土地政策中心，从实际情况来看，其效果有限。当时李重说："井田之制未复，则王者之法不得制人之私也。人之田宅既无定限，则奴婢不宜偏制其数。惧徒为之法，实碎而难检。"③至东晋成帝咸和五年（330）明令度田课税，占田法即失去了存在的意义。

北魏政权建立后，因长期战乱，最严重的问题是生产资源匹配极端不合理，农村有大量荒田，城市有大量流民，其结果是农业产量很低，国家不能依法征收租税，于是政府把战乱后的无主荒地，产权不确定或发生争执的农地，以及有主的私有土地一概没收，化为公地，然后计口分配给有劳动能力之人去耕种。北魏孝文帝于太和九年（485）宣布实行"均田制"。史载："诸男夫十五以上受露田四十亩，妇人二十亩，奴婢依良……老免及身没则还田，奴婢牛随有无以还受。诸桑田不在还受之限……诸除受田者，男夫一人给田二十亩。诸桑田皆为世业，身终不还……诸民有新居者，三口给地一亩，以为居室；奴婢五口给一亩……诸宰民之官，各随地给公田，刺史十五顷，太守十顷，治中别驾各八顷，县令郡丞六顷，更代相付，卖者坐如律。"④均田制把土地分为露田、麻田、桑田和宅田四种，其中露田、麻田所有权属于国家，不准买卖；桑田和宅田作为祖业可传给子孙，允许自由买卖。均田制实质上是一种授田制。国有土地在授出后，除一部分成为私有土地外，其余的也多是在户内继续进行还受，于是在国有土地上受田的农民，事实上取得对农田的占有权。这样，国有土地越来越少，私有土地则逐步增

---

① 《晋书·食货志》。

② 齐涛主编：《中国古代经济史》，山东大学出版社 1999 年版，第 237 页。

③ 《晋书·李重传》。

④ 《魏书·食货志》。

长。从这个意义上讲，均田制又是将国有土地转化为私有土地的转换器。[①]

唐朝于武德七年（624）颁布了均田令。(1) 对普通民众，将政府掌握的土地授予民众，并规定了授田的标准数量。从实际操作来看，授田数量只是规定了授予上限，同时作为计税的依据，授田不足的情况是普遍存在的。之后，在开元二十五年（737）又对具体标准进行了调整，但执行的思路并没有明显的变化。(2) 对官吏勋贵阶层，则依官职爵位不同，给予数量巨大的勋田。(3) 对于工商、僧道等职业者，也可按照一定标准授田。(4) 永业田可以传于子孙，而口分田身死后要交还给国家，进入下一轮分配。均田制是在承认私有土地的前提下，对国家所占有的无主荒地的一种再分配制度。但随着土地集中的加剧，到唐朝中期，国家掌握的土地数量不断减少，终至无田可均的地步，均田制也就自然瓦解了。赵冈等人认为历史上均田制瓦解大致是因为耕地增长小于人口增长、田块狭小而分散、私有土地日益扩大、战乱与人口播迁等原因。至唐德宗时，均田制已彻底破产，乃用宰相杨炎之议，完全承认土地私有制，并依两税法课税。从此以后，土地私有制的主导地位便确立无疑。偶尔有限田与均田立法，或是未贯彻执行，或是局部实行而历时不久。[②] 均田制是古代中国最后一个成体系的"授田"制度。土地国有制瓦解后，国家失去有效按丁口征税的能力，于是两税法规定"户无主客，以见居为簿；人无丁中，以贫富为差"[③]。自此以后，古代国家放弃了对土地占有权的直接干预，转而采取据地收税的方法。这也是后世宋元以降"田制不立"的开端。

（四）租佃制与土地私有制的主导

均田制在唐朝前期的实施效果不错。到唐朝中期，由于国家掌握的土地日益减少，而且土地兼并严重，国家的租庸调难以保证，均田制的弊端日益明显。于是唐朝中叶以后王朝统治者不再调整土地制度，而是改革赋税制度，以保证封建国家的财政收入，两税法改革就是这一趋势的极好反映。由

---

① 齐涛主编：《中国古代经济史》，山东大学出版社 1999 年版，第 244 页。
② 赵冈、陈钟毅：《中国经济制度史论》，新星出版社 2006 年版，第 61 页。
③ 《旧唐书·杨炎传》。

于限制兼并的措施与禁令均被取消，唐中叶以后的各个朝代，土地兼并问题都非常严重。

北宋建国之初开始采取土地"不抑兼并"政策，南宋土地兼并的猛烈程度远超北宋。与唐朝相比，两宋政府直接控制的土地数量有限，只占全国耕地的十分之一或十分之二。自耕农小土地所有制明显遭到破坏。官僚地主、豪强大姓拥有的土地数量则超过全国耕地的半数以上，土地私有制占有压倒优势。两宋土地交易频繁，既有买卖双方的自由交易，也夹杂有大量的巧取豪夺行为。土地越来越集中在地主官僚手中，他们将土地租给佃农耕作，佃农按照规定上交地租，租期满后可以自由决定离开或继续签订新的契约，由此形成了租佃制。"不抑兼并"政策致使地主官僚成为最主要的土地兼并者。在两宋租佃关系中，佃农作为一个独立的阶层在不断扩大。主户和客户的区别主要根据土地的占有关系，而不是过去的乡籍。也就是说，客户没有自己的土地，靠租种地主的土地过活，他们同主户一样，立有官方户籍成为国籍的编户。在两宋的法律中，称有田产的主户为"田主"或"地主"。由于各地生产力发展水平有高低、佃户的经济条件各不相同，因而形成了合种制、出租制、官田租佃等多种租佃形式。租佃制成为宋元明清时期最主要的土地经营方式，又可分为雇佣制、定额制、分成制等具体方式。雇佣制就是地主雇用农民为其打"长工"或"短工"，只要农民按照双方约定的条件付出劳动，地主就支付农民一个固定的报酬。雇佣制适应人少地多的历史阶段，曾长期流行于古代中国的北方地区。高玉宝《半夜鸡叫》中的周扒皮和长工们就是这种形式的合同关系。对于这种土地经营方式，我们可以从有效激励和风险规避两个角度加以理解。从有效激励角度而言，雇佣制下农民无论劳动质量好坏，还是劳动时间长短，农民均会获得固定报酬，因而缺乏劳动积极性。从风险规避角度而言，土地经营的风险全部由地主承担，地主必须付出足够的监督成本才能保证自己的收益。定额制是地主将土地租给佃户，佃户每年向地主缴纳固定的地租，剩余的土地收成全部归佃户。定额制适应人多地少的历史阶段，主要流行于古代中国的南方地区。从有效激励角度而言，定额制下的佃户具有较高的劳动积极性，由于缴纳固定地租，所以收成越好，佃户的剩余就越多。从风险规避角度而言，无论农业收成好坏，地主都要收租，所以佃户要承担全部风险。分成制介于雇佣制和定额制之间。它的基本方式是地主将土地租赁给佃户耕种，最终的土地收成双方按约定的比例分成。分成制适应人地矛盾相对缓和的历史阶段，曾长期流行于古代中国的南方地区。从有效激励角度而言，因为双方按比例分成，所以佃户和地主都具有较高的劳动积极性。从风险规避角度而言，地主和佃户共同分担风险。

永佃碑位于安徽金寨县革命博物馆内，写有"述先言维持永佃，请官示打消转庄"等字样，是当时人们维护永佃权的历史见证

明清时期，江南地区的租佃制逐渐发展为永佃制。永佃制下，农民获得土地长期使用权，通常称之为"田面"或"田皮"。地主拥有土地所有权，即"田底"或"田骨"权。从有效激励角度而言，永佃制下的佃户因为拥有长期土地合约，因而可以增加土地投入，改善生产条件，从而提高农业产出。从风险规避角度而言，地主有权收取地租，但不准任意撤佃，从而保证了佃户的长期经营。永佃制下，佃户已经享有一半的土地产权，地主拥有的土地产权已不完整，他们对佃农的控制力也相应地减弱了。永佃制大大提高了农业的生产效率，这是分成制无法比拟的，实际上这对中国当代农地制度创新具有借鉴意义。①

二、土地制度变迁的"得"与"失"

人类诸多经济行为皆与土地有关。时至今日，土地依然被称为"财富之母"。纵观我国古代土地制度的演变，可以看出其呈现出三个特点：一是土地私有制逐步深化和国家干预渐趋瓦解；二是土地国有与土地私有之间相

---

① 张海丰：《传统中国土地制度变迁：私有产权的演进》，《当代经济》2014 年第 9 期。

互矛盾和相互斗争，并贯穿古代土地制度发展的全过程；三是以土地为代表的财富形式与以货币为代表的财富形式反复交替。中国历史上的土地制度变迁既有"得"也有"失"。历代的土地制度总体上实现了土地与劳动力的合理匹配，使古代中国的粮食总产量不断提高，人均产量也维持在一个较高的水平上，从而造就了古代中国的农业经济辉煌。但如果存在土地与劳动力的错配问题，那么这种错配最终会通过土地制度改革等实现主动调整，或通过农民起义等实现被动调整，在牺牲资源和效率的基础上实现两者的再匹配。历史不能选择，现在必须把握，未来可以开创。在深入研究中国历史上土地制度变迁之主要特点与历史得失的基础上，我们必须以史为鉴，用更强的能力把握当今农地流转制度改革的基本规律，用更强的信心引领未来中国的土地制度变革。

（一）主要特点

1.古代中国土地制度发展的总趋势是土地私有制逐渐占据主导地位。土地所有权经历了国家所有、国家所有与土地私有并存、土地私有占据主导地位等阶段。夏商周三代，"王"或"天子"对土地享有最高的所有权，所谓"普天之下，莫非王土"，就是土地国有属性的高度概括。但在土地经营管理中，各级贵族又享有部分土地所有权。不过，国家并不直接统治和管理王畿以外地区的人民和土地，而是把人民和土地交给下级贵族，因而国家对土地的所有权又是很不完全、很不充分的。各级贵族既是政权的代表，又是以宗法关系为纽带的家族组织的父系大家长，他们对土地的所有权，是通过对村社的统辖权实现的。从战国开始，为了适应争霸战争的需要，各国相继实行了一系列改革，把部分国有土地授予农民，让他们长期耕种占有，并承担赋税、徭役、兵役等。战国成为土地私有制的确立时期。进入秦汉，王朝统治者为维护国家统一，采取了打击土地私有制发展的系列措施。像秦始皇建立秦朝政权后，采取暴力干预方式，迁徙"天下豪富于咸阳十二万户"，以削弱他们的政治经济实力，防止分裂割据局面的重演。刘邦建立西汉政权后，也采取了强本弱末措施，限制、打击土地私有制的发展。史载，"徙诸齐田、楚昭、屈、景，并赵、韩、魏后，及豪杰名家居关中"，凡"十余万口"，一度使关东"邑里无营利之家，野泽无兼并之民"。① 汉武帝时，"徙强宗大姓不得族居"，并任用酷吏镇压那些"田宅逾制，以强凌弱，以众暴寡"的地方豪强，有的甚至"大者至族，小者乃死"。魏晋隋唐时期是土地私有制的大发展时期。这一时期，无论出于哪方面的原因，都使得土地私人占有越来越普遍化，统治者对私有土地的认可程度不断提高。国家不再暴力争夺豪强地主的土地，而是逐渐转向与豪强地主争夺劳动者、如何增加国家税源等方面。像曹魏"招怀流民，兴复县邑"的政策和"无令强民有所隐藏而弱民兼赋"的户调制、西晋的"括户"、东晋南朝的"土断"、隋朝的"大索貌阅""输籍之法"、唐朝的"括户"。上述政策都力图把豪强地主隐占的人口转变为国家的"编户齐民"，让这些劳动者为国家而不是为地主，承担法定的赋税徭役。宋元明清时期，私有制已成为占主导地位的土地所有制形式，王朝政权制订了系列措施保护和发展土地私有制。两宋以后历代有关土地买卖的法令，已取消对民田买卖的限制，几乎全是对买卖手续的规定，如向官府陈告，由官府发给公据，买卖双方立契画字，赴务投税，最后由官府将土地连同赋税相互"附除""过割"。北宋"方田均税法"、南宋"经界法"、明朝"鱼鳞图册""一条鞭法"、清朝"摊丁入亩"，都是国家通过确认土地私有产权以保证税源的行为。除了清查土地、减少漏税以外，国家已很少有对付豪族地主的办法了。② 北宋以前，政府对土地兼并屡有限制措施，土地私有制并未充分发展，土地国有制尚处主导地位。北宋以后，由于实行"不抑兼并"政策，土地私有制迅猛发展并占据主导地位，土地国有制逐渐退缩到历史舞台的边缘。

　　2. 土地国有与土地私有之间相互斗争。土地国有与土地私有是古代中国土地所有制发展的两条主线。国家需要税收而存在，地主需要地租而存在，农民需要生产而存在。农民是主要生产者，为了争夺农民和土地，国家和地主反复博弈，有时农民为了自身利益也要参与博弈进程，国家追求土地国有制，地主和农民则追求土地私有制。虽然古代中国土地制度演变的基本

---

① 《史记·刘敬叔孙通列传》。

② 魏天安、葛金芳：《中国古代土地制度的发展特点和趋势》，《中州学刊》1990 年第 4 期。

趋势是土地私有制日益占据主导地位，但历代王朝初期或前期，土地国有制都有一定的规模。王朝初期，国家往往实行休养生息、没收大地主土地分给自耕农的措施，以达到维护新王朝统治的目的。王朝后期，地主土地所有制迅速发展，而土地国有制慢慢萎缩。地主对土地兼并愈演愈烈，他们不仅侵占国家土地，还对自耕农土地进行蚕食鲸吞。土地兼并导致大量自耕农和租佃农破产，但他们仍要缴纳国家税赋和地租，农民只能背井离乡成为流民，如果再遇上自然灾害，农民起义也就在所难免。及至推翻旧王朝建立新政权，再度打击土地兼并，通过国家掌控大量土地实行土地平均分配，安民于土地又成为新王朝的首要任务。历史上的王朝更替就延续了土地兼并——农民起义——土地平均这样一个周而复始的循环模式。① 但国家同地主和自耕农在土地占有上的博弈，其实质是维护社会稳定、确保国家赋税收入。在生产力水平较低时土地国有制一直较为强势，最高统治者倾向于直接经营土地，如通过授田制、均田制等招徕农民耕种，从而实现财政收入和徭役征发。在生产力水平较高时土地国有制色彩淡化，最高统治者倾向于通过赋役等方式实现财政收入，很少干预土地交易行为，土地私有制占据主导地位。总之，土地国有制与土地私有制属于花开两朵，各有特点。在国家强大时，国家可以通过多种产权激励措施实现两者所有制的并行发展，尤其是土地国有制的发展。在国家衰弱时，国家无法实施产权保护，所以土地私有制不受限制地发展起来。

3. 以土地为代表的财富形式与以货币为代表的财富形式反复交替。农业依赖土地而生，所以掌握了土地，相当于掌握了农业产出。历代王朝建立初期，百废待兴，统治者亟须通过发展农业从而恢复经济。如何发展农业呢？国家一般向农民授田，贷给农民耕具、种子等，力图较短时间内恢复农业经济。其中，授田的前提是国家掌握着大量土地，只有这样农民才能在授予的土地上进行农业生产。因而，这一时期国家非常重视土地的占有，土地财富是国家财富的主要代表，有时为了争夺土地还要同豪强地主展开激烈斗

---

① 王琦：《中国古代土地所有制演进的逻辑及当代启示》，《上海财经大学学报》2010 年第 4 期。

争。国家将公田授予农民，不仅获得农业税、徭役等，还通过重新分配土地稳固了统治。到了王朝中后期，随着工商业的活跃和经济的高涨，国家对土地的重视程度下降，货币财富逐渐占据主导地位。如北宋王朝建立初期就实行"不立田制""不抑兼并"政策，以致北宋中期出现"尽鬻官田"现象。国家不再谋求土地国有制，不再重视以土地为代表的财富形式，而是在土地私有制基础上，重点思考如何增加以农业税为代表的货币财富。至明朝和清朝中后期，长期安定的局面促进了商品经济的进一步发展，使得土地财富的角色再度弱化，尽管满清王朝建立者游牧民族的特点使得其对土地的认识依然存在着局限，但是此时国家对土地的控制再也抵挡不住私有化的浪潮了。[①] 历史上各种财富形式的交替演进，反映了人们财富观的变化。当今，我们的财富观包括各种货币化的财富，如房产、银行存款等，还包括各种非货币化的财富，如社会声望、职称职务、道德水平等。就土地财富与货币财富而言，在古代农业经济条件下，土地是国家的根本、百姓的生计、地主的地租、国家的赋税都来源于土地，货币财富对于古代社会各阶层的重要性远逊于土地财富。只有到了现代市场经济时期，我们才逐渐摆脱对土地财富的过度依赖（人们热衷于房产买卖即是对土地依赖的一种延续），货币财富、非货币财富等形式才得以迅速发展。

（二）土地制度变迁之"得"

1.历史上的土地制度改革适应了经济发展的时代要求。对于传统经济而言，土地制度是生产资料所有制的核心，是生产关系的基础，因此土地制度的确立和废除取决于当时生产力发展状况。我国古代土地制度，从井田制、授田制、均田制再到后来租佃制的沿革，无不反映特定时代封建经济发展的不同状况。如西周的井田制适应了当时生产力水平极为低下的约束条件，共有共耕成为井田制的主要特点。战国时期，铁制农具、牛耕技术等得到推广，农业生产力出现巨大提升，于是以家庭为生产单位具有了可能

---

① 王琦：《中国古代土地所有制演进的逻辑及当代启示》，《上海财经大学学报》2010年第4期。

性，所以土地私有制日益确立。秦汉隋唐时期，虽然土地私有制日益发展，但王朝政权仍然掌握大量国有土地，通过授田、均田制等措施，获得"口赋""户调""租庸调"等税源。甚至为了同豪强地主争夺土地和劳动者，王朝政权还要实行诸如王莽"王田"之类的措施。这种制度安排既满足了农民耕种土地的需求，也满足了政府征收赋税的要求，促进了当时的经济发展。到唐朝中后期，由于分给农户和官吏的"永业田"不断转为私有，国家掌握的土地越来越少，土地税赋加重，农民被迫弃田逃亡，豪强贵族大量兼并土地，均田制最后瓦解。就古代中国的土地私有制而言，其变迁也基本适应了人们对自由发展农业经济的要求。地主土地私有制从秦汉时的不完全、不自由状态，到唐宋时的相对完全、相对自由，再到明清时的土地市场发达和土地买卖交易活跃，中小地主和土地私有制在宽松环境中得到充分发展。从开放包容的视角看，中国的土地制度的确朝着让百姓享有越来越充分的自由的方向发展。① 时代不同、经济发展的阶段不同，土地制度的演变充分反映出鲜明的时代特征。当一种土地制度不能促进封建经济发展时，就会在制度筛选中为另一种土地制度所取代。生产力水平处于较低阶段时出现了井田制，而到封建社会后期则出现了租佃制。没有一成不变的土地制度，制度改革要与时俱进。从中国古代土地制度演变历程来看，统治者根据实际情况进行适时土地制度改革十分必要。孟子云："得道者多助，失道者寡助。"② 符合大多数人利益的制度改革便是应有之"道"。成功的土地制度改革往往顺应大多数人的利益要求，反之亦然。这对做好我们今天的土地工作带来重要启示：土地制度改革必须照顾到最广大人民的根本利益，必须处理好公平与效率的关系，必须充分考虑民情、国情，超前或滞后的土地制度改革是不会成功的。如王莽政权推行的"王田制"之所以仅仅实行三年就被废除了，就是因为在当时土地私有制已经确立的大背景下，仍然坚持恢复土地国有制，不仅贵族利益受损，广大人民利益也得不到保障，所以失败是注定的。再如 20 世纪中国共产党领导的土地革命与土改运动，变地主土地所有制为农

---

① 郭雪剑：《中国土地制度演变的特点和规律》，《学习与探索》2016 年第 1 期。

② 《孟子·公孙丑下》。

民土地所有制，首次实现了"耕者有其田"的历史目标，因而获得农民的最广泛支持，从而推翻了帝国主义、封建主义及官僚资本主义在中国的长期统治，最终建立了中华人民共和国与社会主义制度。

2. 中国历史上土地所有权与使用权分离的制度是一种次优选择。所有权与使用权的归属问题是土地产权制度安排的基本内容。农业经济条件下，理想状态是二者合一，即劳动者既有土地所有权又有土地使用权。但中国历史上的基本国情决定了二者合一是一种非常态。战国时期，土地私有制产生，封建租佃关系日益发展，地主拥有土地所有权，以收取地租为结果，农民拥有土地使用权，以缴纳地租为条件。这种封建租佃关系，从战国到明清，有时强有时弱，即人少地多的时候，地主的议价能力较弱，农民的议价能力较强，主要表现为地租率下降；反之亦然。无论地租率上升还是下降，地主拥有所有权农民拥有使用权是基本前提，即使明清时期江南地区发展出永佃制，也没有改变土地所有权与使用权分离的历史事实。土地使用权在中国土地制度中是很重要的权利，有时甚至比土地所有权更加重要。农民以土地为生，无论租种国家的公田或者是地主的私田，都要缴纳农业税或者地租，区别只在于税赋和地租轻重不同而已。史书上经常记载农民弃田退耕的情况，主要是由于国家赋税太重，租种地主的土地比耕种自己的土地收益更高。赵冈的研究显示：如果是太平盛世，国家能够提供稳定的制度保障的话，永佃制下使用权比所有权更重要，因而在土地市场中，田皮（土地使用权）的价格甚至会高于田骨（土地所有权），地主逐渐被边沿化。租种土地不一定比自耕农耕作自己的土地效益低，不仅在中国，在其他人多地少的亚洲国家，也被广泛证实，日本、印度、马来西亚等亚洲国家的农业发展都说明了这一点。① 可见，中国历史上土地所有权与使用权分离的制度是一种自然演进中所能得到的次优结局。② 土地所有权与土地使用权的分离在古代中国是一种常态。这种不完整的产权制度安排，既反映了人多地少的基本国情，也反映了土地私有制不断演进的历史事实。两权分离不仅在民间广为流

---

① 古红梅：《中国土地所有制之历史发展探源》，《北京联合大学学报》2011 年第 2 期。

② 赵冈、陈钟毅：《中国经济制度史论》，新星出版社 2006 年版，第 168、172 页。

行，而且也得到官府的认可保护。因为古代统治者无法实现"耕者有其田"的最佳目标，所以作为一种次优选择，两权分离便成为古代中国土地制度演变的常态。

3.历史上的土地制度改革是以保证地主利益为目的，客观上也促进了农民利益。基于政权更迭的历史教训，更重要的是为了维护自身利益，王朝统治者在政权初期必须充分考虑农民的利益，满足农民的诉求，客观上激发了农民从事农业生产的积极性。通过土地国有制实现"耕者有其田"，成为统治者满足农民利益诉求的重要途径。如北魏和隋唐时期实行的均田制，是以国家掌握一定数量的土地为前提条件的。均田制的推行，带来了经济的复苏和繁荣，在隋至唐前期短短100多年间，先后出现过数个治国盛世，如开皇之治、贞观之治、开元之治等。到了王朝统治中后期，大量失地农民出现，原先的土地制度变得不合时宜，统治者也必须通过调整土地政策来维护社会稳定。唐中期改"租庸调"为"两税"，相当于放弃了均田、"公田"的政策，"私田"、土地私有制逐步占据主导地位。土地自由买卖导致土地兼并，使大批自耕农失去土地从而破坏"耕者有其田"基本原则，成为古代农业社会无法解决的痼疾。[1] 明朝建立之初，朱元璋即发布诏令："若兼并之徒，多占田以为己业，而转令贫民佃种者，罪之。"[2] 这是具有重要历史意义的决策。朱元璋颁布的"抑兼并"措施，虽为维护地主阶级统治集团利益，但实际上也使农民受益。因为此项法令部分否定了地主阶级对原有土地的所有权，而肯定了农民在元末农民起义和战乱之后所垦土地的所有权，是对明初生产资料占有关系的重要调整。后来在重定《大明律》时，不仅吸收了这些精神，而且在律文中有不少保护私有田土、山场、园林、宅地及土地生长物的规定，同时禁止功臣勋贵、官绅势要之家在正当土地买卖之外掠夺土地。[3] 此外，激烈的土地兼并必然加剧社会矛盾，进而动摇王朝统治的基础，因此历代统治者还会出台"反兼并"措施。历史上首先提出"抑兼并"主张

---

[1]　郭雪剑：《中国土地制度演变的特点和规律》，《学习与探索》2016年第1期。

[2]　万历《大明会典》卷一七，《户部·田土》。

[3]　王毓铨主编：《中国经济通史·明代经济卷》（上），中国社会科学出版社2007年版，第10页。

的是西汉的董仲舒，他主张"限民名田，以澹不足，塞并兼之路"。后世的统治者发展成一整套的"抑兼并"政策。历代统治者采取"抑兼并"政策虽然为了维护自身利益，但实际上也维护了百姓利益。

4.通过土地立法实现土地规范管理。历代统治者非常重视土地立法工作。西周《诗经·小雅·北山》中"普天之下，莫非王土；率土之滨，莫非王臣"实则是表达周礼对土地权属的规定。周代社会把礼的建设与维护视为政治生活中极其重要的内容，西周时期土地的分配制度、管理制度、保护制度等，都包含在国家的礼制当中，并反映在《诗经》之中。春秋时期，鲁国实行赋税改革，鲁宣公推行"初税亩"，正是以法制的形式对当时土地进行规范管理。自唐朝以来，国家土地立法进一步加强。如《唐律疏议·户婚》中对"卖口分田""占田过限""盗耕种公私田""盗耕人墓田""妄认盗卖公私田""在官侵夺私田"等都明确规定了严厉的处罚措施。宋朝在继承唐律对土地所有权保护规定的同时，又有新的发展。如《宋刑统·户婚律·占盗侵夺公私田》等法令中都有对土地所有权保护的规定。此外，宋朝还开始了关于土地买卖、典卖、租佃契约关系的法律调整。《宋刑统·户婚律》专门设立《典卖指当论竞物业》一门，详细规定了土地买卖交易与典卖质押等方面的具体内容。针对土地租佃关系发生新的变化，宋朝土地立法亦对此作出相应调整。① 明朝则进一步加强了对私有土地的核查登记和买卖管理，体现了国家土地管理法律制度的逐渐完善。如《大明律·户律·田宅》中对"欺隐田粮""功臣田土""盗卖田宅""任所置买田宅""典买田宅""盗耕种官民田"等明确规定：不限制私人土地拥有量，但严禁"欺隐田粮"；允许土地买卖，但典卖田宅必须税契、过割，并严禁正常土地买卖之外的土地兼并。历代的土地立法成果与管理经验，理应成为后世进行土地管理的历史借鉴。②

（三）土地制度变迁之"失"

1.不稳定的土地产权制度导致小农经济长期延续。历代王朝政权虽颁

---

① 王有强：《中国古代土地权利制度研究》，硕士学位论文，西北农林科技大学，2008 年，第 45 页。

② 周帮扬等：《中国古代农村土地制度变迁及其当代启示》，《湖南社会科学》2013 年第 3 期。

布了各项土地法规，但我们很少看到保护农民土地所有权的法律法规。农民的土地所有权得不到有效保护，加之农业生产时好时坏，很容易发生土地买卖和土地兼并行为。频繁的土地买卖，导致"贫富无定势，田宅无常主"；激烈的土地兼并，致使"富者田连阡陌，贫者无立锥之地"。历史上农民少地、无地、失地的情形一再发生。与此同时，地主却拥有了大量的土地财富和货币财富，但货币财富没有更好的流向，于是把货币财富转化为土地财富，成为他们的理性选择。司马迁早在西汉时就已发现"以末致财，用本守之"的定律。土地财富似乎成为古代中国地主的最大追求。面对日益严重的土地兼并，王朝政权也不断采取各种抑制措施，但最终都告失败。在西方，大土地所有制往往促进了土地资本主义的产生，但土地兼并使土地所有权高度集中，却不等于土地经营规模的扩大。在中国，这二者是一个相反的过程，即随着土地的不断集中，经营规模则不断缩小。地主可能有成千上万亩土地，但他们自己并不经营，绝大多数土地被分割为小块，租给佃农耕种，而佃农都是破产农民，他们没有资本与土地结合，只能用劳动与土地结合。自耕农都是小土地所有者和经营者，他们为了购买土地，往往耗尽全部的资产，无力再向土地经营投资，更无力扩大再生产。上述原因，决定了中国农业经营规模狭小，形成小农经济农业结构。小农经济是小农业与家庭小手工业相结合（即男耕女织）、自给自足的自然经济。①

　　2. 大量"法外"私有土地加重了农民负担。在很多历史时期，国家与地主总是为争夺劳动者展开斗争。其中一个重要的原因是，这些地主隐匿了大量人口，致使国家税收减少，甚至这部分隐匿人口成为地主的"依附民"，成为社会稳定的隐患。这些隐匿人口，大部分来源于土地兼并。贵族官僚通过权势进行土地兼并，一般地主则通过与官府勾结或假手地方权势土地兼并。土地兼并的重要结果是土地被隐占，人口也随之被隐占。也就是说，这些土地和人口在某种程度上从国家的户籍或纳税名单中消失了。土地和人口的隐占，目的就是为了不用承担国家的赋税和徭役，由此而形成了大量的法外私有土地。毫无疑问，大量的法外私有土地的存在，对国家财政收

---

① 阎万英：《中国古代土地制度的演变》，《中国农史》1986 年第 2 期。

入形成了极为严重的威胁。王朝政权的"轻徭薄赋"政策之所以难以成为长久之计，是因为国家用度不足时，只能把隐占或脱漏的赋役，转嫁给仍在自己控制下的百姓。赋税日重，于是更多人口逃离到兼并地主门下，又变成新的隐占人口。兼并和隐占土地和人口现象更加严重。唐中期以后，法外私有土地更无止境地扩展。国家变本加厉地对尚被控制在国有土地上的农民进行剥削，由此引起农民更严重的逃亡，被称为"逃田"。《宋史·食货志》载："至道二年，大常博士陈靖言：'地之垦者，十才二三。税之十者，又十无五六。'"明朝中后期，随着土地兼并的发展，明朝原有"田不过都""地不出图"等禁令逐渐被打破。地主阶级通过诡寄、飞洒、花分、寄庄等伎俩，千方百计使土地摆脱里甲的控制，失去土地的里成为穷里，另外一些都外里通过购置大量田地则变成了富里。结果"富里之民虽田盈千亩，一役不沾，患里（即穷里）之民虽户无立锥，且充数役"①。在里甲土地丧失的同时，里甲人户也因土地兼并，赋役繁重而纷纷逃亡。史载："夫十户为甲固矣，尝凌虐小民，今户已亡，里亦不能独支！"②社会最终形成增加剥削—逃离—再增加剥削—再逃离的恶性循环。

3. 频繁的土地交易或土地兼并导致王朝政权更迭。土地兼并现象对王朝统治具有非常大的负面作用，尤其是到了王朝统治后期，严重的土地兼并会成为农民起义的导火索并导致政权垮台。王朝统治初期，中央政府对地方控制力较强，土地兼并现象较弱；王朝统治后期，豪强地主势力崛起，中央政府对地方控制力减弱，土地兼并现象增多。随着土地兼并加剧，国家税收减少，而豪强地主则增加了地租收入，统治集团内部的矛盾加剧，严重时甚至引发地方叛乱现象。土地兼并构成了封建经济发展的障碍，农业生产力遭到破坏，农民大量失地，土地却日益集中在少数大地主大官僚手中，最终以农民起义或封建王朝自身的土地改革来缓和危机。毋庸置疑，土地兼并是影响农民起义政权更迭的重要因素。无论是自耕农，还是佃农，当他们因土地兼并而丧失土地或增加地租以致入不敷出时，他们或许会通过暴力冲突来

① 天启《海盐县图经》卷六，《食货篇·第二下》。
② 隆庆《岳州府志》卷一一，《食货志》。

刘氏庄园是近代四川大地主刘文彩的居住生活场所，刘文彩占有良田1万余亩，集地主，商人，官僚等多种身份于一体

谋求自己的土地，从而影响社会稳定。当然，除土地兼并外，灾荒、吏治等因素都会影响农民起义政权更迭。在农民与国家、地主因土地兼并而产生矛盾时，王朝统治者还会通过变法改革调整日益恶化的土地关系。如北宋王安石变法、明朝张居正改革等，都在某种程度上限制了土地兼并，增加了农民土地所有制，最终维护了王朝统治。

三、土地制度的时代转化

中国历史上的土地制度变迁告诉我们，只有符合农民利益的土地制度，才是政权稳固的好制度。20世纪上半期的土地革命和土改运动，变地主土地所有制为农民土地所有制，农民拥有了自己的土地，真正实现了"耕者有其田"的历史追求，而中国革命也大获成功。中华人民共和国成立后，面对战后的经济残局，中国共产党又领导了社会主义革命，变农民土地所有制为集体土地所有制，掀起农业合作化运动，从而迅速恢复了农业经济。但后来的人民公社运动过于迅速和激烈，降低了农业生产效率，放大了集体生产的各种弊端，从而使集体所有制陷于困境。改革开放以来的家庭联产承包责任制告诉我们，只有解放农业生产力的土地制度，才是解决"三农"问题的好制度。无论历史上的私有制还是当代的公有制，只有适合中国国情的土地制度，才是最能代表人民和国家利益的好制度。当今推行的农村土地流转制度对农业经济有着深远影响。1988年的《宪法修正案》规定土地使用权可以依法转让，确立了土地承包经营权流转的合法地位，开启了我国农村土地流转的历程。2013 年十八届三中全会通过了《中共中央关于全面深化改革若干重大问题的决定》，"坚持家庭经营在农业中的基础性地位……在坚持和完善最严格的耕地保护制度前提下，赋予农民对承包地占有、使用、收益、流转及承包经营权抵押、担保权能，允许农民以承包经营权入股发展农业产业化经营。鼓励承包经营权在公开市场上向专业大户、家庭农场、农民合作社、农业企业流转，发展多种形式规模经营。"该文件对农地流转有了创新性的改革思路和举措。2015 年十八届五中全会通过了《中共中央关于制定国民经济和社会发展第十三个五年规划的建议》，提出"维护进城落户农民土地承包权、宅基地使用权、集体收益分配权，支持引导其依法自愿有偿转让上述权益。"从十八大以来的中央文件看，中央政府已经明确了农村土地制度改革的思路，就是在不改变农村土地集体属性的前提下，保证农民的口粮田，加快农村土地确权，促进农村土地流转，最终实现土地规模经营。简言之，改革开放 40 多年来，我国农村土地流转经历了 1978—1987 年禁止流转、1988—2002 年允许流转和 2003 年至今市场规范化三个阶段，每个阶段有着不同的制度效率。有研究显示，市场规范化时制度效率最优，土地完全不流转的制度效率次之，土地流转初步实施阶段制度效率最差。[①] 当今农地流转的前提是集体所有权与农民使用权的分离，这种分离不仅是 20 世纪中国土地制度变迁的结果，也是某种意义上传统土地制度变迁的历史延续。深入探讨传统土地制度变迁的时代转化，对于当今的农地流转制度改革具有重大意义。

（一）保证农地产权

农地流转应保证农民的土地使用权。我们必须探索历史上政府对农民土地使用权的管理经验，通过立法等措施保证农民始终拥有包括承包权等在内的土地使用权。计划经济时期，由于国家发展战略需要和农村实际情况，农村土地由集体所有，共同耕种，农民并不拥有土地使用权。改革开放以

---

① 余小英等：《我国农村土地流转制度效率分析》，《社会科学家》2015 年第 6 期。

来，通过实施家庭联产承包责任制，农村土地在保持集体所有的基础上，逐步实现了农民占有、使用、承包、流转，这是中国历史上农民拥有土地使用权的延续。家庭联产承包责任制带来农业生产力的巨大解放，也曾给农民和国家带来巨大收益。粮食产量从 1978 年的 3.05 亿吨增长到 1984 年的 4.07 亿吨，粮食产量增长了 1 亿吨，农民的收入水平同期也增长了 2.69 倍。后来，粮食产量绝对额不断增加，粮食产量 1999 年达到 5.08 亿吨，2013 年达到 6.02 亿吨，2015 年达到高点 6.21 亿吨。据林毅夫的估计，从 1978 年到 1984 年，以总增长为基数 100 进行计算，各种投入要素的增加（如土地、化肥、机械化、劳动人口等）对产出增长的贡献是 46，家庭联产承包责任制对产出增长的是 47，无法解释的剩余为 7。7 年内农业增长了 42%，所以家庭联产承包责任制的贡献大约为 20%。[①] 但随着经济社会形势的变化，家庭联产承包责任制的弊端也日益显现。一是分散经营无法实现规模经济效应，二是大量人口涌入城市导致农地被大量闲置，三是农地产权不清晰导致寻租行为不断发生。家庭联产承包责任制带来的边际报酬开始进入递减阶段。如果要实现农村可持续发展，就必须深化家庭联产承包责任制改革，变更这一以家庭为基本生产单位，分散的小农的生产和经营方式，农户之间开展合作化运动，在农业生产及经营活动中分工协作，从而取得规模效益。农地流转可视作家庭联产承包责任制改革的重要举措。从土地所有权与使用权分离的角度看，相比于古代无地农民租种地主土地的模式，当今家庭联产承包责任制则是农民租种集体土地的模式。无疑，这种模式是极大的历史进步，2006 年前农民还要缴纳"三提五统"（即农业税），但 2006 年起国家取消了农业税，自此家庭联产承包责任制变为农民无税背景下有偿经营集体土地的模式，农民生产开始轻装上阵。农村土地流转模式在这种趋势下应运而生。土地流转是拥有土地承包经营权的农户将土地经营权（使用权）转让给其他农户或经济组织，即保留承包权，转让使用权。农户可以通过转包、转让、入股、合作、租赁、互换等方式出让经营权，鼓励农民将承包地向专业大户、合作社等流转，最终实现土地规模经营，实现农业的丰产与农民的增

---

① 林毅夫：《解读中国经济》，北京大学出版社 2012 年版，第 149 页。

收。无论采取哪种土地流转形式，政府都应保证农民土地承包经营权长期不变且只能用于农业相关领域。相对于城市居民而言，农民居民的优势在于拥有土地，尤其是用于农业生产的经营土地。保证农民的承包经营权，不仅是当今农地流转和乡村振兴的基本要求，也是未来农村可持续发展的原动力。

（二）政府主导流转

各级政府应在农地流转过程中发挥主导作用。我们必须认真总结历史上土地兼并或土地交易的失败教训，充分发挥政府在农地流转制度改革中的主导作用。很多学者认为严重的土地兼并是导致古代农民起义并发生政权更迭的直接原因，现今也有学者认为各个朝代土地分配相对分散，土地兼并与农民起义没有直接关系，导致农民起义的直接诱因多为天灾，客观原因在于苛捐杂税等各种因素导致农民生存艰难，主观原因在于起义领导者作为理性的"经济人"，认为起义能够实现约束条件下的最大化收益。[1] 实际上，无论夸大还是降低土地兼并对传统王朝统治的作用，这种影响作用始终是存在的，有时大到致使政权更迭，有时小到如同过眼烟云。但无论怎样，因为我国的基本国情，因为我们的文化基因，我们必须重视研究古代土地兼并问题，包括市场化与非市场化的交易方式。近代西方破除长子继承制促进土地自由流转，资源向最有效率的地方流动，带来经营效率的提高，从而促进农业资本主义的发展。对中国来说，土地兼并也可看作土地资源向最有利的地方流动，但封建官僚制度使这部分兼并的土地并未提高经营效率，反而导致国家财政收入下降和农民居无定所。中国土地制度变迁的历史经验告诉我们，政府必须在农地流转中发展重要作用，政府可以支持市场化的土地交易方式，但应同时禁止非市场化的土地交易方式。被交易的土地必须置于政府的掌控之下。除了保证财政收入外，还要从充分考虑广大农民切身利益以及国家的长远发展出发，进一步明确土地的产权归属，建立真正适应社会经济发展的完善的土地制度。在农地流转改革中，政府应做到以下方面：一是保

---

[1]　刘正山：《土地兼并的历史检视》，《经济学》（季刊）2007 年第 2 期。

证土地承包关系长久不变。土地承包关系长久不变具有制度、机制和操作三个层面的内涵，其制度内涵是指农村土地集体所有—农户使用的制度安排长久不变，机制内涵是指农户依据土地承包经营权的自发配置来增加其经济收益的特征长久不变，操作内涵是指应在继续延长土地承包期的基础上赋予农民更为稳定的土地经营预期。① 二是要妥善处理好土地流转与农村社会稳定的关系。很多开发商甚至地方政府采取的"一次性买断"给予农民一定补偿的方式，在短时期内会让农民富裕，但从长远来看，这种方法对农民是不利的。为此，政府应建立起维持农民可持续生计的社会保障体系，逐步弱化土地的福利和社会保险功能，为土地转出者解决后顾之忧。三是土地流转制度改革要遵循效率与公平兼顾原则。既要充分发挥土地资源的效益，也要充分保护农民合法的经济和社会权益。只有两者兼顾，我国的农地制度改革才能走上正确的道路。从某种意义上讲，古代土地交易虽大多数时候有法可依，但囿于专制体制的特点，在吏治腐败或战乱等历史时期，总会发生地主阶级强抢霸占农民土地等非市场化土地交易方式，从而产生更多的无地农民。当今政府一定要发挥主导作用，禁止打击非市场化土地交易，保证农地流转合法有序。

(三) 反对土地私有化

农地流转的趋势是规模化而不是私有化。深刻研究历史上土地私有化的历史教训，坚决反对农村土地私有化改革。中国历史上土地国有制与土地私有制的斗争始终比较激烈，虽然土地私有制是一个大的发展趋势，但我们也注意到王朝后期大都是土地私有制盛行的时期，也是危机四伏甚至农民起义推翻王朝政权的时期。中国历史上没有纯粹的土地国有制，也没有纯粹的土地私有制，"盛世"大都是土地产权关系处理较好的时代，尤其是国有与私有的关系。部分学者认为私有化能够提高农地利用效率，殊不知这会引起严重的土地兼并。无论从中国古代土地制度发展的一般规律，还是从农户经

---

① 高帆：《农村土地承包关系长久不变的内涵、外延及实施条件》，《南京社会科学》2015 年第 11 期。

济的弱质性角度看，土地私有化无助于经济社会发展。农地究竟是实行集体所有制好还是实行农民私有制好，不仅是一个重大理论问题，也是一个重大实践问题，贸然推行农地私有化改革存在巨大政治风险和社会风险。即使在经济领域，农地私有对于农地流转效率的提高也存有疑问。历史经验表明，土地所有权与使用权相分离是一种常态，这种土地产权制度具有较高的资源配置效率，典型的如明清时期的永佃权。因此，应淡化农地所有权归属争执，注重农地使用权配置，将农地经营权赋予农户。应进一步完善农地经营权的确权、认证、分割、流转登记等，更加清晰地配置农地承包权、使用权、占有权和收益权等。近年来，中国着力推进农村集体土地所有权、承包权、经营权三权分置改革，加快土地经营权有序流转，实际上就是对土地所有权与使用权相分离的积极探索。现代产权既是历史演变的结果，也是国家意志的体现。现阶段农村土地产权制度改革，应抛开公有还是私有的争论，在确定土地集体所有的约束条件下，探索界定承包、租赁、质押、入股等不同的产权边界，国家应依照城市自由贸易试验区的模式，设立负面清单，使不同市场主体参与农地流转，激活市场参与热情，让农地流转制度改革效益最大化，真正实现农业可持续发展。

（四）土地立法先行

农地流转需要完备的法律制度。我们必须科学汲取古代土地制度改革立法的经验教训，农村土地制度改革必须立法先行。由于土地集中了赋税、徭役、兵役等重要资源，所以王朝政权围绕诸如名田制、屯田制、均田制度等具体田制，出台了许多关于经济改革政策，诸如"均田令""两税法""一条鞭法"等，成功实施的田制必须配套以详细的法令。这些法令的实施在一定程度上促进了经济的发展。但到王朝后期，法度废弛，这些法令随即失效。为保证农村土地改革长久深入，国家必须完善耕地保护立法，促进各种涉农规定的法制化和制度化。立法意味着政策不可以随意更迭。国家应完善耕地保护立法，强化基本农田保护制度，处理好经济建设与耕地保护的关系。我们要强化耕地保护意识。本着集约利用土地的基本原则，提高现存土地使用效率，尽可能少占农业耕地，使有限的农田绿地得以保存，从而满足社会对农产品增长的需要。同时，还应建立专门机构，编制基本农田保护区规划和建设规划。国家要建设，耕地要保护，这都是不以人们主观意志为转移的经济发展的客观必然。划定基本农田保护区，统一规划布局，是一种切实可行的对策选择。除做好农地流转的宏观管理外，还应从产权制度层面确定农村土地承包权和经营权。2003年中国政府颁布《农村土地承包法》。这是中国历史上第一部保护农民土地承包权和使用权的法律制度。这部法律的核心内容是承包期内不得随意调整农民的承包地，不得随意收回农民的承包地。自法律实施以来，人们的两权分离意识明显增强，同时也稳定了农村基本经营制度和农村土地承包关系。2019年，中国政府颁布新的《农村土地承包法》。这部法律主要有三点变化：明确三权分置，即国家或集体拥有土地所有权、农民拥有土地承包权和土地经营权；农民进城以前，不得以农户退出土地承包经营权作为农户进城落户的条件；进城农户自主选择如何处分土地承包经营权，可以按照自愿有偿原则，依法将土地承包经营权转让给本集体经济组织其他农户，也可以自愿有偿地将承包地交回发包方。同时，全面完成农村土地确权颁证工作，让全国农民尽快取得《中华人民共和国集体土地使用证》和《中华人民共和国农村土地承包经营权证》，真正在法律层面上确立农村宅基地使用权和承包土地经营权。

（五）实现规模经营

农地流转需要通过扩大经营规模提高农业生产效率。我们必须深入分析历史上小农经济的低效表现，通过农地流转实现规模经营。就农业本身的产业特点而言，大规模经营可以带来效率，也有利于农业生产技术的产生与传播。囿于农业经济条件，中国历史上频繁的土地交易并没有形成大土地经营，即便形成了一定程度的大土地经营，也或因市场条件的限制，或因诸子均分的土地继承制而无疾而终。中国历史上占据主导地位的仍是小农经济，而这种小农经济由于自身的特点很难形成规模经营。小农经济是古代中国经济结构的重要组成部分。它是一种小土地经营，是一种脆弱的经济结构。由于人多地少，古代中国农业生产必须精耕细作，边际收益也呈下降趋

势。可以说，古代中国的经济发达得益于小农经济的发达，古代中国的经济
波动也与小农经济的脆弱低效有密切关系。当今的农地流转制度则提供了历
史上无法实现的大规模经营机会。一方面，因为传统的户籍政策，农地占
有小块化，亟须规模经营；另一方面，随着外出务工人口增加，农地抛荒现
象严重，亟须提高农业产出。改革初期，农民既要外出务工，又要耕种土
地，这样做的结果是无法提高整体收益。随着改革深入进展，很多农民开始
把土地给农业种植大户，自己专心外出务工，慢慢形成土地规模经营的良好
格局。外出务工农民把土地承包给有能力经营的农户，承包者给予农户一定
的租金，在此过程中培养出具有生产和经营能力的新型农业大户。农民暂时
不放弃对土地的最终处置权，而先将土地逐步集中到一些农业大户手中，以
实现适度规模化。这样的话，从职业属性的角度看，传统农民可分为打工的
农民和种地的农民，两种类型的农民都可以发挥自己的比较优势。家庭农场
是目前土地规模经营的主要形式。此外，我们还应发展股份制经营、合作社
经营、农业企业经营、集体转包经营等多种规模化经营模式。任何一种土地
规模经营方式，都不会改变农村土地集体所有性质，但会提升农业集约化水
平、提高农民收入水平、改善农村基本面貌。

（六）完善社会保障

社会保障是农地流转的必然要求。我们必须深刻总结古代政府对待无
地农民的历史教训，通过社会保障解决农民的后顾之忧，从而实现社会稳
定。历史上的土地制度变迁告诉我们，国家、地主和自耕农会围绕土地反复
博弈。很多时候，地主占了上风，这意味着土地兼并严重，国家控制减弱，
自耕农就会成为地主的附庸。因为国家没有相应的社会保障措施，所以土地
兼并加上天灾人祸，就容易引发农民起义和政权更迭。历代王朝基本形成土
地兼并—农民起义—土地平均的循环模式。我国农村当前也面临着社会保障
机制不健全的困境。改革初期，农村没有社会保障措施，加上严格的户籍制
度，农民流动性很差，农村"人多地少"矛盾加剧，造成土地无法流转或适
度规模经营。如果抑制土地流转，阻碍土地规模经营，土地劳动生产率就会
低下，农民收入就会减少；如果放开土地流转，必然会带来土地的集中，少

地无地的农民失去土地之后，难免成为社会不安定的因素。① 随着改革深入，农民流动性极大增加，土地流转规模不断扩大，国家也在逐渐建立健全农村社会保障机制，即在大规模土地流转之后，政府及相关机构应做好农村公共产品供给工作。目前的农村公共产品可以分为两类：一类是在消费过程中具有完全的非竞争性、非排他性的公共产品（即纯公共产品），包括民兵训练、基层政府行政服务、大型水利工程等。对于这一类农村公共产品，应由政府提供。另一类是具有不完全的非竞争性和非排他性的公共产品（即准公共产品），如农村教育、农村医疗、农村社会保障、乡村电网建设等。对于这一类公共产品，民营企业则有大展身手之处。我们应正确认识政府与私人在农村公共产品供给中的作用，政府应免费提供农村纯公共产品，私人可以通过市场机制部分供给农村准公共产品。从长期看，城市会吸纳更多的就业人口，农民则会不断流出人口，社会保障水平也会不断提高，中国会真正实现城乡一体化。到那时，农村如同城市一样，政府与私人提供各种公共产品，农村市场成为全国市场体系的重要组成部分，农民摆脱了身份属性而成为一种职业，人们可以在城市与农村之间自由工作生活。②

---

① 王琦：《中国古代土地所有制演进的逻辑及其当代启示》，《上海财经大学学报》2010 年第 4 期。
② 陈新岗：《可持续发展下的农村公共产品供给主体研究》，《社会科学家》2007 年第 1 期。

第三章　中国历史上的重大工商业经营与当代混合所有制改革

在农业世界中，工商业是国家经济的重要补充。中国古代的工商业大体上分为四种形式：一是家庭工商业，以"男耕女织"中的"女织"为代表，与市场有着千丝万缕的联系，但始终是自然经济的组成部分。二是个体工商业，是指小手工业者和小商人，以"贩夫走卒"为代表，在我国古代社会中长期存在，但在工商业结构中只占很小的比重。三是官营工商业，是封建王朝继承奴隶制国家"工商食官"制度的产物，以"盐铁官营"为主，部分产品投放市场进入流通领域。四是私营工商业，是指大商人、大手工业主以及两者合一的大工商业主，主要以司马迁《史记·货殖列传》中记载的各类行业或人物为代表，他们同官营工商业始终存在着强烈的竞争关系。历代统治者围绕盐铁等有关国计民生的重大工商业经营或管理，形成一整套相对完整的重大工商业经营制度，其着重于如何处理官营与民营的关系，最终形成以重大工商业经营须由官府和私人共同参与为特点的"刘晏模式"。"刘晏模式"是中国传统工商管理制度变迁的结果，也是一种行之有效的工商经营模式，这种模式对近代洋务运动和当代混合所有制改革也有着重要的参考价值和借鉴意义。

一、重大工商业经营的历史演进

在展开论述之前，我们有必要对重大国计民生行业作出界定。国计民生，意为国家经济和人民生活，出自《聊斋志异·续黄粱》："国计民生，罔存念虑。"此处意为做官的人不在乎国家经济和人民生活,只在乎个人的荣辱得失。历朝历代对重大国计民生行业的界定,一般都是事关百姓日常生活尤其关乎国家财政税收的重要行业,如煮盐、冶铁等。重大国计民生行业呈现历史的动态演进,如酿酒、炒茶等行业曾因巨大的税收收入而被列为国计民生行业,后来又发展为一般工商业。我们的讨论即围绕历代重大国计民生行业而展开。中国历代的重大工商业经营,大体而言,可分为两种模式:官营与民营。

(一)官营和民营的充分实验

唐朝刘晏改革以前,中国古代有关国计民生的重大工商经营经历了三个阶段,即"工商食官"阶段、自由放任阶段和基本官营阶段。商周时期,工商业经营实行"工商食官"制度,工商业依附于官府并且为贵族阶级所垄断。"工商食官"制度是商周时期国家对工商业的一种管理制度,也是一种近似于完全官营的经营模式。西周时期的商人按照村社组织的形式存在,以家庭或家族为单位,主要为天子、诸侯、贵族为主体的统治阶级做工商业服务。当时的工商业主要有制盐、冶炼、纺织等。因为工商业的服务对象以天子、诸侯、领主、贵族为主,所以具有"公"的性质。在"工商食官"制度下,工商业家族具有职业世袭的特征,擅长经商者的家庭或家族在被国家认可之后,又以国家法令的形式固定下来,世代相袭,不得改弦易辙。西周时期,商人是"国人"的一部分,在理论上属于平民阶层。不过,因为职业的强制性和服务国家、贵族的特点,使得他们对国家、诸侯、贵族有很大的依赖性,所以不完全拥有自由人的地位和权利。工商食官制度盛行于西周时期,给后代呈现了精美的青铜器、大型煮盐遗址等工商成果。春秋战国时期随着私营手工业的出现,加之官营手工业效率低下,周王室的衰微,"工商食官"制度开始衰落,至战国后期彻底终结,但是其演化出的官营工商业一直存在。

春秋战国至西汉前期,在制盐、冶铁、酿酒等行业中,国家实行自由放任政策,私营工商业基本上不受限制地发展起来,出现了中国古代社会商品经济发展的第一次高潮。私营工商业在活跃市场、提高社会经济的商品化程度等方面的作用显而易见。《荀子·王制》篇载："商人之四方，市贾倍徙，虽有关梁之难，盗贼之危，必为之。"《墨子·贵义》篇载："通流财物粟米，无有滞留，使相归移也。"《史记·货殖列传》详尽记载了当时诸如范蠡刀间、巴寡妇清等闻名全国大商人的商业奋斗史。

完全民营也有消极作用：一是没有规范市场规则，容易出现商人操纵市场、哄抬物价、盘剥百姓及官商勾结等恶果。二是容易出现财富的积聚，出现富豪侈靡生活的社会风气。正如贾谊所说，"卖僮者，为之绣衣丝履偏诸缘，内之闲中，是古天子后服"，而当时的生产发展水平并不能支撑这种侈靡风气的蔓延，所谓"百人作之不能衣一人，欲天下亡寒，胡可得也？一人耕之，十人聚而食之，欲天下亡饥，不可得也。饥寒切于民之肌肤，欲其亡为奸邪，不可得也"。三是完全民营政策虽然造就了商品经济繁荣局面，但却加强了地方经济实力，加剧了政治上的分裂倾向，这一时期的"七国之乱"就是一个很好的例证。所以，完全民营政策并不完全适合封建社会初期政治、经济发展的特点，它需要作出某些变革，但在汉武帝时又滑向了另一个极端——完全官营阶段。

自汉武帝始，直至唐朝刘晏改革前，重大工商业基本纳入完全官营轨道。在此期间，民间工商业的活动空间变得十分狭小。虽然两汉诸子不断呼吁"盐铁皆归于民"，西汉政府也就官营私营问题召开了著名的"盐铁会议"，但工商业经营最终还是走向了完全官营道路。史载，"因权势以求利者，入不可胜数也。食湖池，管山海，刍荛者不能与之争泽，商贾不能与之争利"，就是这种情形的反映。官营工商业在封建社会初期，的确对发展封建经济、巩固封建统治起到了一定积极作用，但诸多弊端如产品质量低劣、生产效率低下、百姓负担加重等问题越来越多。史载："县官鼓铸铁器，大抵多为大器，务应员程，不给

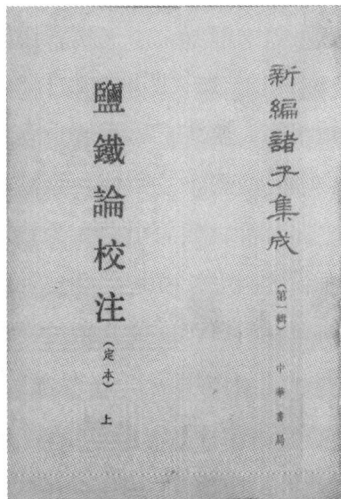

《盐铁论》详细记载了汉昭帝时盐铁会议的具体过程，当时御史大夫和贤良文学围绕汉武帝时制定的盐铁官营等政策展开了激烈讨论

民用。"①"郡国多不便县官作盐铁，铁器苦恶，贾贵，或强令民卖买之。"② 而且，因为官营工商业本身所具有的垄断性排斥市场竞争，社会经济必然失去活力，其结果是经济萎缩，财政收入也会随之下降。"县官笼而一之，则铁器失其宜，而农夫失其便。器用不便，则农夫罢于野而草莱不辟。草莱不辟，则民困乏。"③ 像汉武帝强化盐铁产销中的政府行为，压制了地方和社会经营盐铁的积极性，长此以往，势必对经济发展造成一系列不利影响。到了封建社会中期，商品经济开始结构转型，重大工商业完全官营已变得越来越不合时宜。

（二）官营与民营有机结合

唐朝刘晏在改革中尝试将官营与民营进行有机结合，重大工商业经营中的"刘晏模式"开始形成。刘晏经济改革是从盐业改革开始的。唐初由于战争等因素影响，盐业经营一直采取放任政策。从唐玄宗开元年间起，因国用不足，大臣们开始"言盐铁之利"。开元元年（713），河中尹姜师度整治山西安邑盐池，"公私大收其利"。这是唐朝课征"盐利"的开始。安史之乱后，由于财政支出大增，国家开始大量获取盐利，以弥补财政收入之不足。《新唐书·食货四》对此有较详细的记载："天宝至德年间，盐每斗十钱。乾元元年，盐铁铸钱使第五琦初变盐法，就山海井灶近利之地置监院，游民业盐者为亭户，免杂徭，盗鬻者论以法。及琦为诸州榷盐铁使，尽榷天下盐，斗加时价百钱而出之，为钱一百一十。"第五琦改变唐初盐户纳课、食盐自由买卖制度，实行"亭户"制盐、官收、官卖制度。"亭户"即将制盐民户编为专门户籍，免其杂役，专门制盐。"亭户"隶属监院，由监院管束，非"亭户"不得煮盐，违者就是"盗煮"。制盐本金由"亭户"向政府购买，制成之盐必须售与官府，违者就是"私市"，"盗煮"与"私市"都要论罪。第五琦盐法的主旨与桑弘羊政策相同，在于建立官府垄断食盐产运销体制，开发新税源，增加财政收入。但第五琦盐法的弊端很快就暴露出来。首先官府

① 《盐铁论·水旱》。
② 《史记·平准书》。
③ 《盐铁论·禁耕》。

垄断食盐，大幅度提高盐价增加了百姓负担；同时对地方财政毫无裨益，"自盐铁使收管以来，军府顿绝其利。遂使经行者有停粮之怨，服陇亩者有加税之嗟"。另外，由于生产和管理上改民营为官营，排斥了商人的参与，设置众多大小官吏，增加了管理成本，结果便是经营不善以及盐官的中饱私囊。在这种情况下，适应时代要求的刘晏新盐法应运而生。

刘晏改"官产官销"为"官产商销"，在盐业经营中引入商人与商业机制，即政府在食盐产地组织盐的生产后，将所收官盐依据预期利润加价批发给盐商运销，所谓"收盐户所煮之盐鬻于商人，任其所之，其余州县不复置官"。官府只控制生产与总批发环节，商人则享有充分的销售权力。这一改变，不仅大量节省了原来必须由国家支付的食盐运输和销售成本，也使官盐的销售范围扩大了许多。政府在全国各地积贮食盐有效地防止盐商漫天要价，"其江岭间去盐乡远者，转官盐于彼贮之。或商绝盐贵，则减价鬻之，谓之常平盐，官获其利而民不乏盐"。于是，仅10年左右，唐朝的盐利收入就猛增到了600万缗，"天下之赋，盐利居半，宫闱服御、军饷、百官禄俸皆仰给焉"①。

在盐法改革中，刘晏为了保证国家盐利收入，实现对商人的有效控制，对商人采取了两方面的措施：一方面，采取扶植和保护商人的政策：1. 简化对盐商的税收，"诸道加榷盐钱，商人舟所过有税，晏奏罢州县率税，禁堰埭邀以利者"②；2. 为了减少商人的缺钱麻烦，规定商人可以纳绢代钱购盐，"商人纳绢以代盐利者，每缗加钱二百，以备将士春服"；3. 修治河道，以利商贾往来贩运，以活跃城乡经济。"若漕路流通，则聚落邑廛渐可还定。"③"舟车既通，百货杂集，航海梯峤，可追贞观永徽之盛。"④4. 降低邸店行铺的负担，取消过去商人户税加二等征收的规定；5. 商运商销体制下，完全放开盐价，零售价格由盐商根据市场行情自行定夺，"纵盐商，纵其所之"。另一方面，采取一些预防和控制措施：1. 严格查禁不法盐商与私盐，

---

① 《新唐书·食货四》。
② 《新唐书·食货四》。
③ 《新唐书·刘晏传》。
④ 《新唐书·刘晏传》。

维护国家和合法盐商的丰额收入；2.整顿盐政管理机构，因为"盐吏多则州县扰"，所以必须减少冗员；3.通过食盐储备，实现盐业的宏观调控。不仅"盐廪至数千，积盐二万余石"，而且"每商人不至，则减价以粜民"。

通过这些措施，国家既获取极大收益，又避免了对盐业经营的失控。刘晏在改革中，将官营与民营相结合，变直接专卖制为官产商销的间接专卖制，寓税于价，做到"官收厚利而民不知贵"。在这一体制下，官府和商人都是榷盐的受益者。一方面，商人通过食盐的运输与销售实现获利目标，另一方面官府通过食盐征税实现税收增加目标。正如韩愈所说："国家榷盐，粜与商人，商人纳榷，粜与百姓，则是天下百姓，无贫富贵贱，皆已输钱于官矣！"官府在产出食盐后，按照一定的税率，加价出售给商人，从而保证税收收入。而商人在获取食盐后，行销各个市场，如果成本控制较好，利润率较高；如果成本控制不好，利润率较低。为了实现更高的利润率，商人就会想方设法降低成本，扩大市场，从而加速了食盐流通速度。食盐是一种生活必需品，食盐消费事关千家万户，而食盐供给总不尽如人意，所以从事食盐产销利润可观。官府与商人分别从自身利益出发，最终形成"官商分利"模式，当然这种模式事实上也满足了百姓的消费需求。正如程念琪在《中国古代经济史中的几个问题》一文中所言，食盐的"官商分利"，可能在秦汉间已有制度，至刘晏则臻于大成。从此，食盐专利制度虽时有变迁，但皆取法刘晏创制之本意。其他渐起的各项专利，也概以刘晏盐法为蓝本，实行官商分利。

刘晏在漕运改革中也实行了官商合作的类似改革。他以雇佣劳动代替强迫劳役，改"船头"督运为政府自办运输，力夫也由征役改为招雇，采取付工资的有酬劳动方式，废除行之已久的强制无偿劳役。主要方法是：1.官府出钱雇工运输，"盐利顾佣分吏督之"，用市场经济的办法来代替行政命令；2.用经济手段鼓励漕运，"命囊米面载以舟，减钱十五"；3.采取分段运输的方法，即与当地商人相结合，提高效率，节省成本。"江船不入汴，汴船不入河，河船不入渭"。刘晏借助民间资本力量，利用当地商人的航运经验代替腐败无能的官吏，消除漕运弊端，解决漕运难题，同时还节省了政府开支，改革符合社会发展的要求，具有重大进步意义。史称"不发丁男，不劳郡国，盖自古未之有也"。此外，刘晏在铁、茶叶等经营上也有类似的官商结合思想，但限于篇幅，兹不多论。

刘晏的各项改革措施表现出很多现代商品经济原则的运用。改强制性的无偿劳动为有酬的雇佣劳动，借以提高经济效益；在保持官府经营的基础上，注重私商的作用，促使竞争形成；裁减专卖机构及其官吏，降低成本，利税结合，实现投入产出的最佳组合。这些原则正是"刘晏模式"的本质内涵。

从广义上看，"刘晏模式"是官营与私营相结合的问题，官营和私营都有带动经济发展的积极作用，所以"刘晏模式"不仅强调官营，也重视私营对重大工商业经营的重要作用。从狭义上讲，"刘晏模式"是"官商分利"的问题，无论在官商与私商之间，还是私商之间，在市场份额的占有和利润的分割上都存在对立竞争关系，特别是官私商业之间矛盾更大一些，所以"刘晏模式"变以前的"官府独利"为现在的"官商分利"，是对工商利润的一种重新分配。

（三）官营与民营相兼

刘晏改革以后，官营与民营相兼成为历代重大工商业经营的主要原则。历代王朝对有关国计民生的重大商业的具体经营模式不尽一致，有时偏重官营，有时偏重民营，但基本未脱官营与民营相兼的模式。各时期的思想家对"刘晏模式"的评价也不同，但从人们不断的关注和议论中，可看出"刘晏模式"影响之久远。

北宋政府对重大工商业经营采取官营与私营相结合的方式，于是重大工商业经营中出现了"官商争利"的趋势。为了维持庞大的中央禁军，北宋政府对盐、茶、酒、矾、香药等重大工商业经营采取专卖制度，同时也放松了对私营工商业的控制，从而活跃了商品经济。在处理包括盐、铁、茶等国计民生行业领域中的官私关系方面，王安石的工商经营思想最具有代表性。王安石主张发展官商而利用私商，认为"公私皆贩运之人"，实施官商并卖制。他依然强调封建国家控制工商业的必要性，但他继承了刘晏"官商分利"做法，干涉与放任兼而有之，视各行业的具体条件而采取不同的方法。

王安石是古代中国著名经济改革家之一，其推行的变法措施在一定程度上改变了北宋积贫积弱局面

如食盐除少数地区外，实行分区专卖以获取厚利；茶叶一开始由大商人包销，后改为官收茶税，由私人自行贩运；酒由官府控制逐渐转变为私商包销。在矿冶业方面，国家采取鼓励民营矿业发展的政策，对金银铜铁等实行"二八抽分"税率，其余自由贩卖，宋朝民营矿业由此得到较大的发展。由此可见，王安石经济改革可称为"灵动权变"。他以增加财政收入为改革目标，将官营与民营很好地结合起来。如果官府经营效益不好，就将之改为民营以税之；如果商人获利太多，就进行适当控制。王安石经济改革减少了官营经济成分，增加了民营经济成分，最终增加了财政收入。① 稍后欧阳修直接继承了刘晏的改革思想，主张对有关国计民生的工商业采取官营与民营相结合的方式。他反对实行"夺商之利，一归于公上而专之"的政策，指出"夺商之谋益深，则为国之利益损，夫欲十分之利皆归于公，至其亏少，十不得三，不若与商共之，常得其五也"。商人有利可图，才能发挥商人的积极性，增加盐、茶的销售量，从而使国家增加盐、茶的专卖收入。

明朝初期盐茶专卖实行钞引制，矿冶以官营为主，民营辅之，同时在全国建立了庞大的丝织、造船等官府工业体系。明中期以后，官营工商业逐渐显现各种弊端，专卖政策受到市场冲击，如榷盐和榷茶政策在私商的参与下逐渐破坏。庞大的官营国有工商业的存在，限制了产品的商品化和商品经济的发展，民间私营工商业只能在夹缝中存活，且遭受层层盘剥，甚至被公开劫夺，缺乏自由发展的条件，新的生产方式难以在其中发展壮大。明朝政府逐渐放弃了榷盐和榷茶政策，转而将专卖权和专贸权出卖给商人，

_____

① 李绍强：《中国封建社会工商管理思想的变迁》，《东岳论丛》2000 年第 3 期。

采取了与商人合作的间接经营方式，从而开始了向官督商办的转变。面对工商管理制度的重大变化，明朝思想家对"刘晏模式"有了更多、更深刻的认识，也逐渐接受了"官商分利"的工商经营模式。大多数人对刘晏改革持肯定态度，如霍韬认为"唐刘晏只用淮盐，遂济国用"。李梦阳在批评贵族、官僚控制盐商、追逐盐利行为时，主张盐政仿效刘晏，"略仿汉桑弘羊、唐刘晏、本朝周忱故事，令其绠墬剔蠧，浚源决流，一切不得阻挠"。宋应星赞同刘晏的盐法改革，"从来成法未有久而不变者"，"使以刘晏得扬州，必镇日见钱流地面"。[①] 李雯在评价历代盐策的得失时，对刘晏予以充分肯定，"至于唐而大盛者，则刘晏之为也"。同时，明朝也有一些思想家对刘晏改革予以严厉批评。如丘濬尖锐地批评道："刘晏虽曰善于理财，然知利国之为利，而不知利民之为大利；知专于取利而可以得利，而不知薄于取利可以大得利也。"他认为百姓获利应是历代盐法改革的主旨，刘晏改革虽然增加了国家财政收入，但忽视了百姓诉求。丘濬主张在官民之间找到一种互利互惠的经营方式，"盐之为利，禁之不可也，不禁之亦不可也。要必于可禁不可禁之间，随地立法，因时制宜，必使下不至于伤民，上不至于损官，民用足而国用不亏，斯得之矣"[②]。很明显，要做到既不伤民，也不损官，难度之大可想而知。丘濬主张废除榷盐和榷茶政策，实行国家监督下的私人生产和运销。食盐产销的具体做法是：灶户向官府交纳一定"举火钱"后煮盐自卖，盐商则直接从炉户处购买，然后按数纳税，凭引到指定地区贩卖。

清朝政府虽然仍有控制民间商业资本发展的措施，但国家控制的力度在减弱，民营工商业得到较快发展，工商管理制度最终转向了"官督商办"等间接控制模式。在转变过程中，清朝思想家发挥了重要作用，"刘晏模式"在这一阶段也得以继续发展。如清初陆世仪说："盐茶与民争利，似非王道所宜。然此利自管仲、刘晏而后，一开不可复塞。"王夫之也肯定刘晏盐法改革，他认为刘晏的"榷盐之利，得之奸商，非得之食盐之民"，进而把刘

① 《天工开物·野议·盐政议》。
② 《大学衍义补·制国用·山泽之利》（上）。

晏的改革视为历代榷盐的典范。他认为明朝的盐引制度隔绝了各地区之间盐的流通，便于盐商任意提价，盘剥消费者，所以他赞同刘晏通过不分地界、平等竞争而达到盐价降低、减少商人利润的目的，"无地界，则盐价恒平，商之利亦有恒，而狡者愿者不至赀获悬绝"[1]。稍后的曹一士则主张实现类似刘晏的常平盐法，"请仿唐时常平盐法，每岁俟客引既足，即令民以余盐具数诣官告买，官为给价。如其与商市之数，籍而记之，而上之于运司。视其地去盐乡远者，设仓置守，如积谷之法……此刘晏所以裕国而民不知病者也"[2]。郑祖琛也主张"仿古刘晏之法，就场地以起课，听商民之自为转运"，认为这样"百弊可除"。

（四）近代官私合营

1. 洋务运动时期的官督商办和官商合办

近代包括洋务运动等在内的重大工商业经营采取了官督商办、官商合办等工商经营方式，实则依然是官营私营、官商分利等问题，体现了"刘晏模式"的历史影响。1840 年以来，西方国家处于早期工业化的快速发展阶段，与之对应的是一系列海外殖民活动。中国仍处于农业经济发展的轨道上，晚清政府同英法等国的战争则屡战屡败。为挽救摇摇欲坠的统治，晚清政府终于开启了以求强求富为目的的洋务运动，力图将西方工业化成果，嫁接到中国农业文明之中。然而，洋务运动仍然是中国古代盐铁官营的一种继续，只不过这次官营的对象是近代的工矿业。由于晚清政府长期禁止民间自发进行工业化，而政府的工业化行为又因腐败而效率低下，从政策层面上晚清政府并没有出台有利于民间工业化的措施，反而发展效率低下的官办工商业。官办现代工矿业名义上是现代企业，而实质上采取封建的官僚管理体制管理企业，和古代的官营工商业的管理体制如出一辙。洋务运动前期，洋务派以"自强"为旗号，采用完全官办的形式，建立了包括钢铁、煤炭、造船等产业在内的近代军事工业，如江南机器制造总局、金陵制造局、福州船政

---

① 《船山全书·噩梦》。

② 《皇朝经世文编·户政·盐课上》。

局、天津机器局等。短短几年中，中国就已经具备了铸铁、炼钢以及机器生产各种军工产品的能力，产品包括大炮、枪械、弹药、水雷和蒸汽轮船等新式武器。洋务运动后期，洋务派打出"求富"的旗号，改用官督商办的形式，兴办了包括航运、铁路、开矿、纺织等产业在内的近代民用工业。如轮船招商局、开平矿务局、天津电报局、上海机器织布局、兰州织呢局等，都是在19世纪70、80年代开始建立起来的。在洋务运动的推动下，中国的民用工业得到了迅速发展，奠定了中国近代化工业的基础。

　　官督商办企业是洋务运动时期民用工业的主要企业经营方式。官督商办是一种特殊的企业组织形式。洋务派想要发展民用工业，但缺乏购买机器所需的资金，于是委托商人募集民间资金进行生产，所以这类企业既有官股也有商股。官督商办企业的资金主要来自民间招募的商股，股权也以商股居多，有时政府也预先垫款以做资本，但开办以后要陆续归还。官股虽然占比极小，但政府却拥有最多的决策权。企业的用人、行政和理财大权由洋务派委派的总办或督办掌握，一般商民无权过问。但企业盈亏"全归商人，与官无涉"，官款可以坐收"官利"。官督商办企业的一个明显特点是权责不对等。政府与商人都具有很强的获利动机，但政府拥有更强大的话语权，利用商人急于获利的动机，由商人承担企业亏损。商人之所以愿意参与官督商办企业，除却本身的获利动机外，最重要的是企业能够进入政府垄断的行业领域，并依靠政府的庇护享有免税、减税、贷款、缓息、专利等特权和优惠。如轮船招商局自创办便享有从上海到天津随漕运货、免天津进口税二成的权利，上海机器织布局的产品在上海地区销售，不付任何税厘，分销内地则免抽厘金。官督商办企业基本属于资本主义性质，产品除优先满足政府需求外，大部分产品投入市场，活跃了近代商品经济。但这类企业封建色彩浓厚，官商矛盾尖锐，生产效率不高。官督商办企业"全以官派行之，位尊而权重，得以专擅其事，假公济私；位卑而权轻者，相率而听命，不敢多言。公司得有盈余，地方官莫不索其报效，越俎代谋。"[1] 19世纪90年代以后，随着外资企业和民族资本主义企业的兴起，市场竞争加剧，官督商办企

---

[1]　《盛世危言·商务二》。

业逐渐没落,有的被外资企业吞并,有的改为完全商办,有的成为官僚集团私产。从某种意义上讲,洋务运动只是官营与民营的表面结合,在实际运行中,结果往往是"官督"的权力显著加强,"商办"的色彩大为削弱,二者并没有实现有机结合。

2. 民族资本与官僚资本的抗争

中华民国成立后,围绕重大工商业经营,民族资本家与官僚资产阶级进行了激烈争夺,最终以官僚资本胜利、民族资本失败而告结束。这场纷争是民营与官营的较量,也是"刘晏模式"发挥重要作用的例证。20 世纪 20、30 年代虽是民族资本主义发展的黄金期,但已开始遭受官僚资本的蚕食鲸吞。比如在航运领域,招商轮船局是当时中国最大的航运企业,企业属于完全商办性质,1930 年南京国民政府以 212 万两白银收购总资产 2600 万两白银的招商局,改名为国营招商局;在金融领域,南京国民政府及四大家族通过对私营银行的打压控制,逐渐建立"四行两局"体系。1937 年全面抗战爆发后,官僚资本不断通过政权力量整合民族资本主义工商业,结果就是官僚资本迅速膨胀,民族资本主义工商业则一落千丈,很多民族资本主义企业遭遇生存危机。内迁企业得以存活,对大后方经济发展和支持抗战发挥了重要作用。沦陷区的厂矿企业,或被日本灭毁,或被日军以"委托经营""军管理""租赁"等形式吞并。国统区的民族企业,受到国民政府加强工业垄断和商业专卖的影响,举步维艰,造成官僚资本的膨胀和民族资本的萎缩。到 1941 年,官僚资本已占全国资本总额的一半。与此同时,美国与南京国民政府签订《中美友好通商航海条约》,攫取了大量在华政治、经济等特权。之后,美国加大对华商品输出排挤国货。在官僚资本和外国资本的双重打压下,民族工商业陷入绝境,纷纷倒闭。

近代中国银行的股权之争反映了商股与官股、民族资本与官僚资本之争。百年老店——中国银行在近代的身份转变呈现了官营与民营的竞争过程。1912 年中国银行在原来大清银行的基础上正式成立。1915 年以前中国银行的股本都是官股。从 1915 年开始,商股比重逐渐加大。1917 年官商为争夺中行领导权爆发"则例之争"。中行商股股东成立股东联合会,保住并增加商股所占比例。从某种意义上讲,中国银行的股权已从北洋政府手中几乎全部转移到私人手里，减少了政局动荡对银行的影响，中国银行逐渐由一家国家资本银行转为商办银行。南京国民政府成立后，即对中国银行加入官股，进行渗透。1928年中国银行改组为国际汇兑银行。1935年强行修改《中国银行则例》，通过发行金融公债的方式募集资金，增加官股1500万元，官股比例达到50%，最终成为官僚资本银行。

3. 计划经济与"刘晏模式"

1949年中华人民共和国成立，在经过短暂的官商并行后，中国经济迅速进入"公私合营"阶段，紧接着又进入完全的国营阶段。通过对官僚资本的没收和对资本主义工商业的社会主义改造，建立了国营工商业，私营工商业于1956年后不复存在，国计民生行业的经营完全采取了国营模式，进而导致生产效率的低下、产出的降低乃至整个经济增长的缓慢。因此，中国的工商业经营必须作出相应改革，打破完全国营的坚冰，回到国营与民营有机结合的轨道上来。1978年十一届三中全会后，中国政府开始各项改革，在国营经济占主导地位的基础上，民营经济、外资经济等经济成分相继出现，"刘晏模式"又开始发挥作用。40多年的经济发展证明，对有关国计民生的重大工商业，其经营必须采取国营与民营相结合的方式，完全的国营或完全的私营都不是最好的选择。国营、私营二者缺一不可，国营可以保证公共产品的公益性，而私营则可以通过竞争，提高服务水平，增加经济效益。

总之，唐朝之后中国历代政府的重大工商业经营，都遵循并印证了"刘晏模式"。"刘晏模式"打破了我国传统工商业完全"官本位"的格局，打破了官府完全垄断工商利润的局面，官商分利，相互利用。可以说，"刘晏模式"是中国传统工商经营制度的精髓。以"刘晏模式"为主要特色的传统工商业结构，对中国近现代社会经济的发展，也有着深刻的作用和影响。

二、重大工商业经营的"得"与"失"

毋庸置疑，古代中国是农业经济的杰出代表，也是当时世界上最发达的经济体之一。在农业经济中，农业是国家经济发展的根本，但工商业发展也起着重要作用。中国古代社会形成了一套有效的工商业经营模式，特别是在重大工商业经营方面。不管是"刘晏模式"还是其他工商业经营模式,中国历史上重大工商业经营实践及其思想给后代人留下了宝贵财富。适时总结这些宝贵财富,不仅有助于了解传统经济的成功,也有助于现代经济的改善。

(一)重大工商业经营之"得"

1.官营与民营必须依据实际情况进行动态调整。"刘晏模式"的本质,就是官营与民营的有机结合。在界定国计民生行业的基础上,对这些重要行业经营我们必须采取两者结合的方式,只有这样,才能实现个人效用最大化、企业利润最大化以及社会福利最大化。在结合过程中,应该以官营为主还是以民营为主,应视具体情况具体对待。官营与民营的有机结合,不是一个口号,而是经过历史检验的经济规律。从某种意义上讲,官营与民营的有机结合,成为评判历代经济绩效的重要标准。结合得当,财政收入增加,百姓生活稳定,国家长治久安。从历史上看,很多朝代都经历了重大工商业官营与民营动态调整的过程。一般情形如下:王朝初期,官营工商业占据主导;王朝后期,私营工商业则有重大发展。例如明朝官营工商业经济成分的变化就非常明显。食盐从全部官控到全部由商人经营,钢铁从官产93%到全部民营,丝织、瓷器、造船从官产大部分到民产大部分,茶叶销售从茶禁严厉、官控西北茶马贸易到茶禁松弛,这些变化使一批商品经营者发家致富成为富商大贾。私营的棉纺、丝织、日用百货、造纸等社会一般消费品的生产,虽然经营分散、价值微薄,但集腋成裘,明朝政府的税收也日益增加。到明后期,私营工商业就成为明朝社会生产的主要构成。

2.国家干预与经济自由是古代中国经济思想发展的两条主线,在中国历史的不同时期,都曾占有重要地位。大致从西汉中期开始,官营工商业开始占据主导地位,而民营工商业日益萎缩直至在夹缝中生存,于是官营工商业成为传统经济的一个重要特点。为此,两汉诸子曾大力呼吁民营。其实,官营也好,私营也罢,两者都是国家经济生活的重要组成部分。西汉的官营盐铁、酒榷等制度是在国家财政紧张之际所采取的措施,虽具有临时性质,但我们也不能否认这些政策的积极作用。从短期看,官营盐铁、酒榷等可以在较短时间内迅速增加国家的收入，对西汉中期的抗击匈奴、打击地方分裂势力起到很明显的效果；从长期看，这些政策的实行可以收到控制国家的经济命脉、打击商人的投机倒把等效果。当然，盐铁官营、酒榷等政策弊端明显，它很容易造成盐、铁、酒等行业发展的僵化。因为国家统筹统销，生产、经营都由政府说了算，国家可以在不提高生产技术的情况下赚取大量利润，而且还可以通过提高价格等手段来增加利润。垄断利

汉煎盐盘（藏于烟台市博物馆）是煮盐工具，由官府制造，青铜质地，是汉朝官营煮盐业的重要实证

润的增加又削弱了生产技术的改进和提高。从历史实践上看，官营盐铁、酒榷等一是带来产品问题，如质量低劣、品种较少、价格昂贵等；二是工匠出工不出力，官吏从中盘剥太多，生产效率会极其低下。如汉和帝在"罢盐铁诏"中也承认官吏的这种行为，"而吏多不良，动失其便，以违上意。先帝恨之，故遗戒郡国罢盐铁之禁，纵民铸煮，入税县官如故事"；三是政府强迫个体手工业者服役及向农民摊派各种商品等。在专制社会里，统治阶级为了本集团的利益，往往把收利甚大的工业部门最终都收归官营，像唐朝的榷茶、明清的烟草专卖等。王朝政府要是能够正当经营，科学管理，利总是大于弊。可惜的是，由于这种专制体制的存在，中国古代的官营工商业就像西汉的官营一样，都慢慢地由好变坏，最终成为百姓的负担和经济发展的桎梏。其实，正如郑观应在《盛世危言》中提到，"今之大小官员，其出仕也，岂为朝廷乎？为一己耳。每得一官，惟量缺分之肥瘠，计班资之崇卑，每岁可获利若干"①。封建官吏的痼疾使得官营工商业根本不可能得到科学管理。同时，民营工商业处处受到官府的压制，加上自己本身的原因，也没有起到相应的进步作用。两汉诸子关于盐铁、酒榷问题之争议给我们的启示却是极为深刻的，从那场争议中我们了解到西汉官营与私营的利弊以及两者在国家

———————

① 《盛世危言·革弊》。

经济发展中的地位和作用，从而可以引发我们对现代经济问题的深入思考。

3.保持民营经济的发展活力至关重要。民营经济是传统社会最具活力的经济成分，也是传统社会经济发展的主要方向。中国历史上两次商品经济活跃期，都离不开民营经济的巨大贡献。从私有产权、自由企业和市场机制等市场经济的基本维度来看，经济自由是市场经济的本质要求。但是在古代中国，虽然经济自由思想十分丰富，但实践中基本上是国家干预思想及政策占据主导地位。

在中国古代各项制度发轫时期的秦汉，经济自由思想非常盛行，战国、秦汉也是中国古代社会商品经济发展的第一个高峰。此时不仅出现了一批以煮盐、冶铁、贩卖粮食为业的私营商人，更是出现了以两汉诸子为代表的杰出经济自由思想。首先，诸子大都明确肯定工商业的地位与作用。《淮南子》继承了管仲的"四民分业论"，把工商阶层视为社会职业的组成部分，承认其具有不可或缺的经济职能。"士农工商，乡别州异。是故农与农言力，士与士言行，工与工言巧，商与商言数。是以士无遗行，农无废功，工无苦事，商无折货。各安其性，不得相干。"[1] 司马迁认为，商业在生产、流通领域具有主要作用，所谓"待农而食之，虞而出之，工而成之，商而通之"，如果"农不出则乏其食，工不出则乏其事，商不出则三宝绝，虞不出则财匮少"[2]。工商不仅有促进生产的作用，而且有促进地区与各业人民互通有无的功能。其次，诸子大都主张宽商、利商、富商。桑弘羊主张利商、富商。他针对当时贤良文学富国必从农本的主张，提出富国富家都要依靠商业。"无末利则本业何出"，只有通过商业的作用，才能本末俱富。司马迁力主宽商，他提出商业交易不但不可缺少，而且是富国富民的必由之路。农虞工商皆是"民所衣食之原也。原大则饶，原小则鲜。上则富国，下则富家。"[3] 他列举越国以商富国；齐国以工商富国，"齐劝其女工，极技巧，通鱼盐"；关中地区也因工商发达成为国内首屈一指的富庶之地。至于以工商富家者，司马迁更是列举达十几位之多，如范蠡、子贡、猗顿、郭纵、桥姚、寡妇清等。司

---

① 《淮南子·齐俗训》。

② 《史记·货殖列传》。

③ 《史记·货殖列传》。

马迁对这些以工商致富的人士大力加以赞扬。① 董仲舒坚决主张"不与民争利"。国家必须脱离直接经营的工商业活动，不应"颛川泽之利，管山林之饶"。他认为国家直接从事这样一些最易赢利的行业，既违背了"义""礼"，又侵害了百姓的谋生之路，因此提出"盐铁皆归于民"②。董仲舒认为国家繁重的赋税徭役负担使百姓无法忍受，也违背了"以义化民"的伦理主张。他强调"古者税民不过什一，其求易共；使民不过三日，其力易足"，而汉继秦之后力役之征"三十倍于古"，各种征税"二十倍于古"。他从维护伦理规范，减轻百姓负担和发展生产的角度出发，提出仁政主张，"劝农事，无夺民时，使民岁不过三日，行十一之税"③；"薄赋敛，省徭役，以宽民力"④。司马迁的经济自由论集中体现为"善因说"，"善者因之，其次利道之，其次教诲之，其次整齐之，最下者与之争。"⑤ 这里的"因"是顺应、听任的意思。"善者因之"就是说最好的经济政策是顺应经济发展的自然，听任私人进行生产、贸易等活动，而不必加以干预和抑制。在他看来，从事营利性的生产贸易活动是私人的事，国家政权及官吏从事这些活动是与民争利，是最坏的政策。政府对经济活动的过分干预，是不必要的。司马迁"善者因之"的政策成为中国经济思想史上主张经济放任主义的集中体现。当然，司马迁也并非主张绝对的放任。他认为在一定的情况下，政府对社会经济发展的适度干预是必要的。"民倍本多巧，奸轨弄法，善人不能化，唯一切严削为能齐之。"⑥ 对于"民倍本多巧，奸轨弄法"之徒必须"严削"以齐之。可见，"善因说"实际上是一种以经济自由主义为主，必要时辅以国家干预的一种国民经济管理政策。"盐铁会议"上，桑弘羊坚持经济干预政策，主张盐铁、酿酒等官营。贤良文学则坚持经济自由政策，反对政府的过多干预。贤良文学认为："昔文帝之时，无盐铁之利而民自富，今有之而百姓困乏，未见利之

---

① 　陈新岗：《两汉诸子治国思想研究》，山东文艺出版社 2009 年版，第 275 页。

② 　《汉书·食货志上》。

③ 　《春秋繁露·五行顺逆》。

④ 　《汉书·食货志上》。

⑤ 　《史记·货殖列传》。

⑥ 　《史记·太史公自序》。

所利也，而见其害也。"① 他们认为当时民众处境艰难的根源，就是国家控制资源，实行管制，"今郡国有盐铁、酒榷、均输，与民争利。散敦厚之朴，成贪鄙之化。"② 所以统治者应该做到"天子不言多少，诸侯不言利害，大夫不言得失"③。也就是说，政府不应该与民争利，应听任民间经济自由发展。两汉诸子虽然基于人性的考虑主张经济自由，但他们也不曾忽视政府的适度干预。单从这一点来看，他们提出的是有限度的经济自由。联系到当前的市场经济体制建设，就是让政府成为真正的市场经济"守夜人"，同时大力提高民营经济对国民经济的贡献度。

4. 科学区分国计民生行业与非国计民生行业。制盐、冶铁、酿酒、炒茶等今天看来是一般工商行业，在古代却是国计民生行业。在近代，轻纺织、食品加工等今天看来也是一般工商行业，但在当时却是国计民生行业。现代社会要判断哪一行业属于国计民生行业，要比古代、近代复杂得多，但我们必须进行这方面的研究。可以说，国计民生行业是一个动态概念，我们必须认真对待。国计民生行业（处于垄断形态的工商业）可以官营与民营结合，非国计民生行业（处于一般形态的工商业）最好实行民营政策。我们以明朝的情况加以说明。

明朝以前，冶铁业因为技术、资本、用途、产量等原因，属于需求大收入高的国计民生行业，如两汉、隋唐时期都由官府掌握冶铁。明洪武年间冶铁以官营为主，后因库存过多"诏罢各处铁冶，令民得自采炼，而岁输课程，每三十分取其二"。④ 之后民营冶铁业获得蓬勃发展。永乐年间，官营冶铁业又有恢复，也曾建立明朝最大的冶铁工场——遵化铁厂，但总的趋势是官营冶铁业呈不断萎缩之势。即便遵化铁厂也于万历九年（1581）封闭，最终结束了官营冶铁业。明朝政府分别于洪武二十八年（1395）、宣德十年（1435）两次全面停罢金银铜各官矿，令民开采，其中也包括铁矿的开采和冶炼。明中期以后，民营铁矿遍布于广东、福建、山西、陕西、山东、

① 《盐铁论·非鞅》。
② 《盐铁论·非鞅》。
③ 《盐铁论·本议》。
④ 《明太祖实录》卷二四二，洪武二十八年闰九月庚寅。

湖广、江西、浙江等省，尤以广东、福建、山西发展迅速。如广东罗定等地铁冶，"凡一炉场，环而居者三百家。司炉者二百余人，掘铁矿者三百余人，汲者、烧炭者二百有余，驮者牛二百头，载者舟五十艘。计一铁场之费，不下万金。"① 从洪武初年的"官置炉冶""签点坑夫""尽数解官"，到正德以后的"设厂秤税""给票贩运""听其所卖"，表明广东铁矿业公开承认了从官营到民营的重大转变。明朝中后期民营冶铁业的年总产量没有记载，但可以从个别地区的产量略见一斑。如天顺年间山西阳城县铁产量已达 750—900 万斤，相当于明初山西全省产量的 7 倍以上，比宣德九年（1434）全国民营冶铁业的总产量还要多。嘉靖十年（1531）广东铁产量也高达 2700 多万斤。由此可见全国民营冶铁业的规模和速度。当时福建所产铁，名为"建铁"，主要用于制作火炮、鸟枪等。广东佛山镇，景泰年间已发展为冶铁集中地，主要生产铁锅、农具、钟鼎、军器等。

（二）重大工商业经营之"失"

1. 完全官营如果涉足一般工商业，带来的多是效率损失或社会动乱。从历史上看，政府可以涉足国计民生行业，但不能涉足非国计民生行业，否则会引起经济严重衰退甚至崩溃。

王莽新朝曾试图通过"五均""赊贷""六筦"等政策，全面控制国计民生行业和一般工商业，结果导致政权垮台。"五均"是新朝政府控制全国商业的重要举措。始建国二年（10），王莽在全国五大城市设立"五均官"，按照相应标准设定商品的标准价格（称为"市平"）。如果商品的市场价格超过标准价格，政府按标准价格出售商品，平抑市场价格；如果市场价格低于标准价格，则听任自由买卖。"赊贷"是官营金融业的重要表现。"赊"是指祭祀丧葬等非生产性的消费贷款（不收取利息），"贷"主要是指耕作纺织等生产性的贷款（收取利息）。"六筦"是官营工商业的重要表现。新朝政府对酒、盐、铁、名山大泽、五均赊贷以及铁布铜冶等工商事业实行统一管理。王莽想通过上述政策，打击豪强地主，保证百姓利益，巩固新朝统治。王

---

① 范端昂：《粤中见闻》，卷二一。

莽曾这样评价"六筦"的意义："夫盐，食肴之将；酒，百药之长，嘉会之好；铁，田农之本；名山大泽，饶衍之臧；五均赊贷，百姓所取平，卬以给澹；铁布铜冶，通行有无，备民用也。此六者，非编户齐民所能家作，必卬于市，虽贵数倍，不得不买。豪民富贾，即要贫弱，先圣知其然也，故斡之。"①王莽的设想是，对于税收、物价以及工商事业进行统一管理，尤其是"赊贷"政策，对百姓实施无息或低息贷款，尽可能保护百姓利益。王莽固然有美好的愿景，但负责执行的各级官吏却是社会蠹虫。官吏们将原来为平抑物价防止商人渔利的"五均"，变成官吏贱买贵卖从中谋利的机构。那些身穿官服的商人们"乘传求利，交错天下，因与郡县通奸，多张空簿，府藏不实"，结果给普通百姓带来更大的痛苦。王莽还对铸钱业实施官营，进行了5—6次货币改制。但频繁的改革导致民间交易很不顺畅，并发生大量私铸行为。王莽对上述行为进行严厉惩罚，"每壹易钱，民用破业，而大陷刑。莽以私铸钱死，及非沮宝货投四裔，犯法者多，不可胜行，乃更轻其法；私铸作泉布者，与妻子没入为官奴婢；吏及比伍，知而不举告，与同罪；非沮宝货，民罚作一岁，吏免官。犯者俞众，及五人相坐皆没入，郡国槛车铁锁，传送长安钟官，愁苦死者什六七"②。

王莽改革的初衷是，通过重大工商业官营方式，改变私营给社会带来的伤害和痛楚。但无奈造化弄人，加上各级官吏中饱私囊，致使新朝改革失败。史载："民摇手触禁，不得耕桑，徭役烦剧，而枯、旱、蝗虫相因。又用制作未定，上自公侯，下至小吏，皆不得奉禄，而私赋敛，货赂上流，狱讼不决。吏用苛暴立威，旁缘莽禁，侵刻小民。富者不得自保，贫者无以自存，起为盗贼，依阻山泽，吏不能禽而覆蔽之，浸淫日广，于是青、徐、荆楚之地往往万数。战斗死亡，缘边四夷所系虏，陷罪，饥疫，人相食，及莽未诛，而天下户口减半矣。"③王莽改革既触动了豪强地主的利益，又没有保护好农民的利益，所以王莽新朝最终消失在农民起义的浪潮中。

2.货币铸造业完全民营有损社会稳定。货币铸造业属于重大工商业，

---

① 《汉书·食货志下》。
② 《汉书·食货志下》。
③ 《汉书·食货志下》。

对其完全民营则会直接影响社会的稳定。西汉前期，中央政府没有垄断货币铸造权，私人依照规定可以自由铸造货币。特别是文帝时颁布"除盗铸钱令"，地方私铸钱得到了法律上的承认，各诸侯王国可以自行铸钱。自由铸币曾两度实行：一次开始于刘邦时期，后废止；另一次开始于汉文帝前元五年（前175），到汉景帝中元六年（前144）废止。

"秦钱重难用"、中央政府无力铸钱等是西汉初期实行自由铸币的直接原因。自由铸币扩大了社会的货币供应量，但导致了诸侯势力的反叛和贫富差距的进一步扩大，因此自由铸币一经推出便引起了当时社会的广泛争议。贾山认为，"钱者，亡用器也，而可以易富贵。富贵者，人主之操柄也，令民为之，是与人主共操柄，不可长也"[1]。货币发行是君主统治的工具，不可以放权给人民。贾谊认为开放民间自由铸钱就是诱惑人民犯罪。汉文帝没有听从这些建议，而是要求百姓铸造的铜钱重量必须达到四铢，文为"半两"，铸成以后经过官府检验质量合格后才进入流通。西汉初期的货币私铸政策，对当时政治、经济造成严重后果。首先，货币私铸使币制混乱不一。"又民用钱，郡县不同，或用轻钱，百加若干；或用重钱，平称不受，法钱不立"，致使"市肆异用，钱文大乱"[2]。其次，货币私铸严重影响了政府财政收支和官僚集团的生活水平。西汉王朝的财政收入有很大一部分是以货币来计算的，例如算赋、口税、献费用钱支付；更赋也是用钱来代役；列侯封君衣食租税也用货币；官僚俸薪也有一部分用货币支付，如《汉书·东方朔传》载："俸一囊粟，钱二百四十"。甚至有的官吏俸禄全部用货币支付，如《汉书·贡禹传》载："俸钱月九千二百"。第三，货币私铸助长了商人集团势力的膨胀，严重干扰了国家经济生活的运行。如吴王刘濞因铸钱而"富埒天子"，邓通则因铸钱"财过王者"，造成"吴邓钱布天下"的局面，地方势力掌控了更多的财权。第四，货币私铸严重破坏了小农经济。西汉初年允许民间私铸货币，农民在官僚统治者与商人的压迫剥削下，不得不弃农经商，有的甚至卷入到私铸货币的行列中去。贾谊曾说："今农事弃捐，而采铜者

---

① 《汉书·贾山传》。

② 《汉书·食货志下》。

日蕃，释其耒耨，冶熔炊炭，奸钱日多，五谷不为多。"① 第五，诸侯王操造币之势，富埒天子，威胁西汉中央王朝统治。《汉书·吴王濞传》载："吴有豫章郡铜山，即招致天下亡命者，盗铸钱，东煮海水为盐，以故无赋，国用饶足。"吴王刘濞起兵叛乱时，在给诸侯王书中说："寡人金钱在天下者，往往而有，非必取于吴，诸王日夜用之不能尽。有当赐者，告寡人。寡人且往遗之。"可见，诸侯王操持货币，是其势力日益强大，以至于威胁西汉中央王朝的一个重要因素。

3. 贵族官僚工商业的发达必然导致政权崩溃。历代贵族官僚私营工商业的兴盛，是王朝覆灭的重要原因之一。刘玉峰有一段很好的总结。对于贵族官僚私营工商业，许多王朝均予以明令禁止，强调"食禄之家，不得与民争利"，但历史发展的实际情形是屡禁不止，王朝颁布的禁令得不到真正执行，而是不断走向废弛和失效，贵族官僚藐视甚至无视禁令，从事多种工商业经营和高利贷，贪婪攫取资产，疯狂积累财富，不断加剧社会阶层之间的差距，导致社会经济关系日趋恶化，经济结构日渐失衡，阶级关系日益激化。到了王朝统治后期，贵族官僚资财巨万，富可敌国，而王朝财政困竭，入不敷出，广大底层群众则饥寒交迫，形成"国与民俱贫而官独富"的局面，社会经济结构和资产财富占有格局严重畸形，并最终民众以暴力手段推翻王朝统治。考察若干封建帝制王朝的衰亡史，可以看到，贵族官僚私营工商业不断突破王朝有关政策禁令，危害巨大，是导致国穷、民困进而王朝覆灭的重要原因之一。② 如近代南京国民政府因官僚资本过度膨胀导致政权垮台。蒋宋孔陈四大家族是国民党官僚资产阶级的代表。抗日战争时期，以四大家族为代表的官僚资本垄断了整个国民经济，而民族资本主义企业则处于岌岌可危境地。

金融领域，四大家族直接控制了四大银行（中央银行、中国银行、交通银行、农民银行），将货币发行权集中于中央银行，同时设立中央信托局和邮政储金汇业局，最终形成"四行两局"的金融垄断格局。1936 年，四

---

① 《汉书·食货志下》。

② 刘玉峰：《唐代经济结构及其变化研究——以所有权结构为中心》，山东大学出版社 2014年版，第 256 页。

行存款数额在全部银行存款中只占 59%；1940 年，四行存款数额占到了80%—90%，短短 4 年，增加了 6 倍。商业领域，南京国民政府设立专卖事业管理局、贸易委员会、物资局等机构，通过商品专卖、统购统销等措施，实现官僚资本的商业垄断。中国纺织建设公司是具有代表性的官僚资本企业。它属于特大企业，在全国纺织行业中具有强大的的垄断地位。抗日战争胜利后，中国纺织建设公司接收了纺锭、织机等大量生产设备，组建成一个规模巨大，既能生产棉毛绢产品，又能纺、能织、能印染的大而全的联合企业。公司董事长、总经理长期由南京国民政府官员担任，同时总经理又是全国纺织管理委员会主任委员，主管纱布的收购和分配业务，使中国纺织建设公司得以在纱布的购销活动中操纵和垄断市场。工业领域，国民党官僚资本在工矿业、铁路、公路、空运和邮电部门逐渐取得垄断地位，而民族资本主义企业则日渐萎缩。①

　　官吏假公济私行为必然导致政权崩溃。例如明朝的矿监、税监等。明朝矿税，也称"坑冶之课"，包括金、银、铜、铁、铅、汞、朱砂、青绿（矿质颜料）等矿产物质课税，以金、银为主。明初，统治者不主张开矿，认为投入劳力多，产出矿银少。永乐年间，矿禁松弛，矿课逐渐增加，福建矿课岁额达 32800 余两，浙江达 82070 两。明中期后，随着商品货币经济的发展，政府开始重视矿冶，广泛组织开采，"税由此大兴矣"。嘉靖以后，采矿大都由中官、权贵把持，成为主要搜刮之所。万历时派太监征收矿税，成为虐民暴政。矿使、矿监承旨四出勘查，乘机勒索钱财。税使、矿监及其爪牙除了将搜刮所得的一小部分进献给明神宗之外，更将大部分留归自己。如湖广税监陈奉曾被人揭发"水沮商舟，陆截贩贾，征三解一，病国剥民"②。万历三十一年（1603）十月，山西巡抚白希藨上疏揭发："山西每年额解正税银四万五千二百两余，俱已尽数解纳，乃税监孙朝止进银一万五千八百两，余银侵匿不进，假称拖欠。"③万历三十三年（1605）十二月，山东巡抚黄克赞上疏揭发："税监马堂每年抽取各项税银不下二十五、六万两，而一

①　简锐：《国民党官僚资本发展的概述》，《中国经济史研究》1986 年第 3 期。

②　《明史·宦官传》。

③　《定陵注略》卷四，《内库进奉》。

岁所进才七万八千两耳，约计七年之内所隐匿税银一百三十余万。"① 以上三例所提供的情况，倘加计算，可以发现，大体上都是矿监税使及其爪牙贪污所征税金的三分之二左右，解进给皇帝的约占三分之一。这种情况在当时人的言论中比比皆是。矿监税使的疯狂经济掠夺，加速了各阶层的贫困化，造成各项生产和经济事业的萎缩，而其中受影响最大的是商业和手工业。苛重的税收使大小商贾、手工作坊主及小手工业者纷纷破产，从城镇到乡村商业活动日趋萧条，手工业生产越来越不景气。② 矿税暴政成为明朝灭亡的一个重要原因。

三、重大工商业经营的时代转化

中国历史上的重大工商业经营实践及"刘晏模式"，可以为当下国有企业的混合所有制改革提供有益借鉴。

（一）官私合营

官私合营是"刘晏模式"的现代含义。我们必须认清"刘晏模式"的本质内涵，坚定不移推进混合所有制改革。国有企业担负国家命脉之责，关乎国家经济前途，因而关系国计民生的行业必须由国有企业完全掌控，这种认识未必正确。我国的经济发展和国外的经验已经证明这一点，即混合所有制能够在关系国计民生的行业中做得更好。

改革开放以前，中国实行单一所有制，即社会主义公有制。改革开放以来，我国所有制逐渐转变为以公有制为主、多种所有制并存发展的格局。时至今日，中国政府明确提出混合所有制是国有企业改革发展的基本趋势。国有企业混合所有制改革不仅是提高国有企业竞争力和民营企业活力的重要手段，也是实现经济社会协调发展的重要途径。2013 年中国共产党十八届三中全会审议通过《中共中央关于全面深化改革若干重大问题的决定》，明

---

① 《明神宗实录》卷四一六。

② 南炳文、李小林：《关于万历时期的矿监税使》，《社会科学辑刊》1990 年第 3 期。

确提出"国有资本、集体资本、非公有资本等交叉持股、相互融合的混合所有制经济，是基本经济制度的重要实现形式"。2015 年国务院颁发《关于国有企业发展混合所有制经济的意见》，鼓励各类资本参与国有企业混合所有制改革。鼓励非公有资本参与国有企业混合所有制改革，支持集体资本参与国有企业混合所有制改革，有序吸收外资参与国有企业混合所有制改革，推广政府和社会资本合作（PPP）模式，鼓励国有资本以多种方式入股非国有企业，探索完善优先股和国家特殊管理股方式，探索实行混合所有制企业员工持股。混合所有制改革成为当今国有企业改革的目标追求。混合所有制改革实质是国有产权与其他产权有效结合的问题。在改革发展中，有些行业领域必须由国有资本或产权占据主导地位，有些行业领域必须放弃国有资本或产权的主导地位，改变为次要位置，或由其他资本或产权占据主导地位。其他资本或产权主要指民营资本、外国资本等非公有资本或产权。历史研究服务于现实发展，"刘晏模式"中官营与民营结合的历史经验，可为混合所有制改革中国有产权与其他产权的有效结合提供重要借鉴。

（二）科学定义国计民生行业

"刘晏模式"的一个重要启示就是：面对重大工商业经营之时，必须按照动态原则正确区分国计民生行业的范围领域。在混合所有制改革中，我们要按照国有企业与国计民生的相关程度，准确界定不同国企的功能，对国企实施分类改革治理，合理确定国有产权与其他产权的结合方式，对混合所有制改革中控股权进行有效安排。对于不需要国有产权控股的，按照市场规则合理流动、有序进退，形成更加符合我国基本经济制度和社会主义市场经济发展要求的国有资产管理体制，国有资本布局结构更趋合理。

国有企业分为公益型和商业型两大类。公益型企业是指主业处于关系国家安全、国民经济命脉的重要行业和关键领域、主要承担重大专项任务的特殊国有企业，股权结构是国有独资，具体监管方法是"一企一制""一企一法"，确保企业活动始终以实现社会公共利益为目标，这类企业数量少，但从长远看是国有资本投资和管理的重点。商业型国有企业又可分为Ⅰ和Ⅱ型。商业Ⅰ型企业也可称之为中间型国有企业，属于"特殊法人"范畴，具有混合特征。其承担一种特定的国家功能，而该功能的实现又要求以企业自身发展和经营活动营利为基础，其股权结构是国有控股的股权多元化，需要有具体行业方面的法律来监管。这类国企中有一部分属于可以获得垄断租金的行业，是实际控制者与潜在进入者攻守的重要领域，应当成为推进混合所有制的重点。[①] 此类国有企业将会退出竞争格局趋于成熟、战略重要性趋于下降的产业领域，在公共服务和国家战略方面作出更大贡献。商业Ⅱ型企业属于竞争性国有企业，它以营利性为目标，其股权结构是多元化的，具体监管完全按照公司法规定，现有大部分国企应属这类。国有企业要按照市场化、国际化要求，以增强国有经济活力、放大国有资本功能、实现国有资产保值增值为主要目标，以提高经济效益和创新商业模式为导向，充分运用整体上市等方式，积极引入其他国有资本或各类非国有资本实现股权多元化。国有资本可以绝对控股、相对控股，也可以参股。国有资本出资人和各类非国有资本出资人以股东身份履行权利和职责，使混合所有制企业成为真正的市场主体。对于此类国有企业，要大力引入民营资本，发展成混合所有制企业，部分国有资本可以退出转而投向国家的其他公益性活动。[②]

（三）强化产权保护

产权保护是混合所有制改革的前提和保障。我们必须充分吸取历史上因产权不明晰所带来的教训，加强产权保护，既要防止国有资产流失，又要认真保护企业家财产权。从历代重大工商业经营来看，王朝政府之所以能够频繁地将国计民生行业纳入自己的垄断经营范围，一个非常重要的原因是没有明晰的产权制度，更没有严格的产权保护制度。从汉朝的盐铁，到唐朝的茶叶，到宋朝的香料，再到明朝的矿产，但凡与百姓生活密切相关且能有效增加财政收入的产品生产经营大都根据国家财政需要纳入国家垄断经营范围。百姓不仅无法拥有上述产品的产权，即便获得一定产权，但也无法获得法律保护，政府随意罚没百姓财产的情况层出不穷。就当今混合所有制改革

---

① 剧锦文：《国有企业推进混合所有制改革的缔约分析》，《天津社会科学》2016 年第 1 期。

② 黄群慧：《国企混合所有制改革应分类推进》，《光明日报》2014 年 11 月 17 日。

而言，无论国有产权还是其他产权，我们都应该明确界定并严格监督各种产权之间的交叉融合。混合所有制是不同所有制主体的相互交叉与融合，而实现这种结果的必然过程就是产权的交易。要完成产权的交易，产权的价格确定则是最为核心的工作。产权及其定价机制始终是一个核心问题，也是最容易遭受诟病的问题。在混合所有制发展的过程中，要坚持基本的产权明晰和定价合理的基本原则。一是明确国有产权的边界，特别是在股份制国有企业中，部分产权的界定仍然存在一定的模糊地带，在改革之前，应该将相关企业的产权界定清晰，以厘清相关企业的产权关系和权益归属。二是产权定价应该遵循基本的会计准则、市场标准及基本的市场化规律。如果民营资本以低于净资产价格引入国有资本，则民营老板可能被冠以"志在千里"的名声；但是，如果国有资本以低于净资产的价格引入民营资本，无疑会被打上"资产贱卖"和"利益输送"的标签。比如：一个注册资本金只有几千万的民营企业获得具有千亿资产国有企业超过 15% 的股权，对普通公众来说可能会对交易定价提出巨大的疑问。三是进一步完善国有资产管理体制、国有资本功能定位和产权转化机制。这是与定价机制相关的体制机制改革，主要目的是为了防范把"混合"搞成"贱卖"，把"国有"简单地变成"私有"。同时，混合所有制改革还应认真保护企业家财产权。改革开放以来，国家颁布了系列保护个人财产权的相关法律规定。2017 年，中共中央、国务院公布《关于营造企业家健康成长环境弘扬优秀企业家精神更好地发挥企业家作用的意见》，要求依法保护企业家财产权。在混合所有制改革中，应全面落实国家关于完善产权保护制度依法保护产权的意见，切实保护企业家财产权，更好发挥企业家作用。面对民营企业家遇到的产权保护问题，要及时甄别纠正社会反映强烈的产权纠纷申诉案件，剖析侵害产权案例，总结宣传依法有效保护产权的好做法、好经验、好案例。在立法、执法、司法、守法等各方面各环节，加快建立依法平等保护各种所有制经济产权的长效机制。研究建立因政府规划调整、政策变化造成企业合法权益受损的依法依规补偿救济机制。要健全严格的产权占有、使用、收益、处分等完整保护制度，依法保护混合所有制企业各类出资人的产权和知识产权权益。在立法、司法和行政执法过程中，坚持对各种所有制经济产权和合法利益给予同等法律保护。①

（四）取消国有企业行政级别

混合所有制改革应取消国有企业的行政级别。从历史上看，重大工商业完全官营或者政府实行全面管制都会带来诸多问题。我们必须认真总结历史上国家干预的利弊，实施去行政化管理，取消大型国有企业及其领导人的行政级别。国有企业是政府参与国民经济发展的重要体现。毫无疑问，国有企业尤其是大型央企，是技术创新的引领者，是社会责任的担承者，更是国民经济的定海神针和中流砥柱。无论经济繁荣期，还是经济萎缩期，国有企业都为经济社会稳定发展作出了巨大贡献。但是，市场经济条件下，需要深入思考政府干预经济的力度、国有企业的发展规模等。自20世纪90年代以来，政府干预经济的力度逐渐减弱，国有企业改革不断推进，市场在资源配置中日益起到决定性作用。十八大以来，政府加快了"简政放权"步伐，不断减少政府的行政干预，让不同所有制经济成分充分释放其创造力，让大型国有企业成为真正市场主体与其他所有制成分进行平等谈判、兼并重组，从而形成不同的混合所有制企业，或许会产生"1+1>2"的效果。大型国有企业去行政化，不仅是减少政府干预经济的重要举措，也是顺利实施混合所有制改革的重要前提。"刘晏模式"告诉我们，国有企业与民营企业的有机结合，是中国未来经济发展的必经之路。国有企业去行政化，则是实行两者有机结合、共同助力中国经济发展的前提。国有企业去行政化主要是指取消国有企业和领导人的行政级别，让国有企业能够自由平等、以独立的法人、按照市场规则与其他经济成分缔结合约，组成新的混合所有制企业。特殊行业仍需政府或组织部门任命国有企业董事长或总经理，在组建混合所有制企业时要绝对、相对控股。竞争性行业企业进行混合所有制改革时，政府或组织部门不必任命董事长或总经理，国有企业不必控股，甚至也不应做大股东。这有利于充分调动民企、外资、个体等不同所有制成分的积极性，加速推动

---

① 中共中央　国务院：《关于营造企业家健康成长环境弘扬优秀企业家精神更好发挥企业家作用的意见》，《人民日报》2017年9月26日。

国有企业混合所有制改革。当然，随着新经济的发展，国有经济与民营经济的融合趋势更为明显，部分民营企业可能也会进行混合所有制改革，国有企业去行政化就会成为必然选择。

（五）保障社会资本进退

混合所有制改革应充分保证社会资本的自愿性。我们必须认真借鉴"刘晏模式"官私合营特点，建立便捷的社会资本进退制度。唐朝刘晏改革的重要启示之一：在重大工商业经营中引入商人和商业机制。当今的混合所有制改革，大都围绕国计民生行业或领域展开，除继续发展国有资本外，降低门槛并吸引更多的其他资本是一种改革趋势。非公资本参与混合所有制改革可以拥有更多获利机会，这有利于非公经济部门的成长和发展，提高整体社会福利。而当前非国有资本还面临诸多进入门槛。[①] 因此，应明确垄断产业开放的负面清单，并在结合不同产业发展特点的前提下尽可能向非公资本扩大产业链的开放范围，同时进一步放开对社会资本持股比例的限制；结合政府简政放权的施政思路，当前应在产业规制领域进一步下放或取消有关非公资本投资的行政审批，应更多地变前置审批为事后监管的形式，实行宽进严管、放管并重的治理思路；在大力开放的同时，构建完善的法律法规来打击对非国有资本的隐性歧视，在公平公正原则下制定混合所有制企业中非公资本的进入和退出制度，明确产权归属和责任归属，从而降低交易成本，让非公资本进退有据。混合所有制改革要尊重非公有资本的自愿性。如果其他所有制资本不愿意加入到相关企业的混合所有制改革中，相关企业及有关政府部门不能强迫其他所有制资本加入，特别是政府部门不能为了实现混合所有制改革而动用行政手段加以干预，防止"混合"变成"配对"。笔者认为，国有企业与民营企业的深度融合，是中国经济改革未来很长时间内的主要任务。当前，民营企业参与国有企业是混合所有制改革的主要内容。未来，国有企业参与民营企业或许成为混合所有制改革的重要趋势。混合所有制改革

---

① 李建标等：《混合所有制改革中国有和非国有资本的行为博弈：实验室实验的证据》，《中国工业经济》2016 年第 6 期。

凝聚了各种经济成分，具有国强民富双重目标，它在社会主义公有制与市场经济之间搭起一座"桥梁"，从而改写了市场经济发展史。

（六）国资监管应与时俱进

混合所有制改革应做到国有资产保值增值。我们必须充分研究历史上官营模式的主要变化，加快各级国资委从"管资产"向"管资本"的转变。中国历史上的重大工商业经营经历了古代的"刘晏模式"、洋务运动时期的官督商办、民国政府时期的官僚资本等形式，体现出历史动态演进的特点。这些模式的出发点虽以增加政府财政收入和满足统治者需要为目的，但历代政府因时制宜、因地制宜，发展重大工商业的做法和措施，也可以为当今混合所有制改革提供重要借鉴。国有资产保值增值是历次国企改革的基本要求，当代混合所有制改革也必须坚持这个基本目标。相应地，国资监管也要适应资产证券化要求，逐渐实现从"管资产"到"管资本"的历史性转变。十八届三中全会以来，国家加强了国资监管的顶层设计，"管资本"思路逐渐清晰，国资委的功能定位转变为"管资本"，主要通过组建"国有资本运营公司""国有资本投资公司"等实施国有资本运营或监管。在混合所有制改革中，国资委应以产权或股权关系为纽带，依法通过公司章程和公司治理机制行使出资人职责，不干预企业法人财产权和经营自主权，充分发挥市场的作用，将国有企业真正推向市场。同时，国资委还要重点管理好资本的投向、规范资本运作、提高资本回报率，逐步致力于国有资本的优化配置，最终实现国有资产保值增值。

第四章 中国历史上的"钱荒"、通货膨胀 与当代货币制度改革

当我们谈起中国传统货币制度，或许会立刻想到一些较为微观的历史内容：先秦时期货币种类繁多，齐国有刀币、秦国有圜钱、楚国有蚁鼻钱等；秦朝统一了货币，通行半两钱；西汉前期发生了因私人铸造货币所导致的"七国之乱"，汉武帝统一铸币，通行五铢钱；唐朝通行通宝钱，中后期因钱荒导致"飞钱"出现；北宋铜钱因贸易大量外流，并出现了世界上最早的纸币——交子；元朝是第一个实行纸币本位制的国家；明朝中后期，白银大量进入流通领域，大量元宝或银锭存世，并形成大宗用银、小额用钱的格局。当然，我们也会有较为宏观的历史认识：中国传统货币形制的发展，经历了实物货币、金属货币和纸币等重要阶段；货币铸造权经历了私人铸造与国家铸造的纷争最终到国家掌握货币铸造权的过程；货币流通表现出"钱荒"与通货膨胀两个极为明显的特点。由上可见中国传统货币制度具有丰富内涵。传统货币制度主要包括货币形制、货币铸造、货币流通、货币思想等。货币制度不仅是传统经济制度的重要构成，也成为传统经济走向巅峰的重要支撑。限于篇幅，我们主要围绕货币流通问题展开论述。在传统货币流通过程中，通货紧缩与通货膨胀是两个极为明显的特点。"钱荒"（通货紧缩）导致物价低迷，经济萎靡不振。如宋神宗元丰年间（1078—1085），"比年公私上下，并苦乏钱，百货不通，人情窘迫，谓之钱荒"①。通货膨胀导致物价腾踊，经济失控崩溃。如南京国民政府时期，"1948 年 8 月 21 日法币制

---

① 《宋史·食货下二》。

度结束时，法币发行额比 1937 年 6 月增加了 45 万倍，同期上海的物价上涨了 492.7 万倍，美元价格上涨了 332.6 万倍。法币的恶性通货膨胀给国家经济带来了极大的灾难，给人民生活带来了极大的痛苦，也加速了国民党政权的崩溃和灭亡。"① 无论"钱荒"还是通货膨胀，都给传统经济社会发展带来严重影响。历代王朝统治者针对"钱荒"与通货膨胀，出台了许多货币治理措施，这些措施对当今的货币制度改革也有重要的时代价值。

一、"钱荒"、通货膨胀与货币治理

货币文化是中国传统文化的重要组成部分。中国的货币文化自成体系，主要包括货币思想或理论、货币形制、货币流通、货币制度或政策等。我们重点描述以"钱荒"和通货膨胀为代表的货币流通情况。"钱荒"与通货膨胀是两种重要的货币流通现象。这两种货币现象与货币形制、货币供求、国际贸易等密切相关，而上述内容都是传统货币理论的构成。我们在简单介绍古代中国货币理论的基础上，分别给出下列历史事实："钱荒"与通胀的历史表现、当时思想家对成因的分析及历代政府的治理措施。

（一）丰富的货币理论

中国古代丰富的货币理论包括货币起源论、货币价值论、货币流通规律论、货币战争论、货币功能论等诸多内容。这些货币理论也是中国传统文化的重要组成部分。我们通过梳理上述货币理论，可以较为清晰地理解中国古代的货币运行、货币制度、货币思想等，从而为我们分析通货紧缩、通货膨胀等货币现象打下坚实基础。

1. 货币起源论。中国古代很多思想家认为货币起源于商品交换与流通，是商品经济发展到一定阶段的产物。如西汉的司马迁说："农工商交易之路通，而龟贝金钱刀布之币兴焉。"② 南宋的叶适认为，"钱币之所起，起于商

---

① 马俊起：《法币的通货膨胀与国民党的外汇政策》，《金融研究》1995 年第 2 期。
② 《史记·平准书》。

贾通行四方交至远近之制。物不可以自行，故以金钱行之。"① 明朝丘濬说："日中为市，使民交易以通有无。以物易物，物不皆有，故有钱币之造焉。"② 此外，中国古代思想家还提出货币起源于救灾、圣王创制等观点。

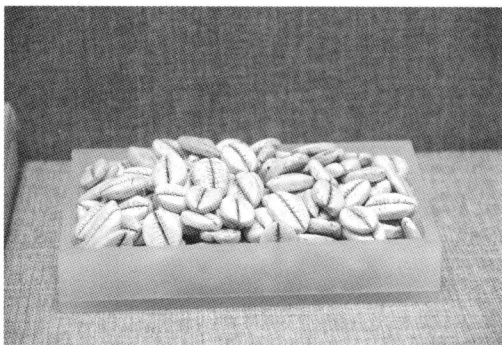

海贝是中国最早的实物货币，后来又出现骨贝（本图），铜贝等形式

2. 货币价值论。中国古代思想家主要坚持两种货币价值理论：货币数量论和货币国定论。关于货币数量论，如唐朝陆贽认为货币数量多少与商品价格高低成正比，即货币数量多则商品价格高，货币数量少则商品价格低。"物贱由乎钱少，少则重，重则加铸而散之使轻。物贵由乎钱多，多则轻，轻则作法而敛之使重。是乃物之贵贱，系于钱之多少；钱之多少，在于官之盈缩。"③ 关于货币国定论，西汉贾山认为，"钱者，亡用器也，而可以易富贵。富贵者，人主之操柄也，令民为之，是与人主共操柄，不可长也。"④ 汉景帝时期的晁错也认为，"夫珠玉金银，饥不可食，寒不可衣，然而众贵之者，以上用之故也。其为物轻微易藏，在于把握，可以周海内而亡饥寒之患。"⑤ 他们都认为货币是由国家创造的，货币价值由国家或皇帝加以规定。实际上，无论货币数量论还是货币国定论，都认为货币价值大小与货币流通数量、速度及范围密切相关。

3. 货币流通论。中国古代思想家大都认为货币流通有利于经济社会发展。一是货币流通有利于商品交换发展。如春秋时期的计然之策："积著之理，务完物，无息币。以物相贸易，腐败而食之货勿留，无敢居贵。论其有

① 《文献通考·钱币二》。

② 《大学衍义补·铜楮之币（上）》。

③ 《全唐文》卷四六五，《均节赋税恤百姓六条》。

④ 《汉书·贾山传》。

⑤ 《汉书·食货志上》。

余不足则知贵贱，贵上极则反贱，贱下极则反贵。贵出如粪土，贱取如珠玉。财币欲其行如流水。"①"积著之理"是古代关于市场供求关系或市场机制的经典描述。当然，要达到"贵出如粪土，贱取如珠玉"的市场效果，货币不参与商品流通，货币的各种职能应在商品流通中得到充分体现。二是货币流通速度影响货币流通必要量。如北宋沈括认为货币流通速度和货币流通必要量成反比。"钱利于流借。十室之邑，有钱十万而聚于一人之家，虽百岁，故十万也。贸而迁之，使人飨十万之利，遍于十室，则利百万矣。迁而不已，钱不可胜计。今至小之邑，常平之蓄不减万缗，使流转于天下，何患钱之不多也。"②沈括是世界货币史上最早提出货币流通规律的思想家。他认为加快货币流通速度，可以弥补流通中货币数量之不足，进而解决当时面临的"钱荒"问题。如果配以相关政策，货币流通完全可以促进北宋经济社会发展。这一认识比英国古代政治经济学家威廉·配第在17世纪提出货币流通速度要早600年，这是中国货币思想史上的一个光辉成就。③

4. 货币战争论。《管子》认为货币战争是两国之间各种战争的最高形式。"桓公问于管子曰：'楚者，山东之强国也，其人民习战斗之道。举兵伐之，恐力不能过。兵弊于楚，功不成于周，为之奈何？'管子对曰：'即以战斗之道与之矣。'公曰：'何谓也？'管子对曰：'公贵买其鹿。'桓公即为百里之城，使人之楚买生鹿。楚生鹿当一而八万。管子即令桓公与民通轻重，藏谷什之六。令左司马伯公将白徒而铸钱于庄山，令中大夫王邑载钱二千万，求生鹿于楚。楚王闻之，告其相曰：'彼金钱，人之所重也，国之所以存，明王之所以赏有功。禽兽者群害也，明王之所弃逐也。今齐以其重宝贵买吾群害，则是楚之福也，天且以齐私楚也。子告吾民急求生鹿，以尽齐之宝。'楚人即释其耕农而田鹿。管子告楚之贾人曰：'子为我致生鹿二十，赐子金百斤。什至而金千斤也。'则是楚不赋于民而财用足也。楚之男于居外，女子居涂。隰朋教民藏粟五倍，楚以生鹿藏钱五倍。管子曰：'楚可下矣。'公曰：'奈何？'管子对曰：'楚钱五倍，其君且自得而修谷。钱五倍，是楚强

---

① 《史记·货殖列传》。

② 《续资治通鉴长编》卷二八三，熙宁十年。

③ 张家骧等：《中国货币思想史》（上），湖北人民出版社2001年版，第274、275页。

也.'桓公曰:'诺.'因令人闭关,不与楚通使。楚王果自得而修谷,谷不可三月而得也,楚籴四百,齐因令人载粟处芊之南,楚人降齐者十分之四。三年而楚服。"① 《管子》一书给出了齐国通过货币战争战胜楚国的经典案例。此书有很多关于经济战、货币战、贸易战等的记载。这些记载或许是世界范围内最早的关于经济战争的记载,这不仅体现了古人的治国智慧,也给当今世界大国关系处理提供了历史借鉴。

5. 货币功能论。中国古代思想家生动形象地论述了铜钱、纸币等货币的各种功能。如西晋时期鲁褒的《钱神论》借司空公子与綦毋先生之口,揭示了五铢钱的各项功能,从而批判了当时盛行的货币拜物教。"钱之所在,危可使安,死可使活;钱之所去,贵可使贱,生可使杀。是故忿争辩讼,非钱不胜;孤弱幽滞,非钱不拔;怨仇嫌恨,非钱不解;令问笑谈,非钱不发……'有钱可使鬼.'而况于人乎! 子夏云:'死生有命,富贵在天。'吾以死生无命,富贵在钱。何以明之? 钱能转祸为福,因败为成,危者得安,死者得生。性命长短,相禄贵贱,皆在乎钱,天何与焉? 天有所短,钱有所长。四时行焉,百物生焉,钱不如天;达穷开塞,振贫济乏,天不如钱。若臧武仲之智,卞庄子之勇,冉求之艺,文之以礼乐,可以为成人矣。今之成人者何必然,唯孔方而已。"② 如唐朝张说的《钱本草》,将通宝钱喻为一剂中药,针砭时弊,进而揭示了铜钱的功能及流通特点。"钱,味甘,性热,有毒。偏能驻颜,采泽流润,善疗饥,解困厄之患立验。能利邦国,污贤达,畏清廉。贪者服之,以均平为良;如不均平,由冷热相激,令人霍乱。其药采无时,采之非理则伤神。此既流行,能召神灵,通鬼气。如积而不散,则有水火盗贼之灾生;如散而不积,则有饥寒困厄之患至。一积一散,不以为珍谓之德,取与合宜谓之义,无求非分谓之礼,博施济众谓之仁,出不失期谓之信,入不妨己谓之智。以此七术精炼,方为久而服之,令人长寿,若服之非理,则弱志伤神,切须忌之。"③ 如元朝高则诚的《乌宝传》,将纸币喻为一个人——乌宝,从而揭示了纸币的功能及流通特点。"宝之所

---

① 《管子·轻重戊》。

② 《晋书·隐逸列传·鲁褒传》。

③ 张说:《钱本草》。

西汉时期的"七牛虎耳青铜贮贝器"（藏于国家博物馆）

在，人争迎取邀致，苟得至其家，则老稚婢隶，无不忻悦，且重扃邃宇，敬事保爱，惟恐其他适也。然素趋势利，其富室势人，每屈辄往，虽终身服役弗厌。其窭人贫氓，有倾心愿见，终不肯一往……然其为人多诈，反复不常。凡达官势人，无不愿交，而率皆不利败事。……自宝之术行，挟诈者往往伪为宝术以售于时，后皆败死。"[1] 货币的各种职能是在流通过程中形成的。如《钱神论》这些论著，不仅追溯了铜钱纸币在流通过程中逐渐形成的价值尺度、支付手段等货币职能，还向世人展示了货币参与商品流通的利害，表明了历史上曾经存在的各种财富观，对于当代人的

财富观也有重要启示。

（二）"钱荒"与货币治理

"钱荒"是古代中国商品经济发展到一定阶段的产物。作为一种重要的货币流通现象，"钱荒"主要出现在唐朝中期至明朝中期这一段时期内，尤以两宋最为突出。它既是商品经济繁荣的结果，商业活动对货币的需求增大，同时又是社会经济问题频出的原因。"钱荒"一经出现，商品流通不畅，社会经济萎缩，民众生活水平下降。针对上述弊端，唐宋时期的统治者提出过很多解决方案，并取得一定效果。但限于货币供给水平等原因，货币供给的增速总是小于经济增长的增速，因此单纯依靠增加铸币并不能从根本上解决金属货币时代的货币短缺问题。相应地，纸币等信用货币便有了登上商品舞台的历史缘由。可见，"钱荒"对当时经济发展产生了抑制作用，但也促

---

[1]　陶宗仪：《南村辍耕录》卷一三。

进了各种金融创新的出现。

1. "钱荒"表现

作为一个专业术语，"钱荒"一词最早见于宋朝，但它涵盖的通货紧缩现象却产生更早，至少唐五代已经存在。中国历史上的"钱荒"既不是黄金白银的供给不足，也不是纸币的供给不足，而是指铜钱供给不足。当时社会各个阶层深感铜钱"尤难得"，生产生活深受其害。唐朝中后期及五代禁止铜钱外流、销毁、贮藏，也都是针对"钱荒"的。直至明朝中期完成白银货币化进程，"钱荒"现象才得以最终解决。历代"钱荒"成因不同，表现不同，治理措施不同。虽然统统称之为"钱荒"，但在实际上不同时期、不同地区，甚至在同一时期内，在这一地区表现为"钱荒"，物价下跌，而在另一地区则出现了钱币壅滞，物价腾踊。①

（1）唐朝"钱重物轻"与"钱荒"。唐朝没有明确提出"钱荒"这一概念，但人们却认识到了当时货币购买力的直线上升和物价的急剧下降这一"钱荒"的具体表现形式。"钱重物轻"屡见于唐朝史书。唐人所说的"钱重物轻"实际上就是指物价下降，货币购买力上升。当时士大夫以"钱重物轻"或"钱少物多"这样简练的语言来表达。早在唐玄宗开元二十二年（734）刘秩就曾提出"物之贵贱"与"钱之轻重"的关系，涉及当时通货不足的问题。到唐德宗实行两税法之后，"物轻钱重，民以为患"，越来越成为一个严重的问题。贞元年间（785—805）陆贽已经明确提出，两税的征收，要"以布帛为额"，而"不计钱数"。这是因为，陆贽认为物价的贵贱，决定于货币流通量的多少，而在当时正是由于钱少才物贵的。自此以后，"钱重物轻"一直成为晚唐的社会问题。

唐朝有很多文献记载当时"钱重物轻"的经济货币现象。权德舆在贞元十九年（803）《论旱灾表》中说："（代宗）大历中（766年—779年），绢一匹价近四千，今止八百、九百。"② 贞元十年（794）陆贽说："往者纳绢一匹，当钱三千二三百文，今者纳绢一匹，当钱一千五六百文，大率万钱，为

① 乔幼梅：《从中唐到北宋钱荒问题的考察》，《历史研究》1990年第2期。
② 《全唐文》卷四八八，《论旱灾表》。

绢六匹。"①"往者"是指"初定两税之时",即大约为唐德宗建中元年(780)以后。《新唐书·食货二》载:"自初定两税,货重钱轻,乃计钱而输绫绢,既而物价愈下,所纳愈多。绢匹为钱三千二百,其后一匹为钱一千六百,输一者过二。虽赋不增旧,而民愈困矣。"李翱记载:"自建中元年初定两税,至今四十年矣,当时绢一匹为钱四千,米一斗为钱二百,税户之输十千者为绢二匹半而足矣。今税额如故而粟帛日贱,钱愈加重。绢一匹,价不过八百,米一斗不过五十。"② 由上可知,建中元年以前,一匹绢价值4000钱,两税法实施后,征收货币税,加剧了钱荒,物价迅速下跌,到贞元十九年(803),一匹800钱,这个价格一直通行到元和、长庆年间。40余年间,绢价下跌了500%。(见表4-1)

表4-1　唐朝绢价表(773—820)

年份	一匹绢的价格(钱)
大历中(约773年)	4000
建中初(785年)	32200—32300
贞元十年(794年)	1500—1600
贞元十九年(803年)	800
元和十五年(820年)	800

唐朝中后期的物价下跌现象,引起统治者和思想家的高度关注。唐宪宗和唐穆宗期间,曾不断在诏敕上提出解决"钱荒"的办法。陆贽认为,废除两税法可以缓解钱荒,"百姓所营,唯在耕织,人力之作为有限,物价之贵贱无恒。而乃定税计钱,折钱纳物,是将有限之产,以奉无恒之输。纳物贱则供税之所出渐多,多则人力不给;纳物贵则收税之所入渐少,少则国用不充","宜令所司,勘会诸州府初纳两税年绢布定估比类当今时价,加贱减贵,酌取其中,总计合税之钱,折为布帛之数,仍依庸调旧制,各随乡土所宜。"③ 白居易写了反对两税征收铜钱的著名诗篇:"私家无钱炉,平地无铜

---

① 《全唐文》卷四六五,《均节赋税恤百姓六条》。
② 《李文公集》卷九,《疏改税法》。
③ 《全唐文》卷四六五,《其二请两税以布帛为额不计钱数》。

山。胡为秋夏税，岁岁输铜钱？钱力日已重，农力日已殚，贱粜粟与麦，贱贸丝与绵。岁暮衣食尽，焉得无饥寒？"最后，又以"复彼租庸法，令如贞观年"作为该诗的结论。① 与此同时，白居易在《策林》中也主张"议赋税，复租庸；罢缗钱，用谷帛"。如果不这样做，"钱重物轻"将会导致"粜甚贵，钱甚轻，则伤人；粜甚贱，钱甚重，则伤农"的恶果。②

　　（2）北宋的"钱荒"与社会经济发展。北宋"钱荒"主要是铜钱供给缺乏而导致通货紧缩。历五代而到北宋初年，"铜荒"一直存在。宋太宗太平兴国八年（983），张齐贤提出江南铜钱难得的问题，"臣闻江南旧以铁钱为币，今改用铜钱，民间难得，而官责课，颇受鞭挞，此最不便。"③ 张齐贤是北宋第一位提出"钱荒"的思想家。之后，宋真宗咸平三年（1000）知泰州田锡在奏疏中提到："今月（三月）十二日，有杭州差人赍牒泰州会问公事，臣问彼处米价，每斗六十五文足，彼中难得钱，又问疾疫死者多少人，饿死者不少。"④ 到宋仁宗庆历三年（1043），欧阳修、余靖又先后论及东南诸路的"钱荒"问题。欧阳修在目睹了东南地区府库编民家中几乎没有铜钱储存后上书道："臣风闻转运使吕绍宁才至淮南，便进见钱十万贯，不知是否…… 今三司自为阙钱，累于东南划刷及以谷帛回易，则南方库藏岂有剩钱！闾里编民必无藏镪，故淮甸近岁号为钱荒，不知绍宁才至淮南，用何术于何处得此钱。"⑤ 同年，余靖云："累年之间，科率频并，当今天下，钱货至少，江淮之地名为钱荒，谓宜改制泉刀以救其弊……力屈财尽，散为盗贼。虽有噬脐之悔，将无及矣。臣又闻，竭泽而渔，明年无鱼。百姓不足，君于何取？"⑥ 本来就有"钱荒"，夏秋税依然要折纳现钱，加剧了对铜钱的需求。欧阳修和余靖的议论表明，庆历时期的"钱荒"同北宋政府聚敛钱币有关，而当时聚敛钱币是为了应付与西夏的战争。李觏认为"钱荒"的原因

---

① 白居易：《赠友五首》。
② 《白氏长庆集》卷六三，《策林二》。
③ 《续资治通鉴长编》卷二四，《太平兴国八年二月》。
④ 《续资治通鉴长编》卷四六，《咸平三年春三月》。
⑤ 《欧阳文忠公文集》卷九九。
⑥ 余靖：《上仁宗论两税折纳见钱》，《国朝诸臣奏议》卷一零四。

主要是"奸人"销毁法钱,"奸人所以得销者,以恶钱容于市,铜像铜器容于寺观也。窃观人间,或销法钱,淆杂他巧,以为恶钱。""钱荒"和货币贬值一样损害人们利益,"物重则用或阙,物轻则货或滞,一重一轻,利病存于民矣。"[1]

此后,郑獬、张方平、司马光、苏轼、苏辙等人也提到淮南、江淮、荆湖等东南诸郡"难得见钱",或"钱重物轻,有钱荒之患"等等。[2] 郑獬说:"两浙累年以来,大乏泉货,民间谓之钱荒。"[3] 张方平云:"比年以来,公私上下并苦乏钱,百货不通,万商束手。又缘青苗助役之法,农民皆变转谷帛输纳见钱,钱既难得,谷帛益贱,人情窘迫,谓之钱荒。"[4] 宋神宗熙宁二年(1069),司马光在看到当时东南地区通货不足现象时言:"江、淮之南,民间乏钱,谓之钱荒。"[5] 苏轼云:"差役免役,各有利害。免役之害,掊敛民财,十室九空,钱聚于上,而下有钱荒之患。"[6] 苏辙也说:"然方是时东南诸郡,犹苦乏钱,钱重物轻,有钱荒之患。"[7] 从此,"钱荒"一词被沿用至今。北宋人论及"钱荒",凡涉及成因时,一般都归咎于赋税征收现钱(包括王安石推行新法增收现钱)。所言"钱荒"发生地区,一般都是东南地区。

(3)南宋的"钱荒"与楮币贬值。南宋中期以后,"钱荒"引起楮币大幅贬值。宋宁宗时青田县主簿陈耆卿说:"……楮日多,钱日少,禁楮之折阅者日严,而禁钱之漏泄者日宽……钱既日耗,则其命遂归于楮,其弊遂积于楮。而上下之间遂一切并力于楮,不知楮之所以难行者,不独以楮之多,而亦正以钱之少也。存者既少,藏者愈牢。故虽以重法欲散出之,彼将曰'吾之钱吾所自有吾所藏也。彼以中国之所有而散之外国,上不之禁。而何以咎我为哉?'……造币甚广,知散而不知收,故其价甚贱。……诚使

---

① 《李觏集》卷十六,《富国策第八》。

② 乔幼梅:《从中唐到北宋钱荒问题的考察》,《历史研究》1990年第2期。

③ 郑獬:《郧溪集》卷一二,《乞罢两浙路增和买状》。

④ 《乐全集》卷二六,《论事·论钱禁铜法事》。

⑤ 《宋史·食货上三》。

⑥ 《苏东坡全集·奏议》卷三。

⑦ 《栾城集》卷三七,《乞借常平钱置上供及诸州军粮状》。

钱不甚荒，则楮不偏胜，此称提本务也。"① 楮币贬值与"钱荒"有直接联系，要解决"钱荒"需要"知散"且"知收"。陈耆卿提出应该实行"铜禁"和"钱禁"，禁止铜钱销毁和外流。然而，在实施过程中，"铜禁"和"钱禁"的实施效果总不好，铜钱销毁和外流越来越严重，正如时人章如愚所言："钱在今也，有边关漏泄之弊，有钚销鼓铸之弊，虽严其禁而钱愈不见其多。"②"钱荒"越来越严重。南宋后期对"钱荒"的议论仍时时见于记载，却没有人提出有效对策。魏了翁说："重以楮币泛滥，钱荒物贵，极于近岁，人情疑惑，市井萧条。"③ 陈求鲁曾云："议者谓楮便于运转，故钱废于蓄藏；自称提之屡更，圜法为无用。急于扶楮者，至嗾盗贼以窥人之闺奥，峻刑法以发人之窖藏，然不思患在于钱之荒，而不在于钱之积。夫钱贵则物宜贱，今物与钱俱重，此一世之所共忧也。"④ 将南宋有关"钱荒"的议论同北宋进行比较，就会发现，北宋时人多把"钱荒"同官方聚敛联系在一起，而南宋时人则更多把"钱荒"同铜钱的贮藏、销毁、外流联系在一起，同楮币的发行联系在一起。⑤

2. 历代"钱荒"成因

（1）唐朝成因。唐朝中期以来，因为经济高涨、藩镇割据、佛教盛行等原因，铜价大幅度上涨，"销钱一千为铜六斤，造杂物器物则斤值六百余。"铜钱因铜价上升而币值提高，铜钱购买力迅速上升，物价则出现明显下跌。这是贞元年间（785—805）物价下降、元和十五年（820）改征钱为实物仍不能回升的关键因素。此外，农业税收货币化（主要指两税法征收货币）也是导致物价下降的重要原因。两税法实施后，大量农民被迫将农产品商品化，卖方市场迅速扩大，而买方市场却不能成倍提高，导致农产品市场供过于求的状况相当严重。⑥ 一方面，因税收改革而扩大的农产品市场需要

① 《历代名臣奏议》卷二七三。

② 《群书考索》后集，卷五二。

③ 魏了翁：《鹤山先生集》卷一九。

④ 《宋史·食货下二》。

⑤ 汪圣铎：《两宋货币史》，社会科学文献出版社 2003 年版，第 237 页。

⑥ 瞿恺：《唐代两税法与钱荒》，《思想战线》1990 年第 2 期。

更多的货币投放量，另一方面，唐朝政府又没有能力增加货币投放量。这样做的结果就是短期内农产品供过于求，物价出现下降。如果铜钱因其他原因不断退出流通领域，那么还会导致物价持续下跌。总之，两税法使本来因币值提高而出现的"钱重物轻"情况更趋严重。

（2）北宋成因。宋神宗时期，货币流通达到高潮，当时国家每年铸币数量超过600万贯，20倍于盛唐，但仍然出现了严重的"钱荒"。[①] 北宋"钱荒"主要出现在东南诸路，尤以江淮、两浙诸路为甚。"钱荒"的重要原因之一是铜钱购买力长期低于实际价值，人们不愿意持有铜钱，而是通过销熔等方式，把铜钱变为铜材，从而减少了货币流通量。铜钱外流也是导致北宋"钱荒"的原因之一。史载，宋朝铜钱"边关重车而出，海舶饱载而回"。北宋铜钱的特点是"一朝所铸、四朝共用"，即铜钱不仅在宋朝各朝代循环使用，同时还供周围少数民族政权使用。北宋铜钱通过正常贸易及非正常贸易等，大量流向了辽西夏金等少数民族地区。苏辙曾说："臣窃见北界别无钱币，公私交易，并使本朝铜钱。沿边禁钱条法虽极深重，而利之所在，势无由止。本朝每岁铸钱以百万计，而所在常患钱少，盖散入四夷，势当尔也。"[②] 此外，北宋铜钱还大量流向海外，在很多国家地区充当主币流通。日本镰仓幕府公开承认宋朝铜钱为日本的法定货币。宋朝铜钱也是高丽、交趾等国的主要货币，并流向南亚和西亚，成为印度南部

宋泉州市舶司遗址是全国唯一古海关遗址，泉州是宋元时期海上丝绸之路的重要港口，包括铜钱，丝绸，茶叶等在内的大量商品输往海外

---

① 彭信威：《中国货币史》，上海人民出版社1958年版，第454页。

② 《文献通考》卷九，《钱币二》。

地区乃至阿拉伯地区的辅币。同一个货币体系引发了同样的货币病，当宋朝"钱荒"肆虐时，依赖走私"宋钱"流通的日本也出现了"钱荒"。民间窖藏也是导致"钱荒"的原因之一。在宋朝境内，大量铜钱藏于大家富室。"钱荒"越盛行，贮藏货币风越流行。如青州一户姓麻的人家，祖上库藏钱有十万之巨，三代都没有动用。北宋"钱荒"的成因很多，笔者认为沈括的理解最为客观全面，"钱之所以耗者八，而其不可救者两事而已，其可救者五，无足患者一。"①①不可救者两事：其一是"今天下生齿岁蕃，公私之用日蔓，以日蔓之费奉岁蕃之民，钱币不足，此无足怪"；其二是"水火沦败剜缺者，莫知其几何。"②其可救者五：其一，开放"铜禁"导致销钱为器；其二，盐钞信用失坠，民间藏钱不出；其三，流通的通货专赖于铜钱；其四，铜钱流通速度不快；其五，铜钱外泄。③不足患者一。当时西北边境的黄河、湟水一带，因每年由京师运去铜钱数十万缗，及洮、岷二州每年又铸铁钱四十万缗，大量的钱币集中于湟、洮、岷三州，使三州货币过多，超过三州的物资量，导致物价上涨四五倍，这是钱币过多之害，因而主张把多余的钱币"泄之羌中""听其私易"，让当地人与羌人进行贸易，购买马匹、饩羊等有用之物。

　　（3）南宋成因。在南宋流通领域中，虽然会子、关子等纸币发挥了一定作用，但铜钱始终是最主要的货币。体重价低的铜钱已无法满足日益高涨的经济形势，其供需处于失衡状态，铜钱等贱金属货币即将让位于白银等贵金属货币。就铜钱供给而言，由于矿山开采水平下降，南宋铸钱数量减少；就铜钱需求而言，由于国内经济高涨、贸易规模扩大，货币需求数量急剧上升。此外，铜钱外流也是导致"钱荒"的重要原因。关于南宋"钱荒"，从静态的货币市场看，是供求失衡、供不应求所致；若从长时段的历史动态看，其根本的推动力来自宋明时期社会经济结构由中古农业社会向近代工商社会转进的时代潮流之中。②南宋著名思想家叶适虽然不完全否认"外泄"和"销毁"这两方面的因素，但他特别注重的是"楮行而钱少"。也就是说，

①　《续资治通鉴长编》卷二八三，《神宗熙宁十年》。

②　柳平生、葛金芳：《基于货币需求的南宋钱荒成因新探》，《国际社会科学杂志》2014 年第2 期。

由于使用楮币而驱逐了铜钱，以致铜钱日少，这是造成"钱荒"的关键所在。"壅天下之钱，非上下之欲也，用楮之势至于此也。赍行者有千倍之轻，碓䃺者有什一之获，则楮在而钱亡，楮尊而钱贱者，固其势也。"①叶适认为宋朝铸钱虽远多于前代，但由于铜钱被楮币驱逐出流通界，所以仍会发生"钱荒"。古代思想家对劣币驱逐良币现象早有认识。如西汉贾谊说："奸钱日繁，正钱日亡。"②叶适则提出纸币与金属货币在并行流通时所表现出的劣币驱逐良币规律。这一规律也被称为格雷欣定律，由16世纪英国人格雷欣发现总结。但中国思想家对这种货币流通现象的总结更早更深入，不仅有两种金属货币之间的总结，还有纸币与金属货币之间的总结。③

3."钱荒"治理措施与相关思想

(1) 唐朝的"钱荒"与治理

唐朝"钱荒"制约了传统经济的进一步发展，在货币量供应不足的社会必然会影响商品交换的进行，导致整个宏观经济的雍滞和混乱。同时"钱荒"对民众生活也产生了严重影响。货币强势升值，对于老百姓来说，税额等于升了几倍，完税负担愈加沉重。一些士大夫阶层也为解决这一问题而积极出谋划策，"今宜使天下两税、榷酒、盐利、上供及留州、送使钱，悉输以布帛谷粟，则人宽于所求，然后出内府之积，收市廛之滞，广山铸之数，限边裔之出，禁私家之积，则货日重而钱日轻矣。"④中央政府也以此为货币调控的基本纲领，积极颁布新的措施来缓解"钱荒"的压力：①增铸大小钱，增加货币供应。为应付铜钱不足的问题，唐朝中央政府最先想到的是通过增加铜钱货币的绝对供应量来解决问题，就是通过增加发行基础货币来增加流通中的货币总量。如唐肃宗乾元元年（759），第五琦进行财政改革，铸造了乾元重宝和重轮乾元钱。②禁窖藏之风和禁销钱为器。唐朝的富家大商往往将货币的窖藏当作一种时尚。针对民间私藏铜钱的严重现象，宪宗元和十四年（819）曾下诏规定："富家钱过五千贯者死，王公重贬，没入于官，

① 《水心别集》卷二，《财计中》。
② 《新书·铸钱》。
③ 张家骧等：《中国货币思想史》（上），湖北人民出版社2001年版，第343页。
④ 《旧唐书·食货志上》。

以五之一赏告者。"《新唐书·食货四》。禁止私藏；后来穆宗长庆四年再次重申宪宗时诏令。③强制"钱帛并行"，并征收实物赋税。元和八年（813）四月，宪宗颁敕"以钱重物轻，出内库钱五十万贯，令两市收市布帛，每端匹估加十之一"①。由于货币流通体系的不足，唐朝在流通领域只好借用绵帛来进行支付，这也体现"钱荒"条件下，政府用绵帛等实物来进行充当货币的无奈。④实行除陌制度。除陌主要是指向人家借的是实钱，还的却是虚钱，纵使名义货币数是一样，但是由于购买力不同，实际上是变相减少了还款数额。

唐朝思想家还有丰富的"钱荒"治理思想。①刘晏。他认为"江、岭诸州，任土所出，皆重粗贱弱之货，输京师不足以供道路之直。于是积之江淮，易铜铅薪炭，广铸钱，岁得十余万绪，输京师及荆、扬二州，自是钱日增矣。"② ②陆贽。他主张"广即山殖货之功，峻用铜为器之禁"，即通过各种途径增加通货。此外，国家还可以从盐、酒专卖中取得货币收入。他指出国家手中有了相当数量的货币，又以盐、酒专卖作为回笼货币的渠道，就能调节货币流通，做到"敛轻为重"或"散重为轻"。③韩愈。韩愈在《钱重物轻状》一文中，提出解决通货紧缩的对策：一是恢复实物赋税。他认为"钱重物轻"是两税法造成的，要解决通货紧缩问题，就必须恢复实物赋税，布帛谷米、绵丝百货，都可以"悉以听之"。二是禁铜为器、禁钱出境。"蓄铜过若干斤者，铸钱以为他物者，皆罪死不赦。禁钱不得出五岭。买卖一以银，盗以钱出岭及违令以买卖者，皆坐死。"他主张凡是蓄铜、铸铜器以及携钱出境的，一律死罪。为防止铜钱向南流出境外，应在五岭地区用银，把铜钱回收转移到内地。三是实行通货贬值。"三曰更其文贵之，使一当五，而新旧兼用之，凡铸钱千，其费亦千，今铸一而得五，是费钱千而得钱五千，可立多也。"他主张政府提高钱币面值，投入不足值的钱币消除钱重物轻问题，这是古代货币名目主义的典型观点。他的主张使通货大幅度贬值，反倒会滋长货币流通和商品交易的混乱状态。四是立法施行。他认为必

---

① 《旧唐书·食货志上》。
② 《新唐书·食货四》。

须通过严格的法律来推行上述政策。总之，韩愈对自己的主张很自信："四法用，钱必轻，谷米布帛必重。"① 然而后人对他的评价是，韩愈是一个杰出的文学家，但他的货币思想积极意义不大。② ④白居易。他也认为"钱重物轻"是由两税法赋税征钱所致，因而主张恢复租庸调实物征收方式，"今若量夫家之桑地，计谷帛为租庸，以石斗登降为差，以匹丈多少为等：但书估价，并免税钱。则任土之利载兴，易货之弊自革。"③ 对于富豪权贵竞相贮钱于家加剧钱荒，他号召人们仿效先圣王"弃藏不为珍"，使货币得以流通。他解决钱荒的对策也不可能实现。

（2）北宋的"钱荒"与治理

①实施"铜禁"政策。"铜禁"是指北宋政府为了保证铜钱铸造，禁止私自开采、冶炼、运输原铜，禁止私造铜器。"铜禁"主要措施有：一是禁止私自开采冶炼原铜。"太宗即位，诏升州置监铸钱，令转运使按行所部，凡山川之出铜者悉禁民采，并以给官铸焉。"④ 二是禁止民间用铜。北宋发生过多次大规模的铜器收缴活动。后来铸造铜钱时添加了铅和锡，北宋政府又发展出"铅禁""锡禁"政策，但都不如"铜禁"政策严厉。北宋犯"铜禁"10 斤乃至 10 斤以上者，都要受杖刑，并刺配到千里以外的牢城。为了彻底断绝私铸铜器，甚至有人提议把所有铜匠都拘捕到为官家铸钱的钱监。后来在执行中，更改为只拘捕违禁的铜匠。

②实施"钱禁"政策。北宋"钱禁"政策非常严厉。一是禁止私人铸钱，禁止私熔铜钱。二是禁止铜钱出境、出城、出海、出关。如携带铜钱五贯以上出境者就要被判处死刑；宋真宗咸平三年（1000），"仍令开封府出榜晓谕，其诸城门锁不得私放出见钱"；规定一律不得搬运铜钱下海船，防止官员假借公事名义走私铜钱；官方如向边关地区百姓买马，不得再用铜钱，而是改用布帛或者茶叶等实物交换。三是禁止铜钱储藏。这是因为当时没有现代银行这样的机构，可以将存款转贷出去，加速货币的流通。所以，豪族、富商

① 《韩昌黎集》第七册第三七卷，《钱重物轻状》，商务印书馆 1958 年版，第 23、24 页。
② 欣士敏：《金泉沙龙——历代名家货币思想述论》，中华书局 2005 年版，第 142 页。
③ 白居易：《策林十九》。
④ 《宋史·食货下二》。

积蓄的货币，大量窖藏起来，使得流通中的货币减少，加重了"钱荒"。

③"钱荒"治理思想。如王安石废除"铜禁"思想。他是两宋时期唯一一个力主废除"铜禁"的人。现在来看，王安石的这个观点有一定的经济学道理，有足够的远见和眼光。他认为：放开"铜禁"中禁止使用铜器一条，甚至可以官方组织生产（类似国有企业），直接获取铸造铜器的利润；放开"铜禁"中禁止商人购买原铜一条，允许他们购买原铜并用于铸造铜器出售（敞开原料供应）。这样，铜器供应量扩大，价格自然下降，同时商人可以自由购买原铜，而私熔钱币属于"钱禁"仍然是违法行为，犯罪成本与风险收益不成比例，私熔钱币的问题也可得以解决。当然，这里需要提到一个背景，熙丰年间位于两广地区的铜矿大量开采，原铜产量快速提升，也为王安石解除"铜禁"提供了前提条件。不过，"王安石变法"失败后，北宋陷入"党争"，"铜禁"政策仅在神宗熙宁、元丰年间短暂放开过，元祐以后即又恢复。苏轼则主张散币于民，以救"钱荒"之患。"望朝廷辍留三十万石，若无米可籴，只乞以此钱收买银绢上供，虽无补于饥，而散币在民，少解钱荒之患，亦上策也。"①

（3）南宋的"钱荒"与治理

①南宋统治者对于"铜禁"实施非常重视。宋孝宗的一段话被广为征引，（淳熙八年）五月丙子，上曰："朕以宰耕牛、禁铜器及金翠等事刻之记事板，每京尹初上辄示之。"②南宋犯"铜禁"的处罚措施包括："一两杖八十，一斤加一等，十五斤不刺面配邻州本城。"有官员在执行"铜禁"时因违法而受到惩处。"信州永丰县民犯禁，为人诣县告，逮赴狱。罪状已白，典史毛遂、周永受赇释之。告者经坑冶司诉理，械二吏送饶州州院。"③"（庆元四年）五月十七日，知南恩州李延年放罢，差主管台州崇道观，理作自陈。以广东提举陈宏规奏：'近降指挥禁绝铜器，槌毁偿价。延年公然掊敛州县钱物，不即槌碎，仍给与之，可见营私。'"④"（嘉定六年）六月二十八

---

① 《苏东坡全集·续集》卷一一。
② 《皇宋中兴两朝圣政》卷五九。
③ 《夷坚志》卷四二零，《刘职医药误》。
④ 《宋会要辑稿·职官七四》。

日，太府寺丞张镐放罢，以右谏议大夫郑昭先言其试郡潮阳，专事苛敛，运铜下海，为人所持。"①

②禁止私造铜器。南宋政府允许私人开采矿山，但成品全部由官府收买。南宋时颁行《庆元条法事类》，更把铜与盐茶明矾一起列为禁榷品。宋孝宗时有更为严厉的规定："仍委守令尽数根括铸铜器之家，拘收作具动使入官以免罚责，令改业，籍定姓名。应民户五家为一保，如有违犯，保内不陈首，并减正犯人一等科罪。余依前后禁约罪赏条法指挥施行。其僧道士庶之家现有铜器许赍赴所在州县镌凿题记，仍给凭由照验。如违，依绍兴二十八年七月二十三日，不送纳入官者断罢追偿，内公私必用之物，官为制造给赏，仍令工部条具申取朝廷指挥。"② 官府完全禁止私人铸造铜器，即使是准许使用的，也要由官府制造，准许存留的旧铜器，除要送官镌凿题记外，还要从官府领取文字凭证。

③禁止铜钱偷运出境。绍兴二十八年（1158）户部奏准铜钱出界罪赏：用铜钱和外国人交易及运铜钱出国界的都要治罪，官吏失察或故纵的亦有罪，查获的有赏，"是以临安出门有禁，下江有禁，入海有禁"③。但实施效果很差，当时日本使用中国铜钱，日本商船和中国的海商、水军都偷运铜钱去日本，沿海居民因有利可图，也喜欢用铜钱向日本买物。包恢在《禁铜钱申省状》中记载了宋朝铜币的海外增值现象："每是一贯之数，可以易番货百贯之物，百贯之数，可以易番货千贯之物，以是为常也。"④

④禁止"蓄钱"。绍兴二十九年（1159）有人指出，当时富家积钱，多的累百巨万，少的不下数十万贯，要求予以限制。户部奏准民户积钱不得超过 1 万贯，官户不得超过 2 万贯，超过两年不用来买物的拘捕入官，告发的有赏。⑤

⑤"钱荒"治理思想。针对铜钱日少的局面，陈桷主张增加鼓铸、防

---

① 《宋会要辑稿·职官七三》。

② 《群书考索》后集卷六零，《财用·铜钱》。

③ 《文献通考·钱币二》。

④ 包恢：《币帚稿略》卷一，《禁铜钱申省状》。

⑤ 《建炎以来系年要录》卷一八二。

漏泄及私销。"望特诏有司，讲求其弊，厚铜本之积，广加铸之数，重外泄之防，严销毁之禁，庶几国得专其权，而民用不乏。"[①] 陈耆卿则提出"称提"铜钱之策，严禁海舶漏泄铜钱，强化鼓励和优赏捕获者的规定，以达到扩大铜钱数量的目的。"盖今铜钱之法，大率犯者罚轻而捕者赏轻。犯者罚轻，则人易为奸；捕者赏轻，则吏不尽力。臣愚欲望圣慈申饬攸司，严漏泄之宪，优掩获之典，其捕至若干者，特与附类获盗改秩，以风厉之。庶几各务罄竭以从上之令，诚使钱不甚荒，则楮不偏胜，此称提本务也。"[②] "钱荒"对当时经济发展产生了一定的抑制作用，但由此诱发各种金融创新的出现。

（三）通货膨胀与货币治理

关于通货膨胀，部分学者认为这是纸币流通条件下的一种货币现象，实际上金属货币流通条件下也可发生通货膨胀。也有部分学者认为适度的通货膨胀有利于经济增长，但实际上很多可控的通货膨胀最终演变成失控的通货膨胀乃至进一步的政权崩溃。中国历史上的通货膨胀现象与治理，表明纸币或者金属货币都有可能导致通货膨胀，只要货币的名义价值与实际价值出现背离，就可能发生物价持续上涨、币值持续下跌等通货膨胀现象。通货膨胀的出现并不限于某一种社会形态，封建社会、资本主义社会、社会主义社会都有可能出现通货膨胀。

1. 通货膨胀的历史表现

中国历史上的通货膨胀，部分原因是由货币本身的供需所致，但更多的原因是由历代政府的财政搜刮政策所致。在铜钱流通时代，统治者主要通过货币减重或贬损进行财政搜刮，如钱文为半两的铜钱，其重量应为 12 铢，但实际重量则为 3 铢、4 铢、5 铢等。如果铸币减重越多，百姓损失就越多，国家收入就越多；反之，亦然。在纸币流通时代，统治者主要通过滥发纸币掠夺财富。很多朝代的纸币发行，既无发行准备金，也没有政府信用，纸币成为废纸的现象屡见不鲜。历代百姓或许能够忍受因为货币供需导致的膨

---

① 《建炎以来系年要录》卷七九。
② 《历代名臣奏议》卷二七三。

胀，但肯定无法忍受因为财政搜刮导致的通胀。据记载，从西汉到中华人民
共和国成立以前，历代发生过较大的通货膨胀有十多次，其间物价涨到万倍
以上者有六七次，金朝的恶性通货膨胀物价竟涨至 6000 万倍以上。历代政府
进行财政搜刮的目的，主要有政治腐败、奢靡消费、战争频仍、入不敷出等。

（1）货币贬损

金属货币流通条件下，统治者大都通过贬损通货的方式实施通货膨
胀进而掠夺民财。早如春秋时期周景王与单旗关于铸大钱的争论。周景王
二十一年（前 524），景王新铸大钱而废弃原用的轻钱，单旗不同意"废轻
钱而作重"，于是引发了一番议论，但最终"王弗听，卒铸大钱"。[①] 汉武
帝曾用通货贬值增加财政收入。元狩四年（前 119），汉武帝下令重新铸造三
铢钱，并造白鹿皮币和白金三品。"是时，禁苑有白鹿而少府多银锡。自孝
文更造四铢钱，至是岁四十余年，从建元以来，用少，县官往往即多铜山
而铸钱，民亦间盗铸钱，不可胜数。钱益多而轻，物益少而贵。有司言曰：
'古者皮币，诸侯以聘享。金有三等，黄金为上，白金为中，赤金为下。今
半两钱法重四铢，而奸或盗摩钱里取鋊，钱益轻薄而物贵，则远方用币烦费
不省。'乃以白鹿皮方尺，缘以藻缋，为皮币，直四十万。王侯宗室朝觐聘
享，必以皮币荐璧，然后得行。"[②] 皮币主要是为王侯宗室朝觐聘享之用，实
际上玉璧只值几千钱，而皮币则值 40 万钱，用皮币包衬玉璧，就是西汉政
府搜刮诸侯的财富。由于少府多银锡，"又造银锡为白金。以为天用莫如龙，
地用莫如马，人用莫如龟，故白金三品：其一曰重八两，圜之，其文龙，名
曰'白选'，直三千；二曰以重差小，方之，其文马，直五百；三曰复小，撱
之，其文龟，直三百。"白金三品的币值介于三铢钱与黄金之间。西汉政府
通过此前积累的并非货币的银锡，定以高价，即可借机剥夺大商人的财富，
增加中央财政收入。汉末董卓专权时期通过滥铸轻薄小钱实施通货膨胀。初
平元年（190），董卓挟持汉献帝迁都长安，搜括各种铜料，其中有秦始皇收
天下兵器所铸的 12 金人中的 9 个或 10 个（相传每个 24 万斤）都用来铸造

---

① 《国语·周语下》。

② 《史记·平准书》。

小钱。史载，董卓所铸小钱，"大五分，无文章，肉好无轮郭，不磨鑢"①。这种小钱质量极差，钱极轻薄，数量又多，流通地区狭小，造成恶性通货膨胀，谷价每石涨至几百万钱。货币经济遭到严重破坏，从而形成物物交换或以谷帛为币的局面。三国时，曹魏一直流通五铢钱，基本没有进行通货贬值。蜀汉则铸造流通直百五铢、太平百金、太平百钱、定平一百等大钱。孙吴则铸造流通大泉五百、大泉当千、大泉二千、大泉五千等大钱。

王莽新朝的通货膨胀是古代金属货币流通条件下的一个典型案例。王莽通过四次货币改革来实施通货膨胀。第一次货币改制发生于居摄二年（7）。除西汉政权原来通行的五铢钱继续流通外，又加铸了"大钱五十""契刀"和"金错刀"三种货币：大钱每枚重 12 铢，当五铢钱 50 枚，契刀每枚当五铢钱 500，金错刀每枚当 5000。第二次货币改革发生于始建国元年（9）。内容是废五铢钱、契刀和金错刀三种货币，新铸重一铢的"小钱"，当五铢钱 1 枚使用，当 50 的大钱继续使用。第三次货币改革发生于公元 10 年。这次改制所发行的货币，统称为"宝货"。宝货共有钱、布、金、银、龟、贝 6 种。"钱货"共分小钱、么钱、幼钱、中钱、壮钱、大钱等六品。"布货"共 10 品：小布、么布、幼布、厚布、差布、中布、壮布、弟布、次布、大布。黄金 1 品，重 1 斤，当五铢钱 1 万。"银货"二品：朱提银每"流"重 8 两，值五铢钱 1580；其他成色较差的银，每"流"值五铢钱 1000。"龟宝"四品：元龟、公龟、侯龟、子龟。"贝货"五品：大贝、壮贝、么贝、小贝和次于小贝的贝。第四次货币改革发生于天凤元年（14）。"复申下金银龟贝之货"，取消暂停行使的诏令；废大钱和小钱，另做货布、货泉两种。货泉重五铢，当五铢钱 1；货布重 25 铢，当货泉 25，也即是当五铢钱 25；大钱许继续使用 6 年，但由当五铢钱 50 贬为当 1。王莽频繁改变币制，严重破坏了经济发展，也严重祸害了百姓生活，最终导致政权垮台。史载："农商失业，食货俱废，民人至涕泣于市道。及坐卖田宅奴婢，铸钱，自诸侯卿大夫至于庶民，抵罪者不可胜数。"②

---

① 《三国志·董卓传》。

② 《汉书·王莽传中》。

北宋交子是世界上最早的纸币，是古代中国最重要的金融创新之一

（2）滥发纸币。北宋交子是世界上最早的纸币，也是中国金融对世界的重要贡献。纸币币值稳定的前提是政府拥有足够的信用，或者通过黄金白银保证信用，或者通过实物保证信用。政府拥有信用的朝代，纸币币值比较稳定，并有利于经济社会发展；政府失去信用的朝代，纸币会迅速贬值，甚至导致政权垮台。宋辽金元时期，频繁的战争导致财政压力不断加大，纸币逐渐沦落为政府攫取民间财富、弥补巨额财政赤字的工具。战争愈加频繁，纸币发行速度越快，政府逐渐失去信用，纸币贬值速度更快，通货膨胀就难以避免。宋辽金元等政权就是在这种危险的货币游戏中苟延残喘，最终走上了滥发纸币的不归路。

①南宋的通胀。会子是南宋发行量最大的纸币。南宋建国后，废除了交子，于宋高宗绍兴三十年（1160）发行会子。当时政府设有发行准备金，规定"三年立为一界，界以一千万缗为额"①，三年后新币发行时回收旧币。同时，统治者也非常重视会子发行工作。宋孝宗曾对大臣说过："朕以会子之故，几乎十年睡不着。"②所以，会子流通初期，币值稳定，有利于百姓生产生活。如洪适曾言："小郡在山谷之间，无积镪之家，富商大贾足迹不到，货泉之流通于廛肆者甚少，民间皆是出会子往来兑使。"③会子起初的面额是1会为1贯铜钱，等于1000文铜钱。金宋交战时，为了筹措军费，南宋会子发行量大增，到乾道二年（1166），共发行11500多万贯，会子发生严重贬值，一贯跌到三四百文，通货膨胀情形愈加严重。宋理宗淳祐年间（1241—1252），蒙古大军压境，纸币更是滥发，会子出现恶性通货膨胀情

---

① 《宋史·食货志》。

② 洪迈：《容斋三笔》，卷十四。

③ 洪适：《户部乞免发见钱札子》。

形，市面上只见纸币不见米，200 贯会子，相当于 20 万文钱，还买不了一双草鞋。直至南宋灭亡前，1 贯会子已经不值 1 文钱，通货膨胀至此已经不可收拾。南宋会子从发行到退出历史舞台，期间的通货膨胀有多严重呢？彭信威曾对此做过估计。以末期的会子为例，嘉定二年（1210），因为十六界的旧会子跌价，曾以 1：2 的比率用新会子收回来。后来十七界会子再跌价，在收换时，以十八界会子 1 贯当十七界会子 5 贯。这时以十八界会子所计算的物价，可能同正常的物价水平接近。但后来又跌价了，乃以铜钱关子 1 贯抵十八界会子 3 贯。假定米价 1 石值铜钱关子 1 贯，看起来并不高，其实这等于十八界会子 3 贯，十七界会子 15 贯，嘉定时会子的 30 贯，越推上去，才越清楚物价上涨的程度。再以纸币的钱价来说，铜钱关子 1 贯合现钱 770 文，十八界会子合 257 文，十七界会子 51 文，嘉定时的旧会子 1 贯只给铜钱 25 文，如果推到第一界去，恐怕 1 贯会子不能值 1 文。所以分界发行虽然掩盖了通货膨胀指数，但却无法掩盖百姓财富被严重掠夺的历史事实。[①]

②元朝的通货膨胀。元朝实行纸币本位制，由于战争、财政和社会经济等方面的原因，宝钞滥发，纸币流通量远远超过市场需要量，最终造成中国货币史上少有的一次恶性通货膨胀。原因主要有二：一是元朝政府自坏成法，朝令夕改，失信于民。二是靠发钞弥补财政赤字。元朝财政入不敷出，财政赤字越来越大，财政亏空极其严重，就专靠增发宝钞来弥补。元朝是中国古代货币史上纸币最盛行的时代。交钞是国家规定的最基本的法偿通货，虽然铜钱在民间也很通用，但其法偿地位远不如交钞。而且政府多次禁止金银及铜钱流通，这与宋、金钱钞兼行的情况有所不同，元朝的货币制度基本上是比较纯粹的纸币制度。在纸币流通过程中，元朝形成了一套比较完整的纸币流通制度。元朝在吸取和总结宋、金二三百年实行纸币的经验教训基础上，建立了中国古代以及世界古代史上最早的较完整的纸币流通制度。这是元朝纸币制度的一大特色，它既有兑现纸币的规划如中统钞法，又有不兑现纸币的规划如至元钞法。从中统建元（1260）开始，就设立了中央政府垄断发行的专管机构"交钞提举司"，下设宝钞总库、印造宝钞库及烧钞库，分

---

① 彭信威：《中国货币史》，上海人民出版社 2015 年版，第 359 页。

"至元通行宝钞，钱文为"贰佰文"

别管理储藏、印造和烧毁昏钞等事项，各地区则设有诸路宝钞提举司，又立平准行用库掌管贸易金银，平准钞法，均平物价以调节钞币流通。总之，关于发行准备金（钞本）、发行限额、金银买卖、钞币放收渠道、昏钞倒换、惩治经办官吏营私舞弊以及伪钞惩罚等，都有明文规定。[①]

元世祖末期以后开始出现通货膨胀。与宋金一样，元朝纸币流通的演变，也有一个由相对稳定到恶性通货膨胀直至崩溃的历程。在中统钞初行时，由于坚持了钞本充足、控制发行、及时调节、管理物价等比较稳健的货币政策，钞值稳定了17年。至元十三年（1276）阿合马执政，滥发纸币，抽走各路钞本，于是交钞开始贬值。至元十七年（1280）行钞法于江南，收兑江南关子、会子，由此发行量大增，以至于失控，交钞贬值到原值的十分之一。此后连年征战，军费浩大，加之政府挥霍浪费，财政亏空越来越大，专靠发钞弥补。而钞本则自至元三十一年（1294）以后经成宗、武宗提取殆尽，纸币贬值，物价大涨，这就造成纸币贬值与财政亏空、通货膨胀的恶性循环，最终不可收拾，彻底崩溃。可见，除了滥发纸币，还有连年战争、宫廷大肆挥霍以致财政赤字浩大、吏治腐败、政府自坏成法、政策失当等原因。到元朝末期，政权动摇，信用丧失，最终出现恶性通货膨胀，纸币制度崩溃。

在元朝的通货膨胀中，值得一提的有以下几点：一是除中央政府发行的官钞以外，还存在私钞，这为前代所少有。如至元二十三年（1286），朝廷以张暄、朱清海道运粮有功，赐钞印，令自造行用，自是万倍王侯。二是由于宝钞印造成本低且易于伪造，所以伪钞极为兴盛。当时印造伪钞几乎遍及

---

① 张家骧等：《中国货币思想史》，湖北人民出版社2001年版，第440页。

全国，尤以江西铅山、福建崇安、浙江诸暨、广东沿海等地为盛。郑介夫在论及伪钞时说，"今天下真伪之钞，几若相半"，可见其数量之多。三是由于交钞贬值和小钞奇缺等原因，市场上自发出现很多代用币形式。当时，代用币有私立茶帖、面帖、竹牌、酒牌等形式。这些巨额的代用币大大加速了纸币贬值，并致使物价腾踊，市场混乱。四是元朝没有采取金朝那种发行极大面额交钞以扩大纸币发行的办法，而是屡次发行新钞，利用抬高新钞对旧钞的比价，即实际上用贬低旧钞价值的方式以达到通货膨胀的目的，这也是元朝通货膨胀与金朝不同之处。

③明朝的通货膨胀。鉴于成熟稳定的传统经济，古代中国在纸币发明使用方面走在了世界前列。有的纸币有钞本等发行准备金，有的纸币则单纯依靠政府信用。如果说北宋的交子、南宋的会子、元朝的交钞等纸币都属于可兑换纸币的话，那么大明宝钞或许就是世界上最早的不兑换纸币了。大明宝钞是世界上尺寸最大的纸币之一。大额宝钞分六等：壹贯、五百文、四百文、三百文、二百文、一百文；小额宝钞分五等：伍拾文、肆拾文、叁拾文、贰拾文、拾文。一贯等于铜钱一千文或白银一两，四贯合黄金一两，票面上端为"大明通行宝钞"六个汉字。作为明朝官方发行的唯一纸币，大明宝钞没有钞本等发行准备金，主要依靠统治者的权威和政府的信用发行流通。洪武七年（1374），明朝政府颁布"钞法"，设宝钞提举司，从1375年开始发行大明宝钞。明朝政府规定，宝钞与铜钱并行，但禁止金银交易。百姓可以拿金银去跟政府换取宝钞，但政府不用金银跟百姓兑换宝钞。也就是说，宝钞是一种纯粹的不兑换纸币形态，虽然它的面值用一定数量的铜钱表示，但既不能兑换铜钱，也不能兑换金银，完全靠政府强制推行。这种靠政府信用发行的纸币，如果在和平年代辅以良好的货币发行政策，尚能保证币值稳定。如大明宝钞初行时，国内政治稳定，加上政府允许以旧钞换新

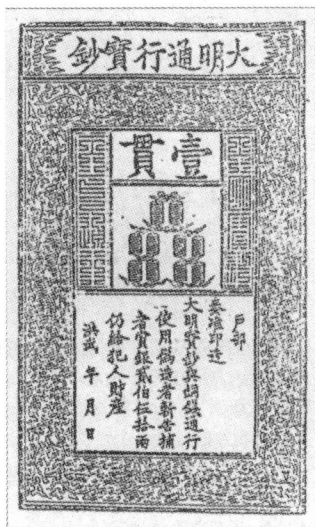

"大明通行宝钞"，钱文为"壹贯"

钞,所以宝钞币值稳定,当时一石米的价格是一贯宝钞。但明朝政府没有健全的货币体系和成熟的货币政策,再加上其他财政需要,宝钞发行量逐渐增大,且只发行新钞不回笼旧钞,致使流通中的宝钞越来越多,宝钞的贬值命运就无法避免。宝钞快速贬值,物价不断上升,通货膨胀现象愈发严重,百姓纷纷弃用宝钞。洪武二十二年(1389)前后,宝钞时贬时升,江西、福建一带 2 贯宝钞只能换铜钱 500 文;永乐二年(1404),米 1 石值宝钞 100 贯;永乐五年(1407)米 1 石值宝钞 30 贯;宣德初年,米价已达到宝钞 50 贯;正统九年(1444),米价涨到宝钞 100 贯,宝钞已不能通行,"积之市肆,过者不顾";正德年间(1506—1521),政府废止并不再发行宝钞。如果从洪武年间发行之初,1 贯宝钞等于 1000 文铜钱开始计算,那么到了宣德七年(1432),1 贯宝钞等于 5 文铜钱,宝钞贬值了 200 倍。大明宝钞从发行到崩溃,短短 60 年,而且发生在王朝经济实力上升的时代,这是值得深入思考的一个问题。

3. 通胀治理

(1)两宋时期的"称提"之术。"称提"是产生于北宋的经济术语。它可以指物价管理,也可以指钱币管理,但更多地指纸币管理。北宋末年,"称提"逐渐用于纸币。如周行己说:"前日钞法交子之弊,不以钱出之,不以钱收之,所以不可行也。今以所收大钱,桩留诸路,若京师以称之则交钞为有实,而可信于人,可行于天下。"南宋"称提"是指在纸币发行量过多、严重贬值的情况下,通过出售金、银、钱币及度牒、官诰等措施回笼楮币,进而提高楮币币值。如度牒是政府发给佛教僧侣的身份凭证,出家人持有度牒就能享受免除赋税徭役、减免罪罚等特权,因而度牒深受人们喜爱。当时政府用度牒作籴本收买民间粮食,亦以度牒"称提"纸币,它在市场上被当作准货币流通。比如宋孝宗很重视会子发行数量,"大凡行用会子,少则重,多则轻"①。会子发行后即遇上宋金战争,发生了贬值现象。宋孝宗隆兴元年(1163)印造了五百、三百、二百文会子,"民间会子一贯换六百一二十足,军民嗷嗷,道路嗟怨"②。宋金议和后,宋孝宗着手整顿会子。乾道二年

---

① 《皇宋中兴两朝圣政》卷六零,《淳熙十年正月辛卯》。
② 《历代名臣奏议》卷二七二,《辛弃疾疏》。

（1166）和三年（1167）先后用银、度牒和助教帖等收兑会子。到乾道三年六月，在外的会子只剩下490万贯。此外，史载嘉定二年（1209）南宋政府用官诰、度牒、乳香、官田和黄金15万两收兑会子。端平二年（1235）也曾用金银、盐钞、乳香、度牒等收兑会子。

（2）大明宝钞的治理。从明成祖到明宣宗二三十年间，明朝统治者先后采取多种货币回笼措施，多次下令禁止金银买卖。如永乐二年（1401）八月，陈瑛提出用户口食盐法收钞，即政府高价卖盐，成人每月向政府纳钞1贯，买盐1斤，未成年人每月纳钞半贯，买盐半斤。洪熙元年（1425），增加市肆各色门摊税，课钞入官，销毁其昏软者。宣德元年（1426），令各处赃罚都折收宝钞，不分新旧，笞杖等罪，可以钞代赎；重罪厚赏，强迫人们用钞。宣德三年（1428），停发新钞，销毁昏烂钞，以减少市场纸币流通量；增加税收，开辟财源，用以收缩通货，稳定币值。例如，宣德四年（1429），在三十三府州县，将市镇店肆门摊税增加五倍，连同菜地、果树、房舍、油房、磨坊、小车、牛车等等，都要用宝钞交税；扩大宝钞使用范围。除纳税外，计户口食盐，令全国百姓，成年人月吃1斤盐，纳钞1贯，未成年减半，估计仅此一项年可回收宝钞两三万万贯。

4.反通胀思想

（1）金属货币流通条件下的反通胀思想。如东汉末期的荀悦强烈反对董卓废五铢钱改铸小钱，认为这是政府通过通货膨胀来剥夺人民财富的恶劣做法："货轻而物贵，谷价上涨至一斛数十万。自是后钱货不行。"南朝颜峻也反对通货减重，如果货币贬损，"市井之间，必生喧扰。远利未闻，切患猥及。富商得志，贫民困窭"[1]。南朝孔颙也反对通货减重，"若官铸已布于民，便严断剪凿，小轻破缺无周郭者，悉不得行。官钱细小者，称合铢两，销以为大"[2]。

（2）纸币流通条件下的反通胀思想。如南宋辛弃疾主张提高会子币值。

---

① 巫宝三：《中国经济思想史资料选辑》（三国两晋南北朝隋唐部分），中国社会科学出版社1992年版，第144页。

② 巫宝三：《中国经济思想史资料选辑》（三国两晋南北朝隋唐部分），中国社会科学出版社1992年版，第163页。

他于淳熙二年（1175）上《论行用会子疏》，认为会子贬值的原因有二，一是印造过多，二是会子"行使之地不广"。辛弃疾提出提高会子币值的相关建议。一是控制会子流通数量，暂停印造发行；二是扩大会子流通区域，在福建、江南、荆湖等路广为推行；三是政府受纳、解发钱贯继续执行"钱会中半"政策，切实做到现钱、会子各半使用；四是民间租税缴纳，上三等户改用三分现钱、七分会子。真德秀则反对滥发纸币。当时，会子不断贬值。为了维持或恢复纸币币值，南宋政府曾多次采取"称提"措施，即用现金收兑跌价纸币、限制会子发行总额，规定行使期限，按期调换等，但"称提"总是无效，往往是"以一易二""以一易五"，致使"百姓每受其害，而贯陌益落"。真德秀时任主管财政的副相，见此十分着急，一方面上书请停付岁币，兴屯田，以谋自强；另一方面反对滥发纸币，主张以"节用"来解决财政困难，"用有节而经常之费易足"。如果会子发行超过限额，与商品流通不相适应，必然造成"物价翔腾"，会子贬值，到了"民不以信"的时候，虽"多方称提，未见其可也"。就是说，到纸币失去信用的时候，再来采取称提措施为时已晚。只有限额发行纸币，币值才能保持稳定，物价才不会"翔腾"。元朝王恽分析了中统钞严重贬值的原因。至元十三年（1276），由于发行量大增，准备金又被移做他用，中统钞逐渐贬值。至元十九年（1282），王恽在《论钞法》中，"窃见元宝交钞，民间流转，不为涩滞，但物重钱轻，谓如今用一贯，才当往日一百，其虚至此，可谓极矣。"可见当时中统钞贬值已非常严重。原因有四：一是钞本被挪用，"相权大法"被破坏；二是纸币大量增发，成为"无本之钞"；三是盛行信用购买，为了抢购物资而预先付款，无形中增加纸币支出；四是官吏舞弊，私自向百姓用旧钞换新钞谋利。如元朝许衡主张废除纸币流通。他目睹金朝恶性通货膨胀以致亡国的过程，也了解南宋纸币流通的种种弊端，因此对纸币流通深恶痛绝，"楮币之拆阅，断无可称提之理，直一切罢而不行已耳。"许衡认为南宋政府企图通过"称提"之策提高会子币值，但结果是百姓"每受其害"。"是故讲称提之策者，今三十年矣，卒无能为朝廷毫发之助。但见称提之令每下，而百姓每受其害，而贯陌益落矣。嘉定以一易二，是负民一半之货也。端平以一易五，是负民四倍之货也。无义为甚。"他认为政府的"称提"措施没有必要，因为历史证明纸币不可行，因此应该是"罢而不行"。

二、货币治理的"得"与"失"

针对历史上的通货紧缩与通货膨胀这些货币流通现象，历代政府出台了相应的货币政策或措施加以应对，同时思想家们也为解决这些货币现象贡献了自己的智慧。从这些政策或思想中，我们既看到了历代货币治理的成功经验，又得出了很多失败教训。高度商业化的社会需要发达的货币流通，需要搞清货币供求、流通速度、流通范围、通货紧缩及通货膨胀等问题。认识梳理中国历史上的货币治理得失，则有助于厘清上述货币流通问题。

（一）货币治理之"得"

1. 国家必须掌握货币铸造权。现代社会中，铸币权一般都由国家掌握，但在古代社会，情况则不尽然。货币先行，作为一种特殊的社会权力，铸币权的统一与否关系着国家的长治久安，历代统治者都将货币铸造权看作国家权威和统一的象征。同时，铸造货币又可以获得经济利益，所以掌握货币的货币铸造权对国家政权是十分有利的。但国家掌握货币铸造权的理念一开始并不具备，货币更多时候由私人铸造，但私铸存在成色不足、形制过多等问题，并会形成严重的地方割据，所以由中央政府统一货币铸造权是大势所趋。[①] 中国货币史上主要发生过四次关于货币铸造权的争论，分别是汉文帝时期贾谊反对私铸的相关争论，汉武帝时期桑弘羊与贤良文学关于货币铸造权的争论，南朝刘宋时期沈庆之与颜峻关于官铸与民铸的争论，唐玄宗时期张九龄与刘秩关于私铸与官铸的争论。虽偶有私铸的主张，但大势是国家统一货币铸造权。后世的纸币时代、白银时代，都遵循国家统一货币铸造权的历史规律。

（1）贾谊主张由国家统一货币铸造权。"法使天下公得顾租铸铜锡为钱，敢杂以铅铁为它巧者，其罪黥。然铸钱之情，非淆杂为巧，则不可得赢；而

涽之甚微，为利甚厚。夫事有召祸而法起奸，今令细民人操造币之势，各隐屏而铸作，因欲禁其厚利微奸，虽黥罪日报，其势不止。乃者，民人抵罪，多者一县百数，及吏之所疑，榜笞奔走者甚众。夫悬法以诱民，使入陷阱，孰积于此！曩禁铸钱，死罪积下；今公铸钱，黥罪积下。为法若此，上何赖焉？"① 私铸存在诸多弊端：驱民犯法不利于社会稳定，币制混乱影响商贸流通安全，背本趋末不利于农业生产发展。所以，他主张"禁铜布"，由国家掌握货币铸造权，但汉文帝没有接受贾谊的建议。由此可见，西汉初期，货币铸造权分散于国家及私人手中，社会各阶层并没有达成铸币权集中于国家的共识。

（2）"盐铁会议"关于货币铸造权的争论。汉昭帝时召开的"盐铁会议"是一场关于国家政策转型的大讨论。这次会议上，御史大夫与贤良文学围绕货币铸造权展开了激烈讨论。以桑弘羊为代表的御史大夫主张由国家统一货币铸造权。大夫曰："文帝之时，纵民得铸钱、冶铁、煮盐。吴王擅鄣海泽，邓通专西山，山东奸猾，咸聚吴国，秦、雍、汉、蜀因邓氏。吴、邓钱布天下，故有铸钱之禁。禁御之法立而奸伪息，奸伪息则民不期于妄得，而各务其职，不反本何为？故统一则民不二也，币由上则下不疑也。"而贤良文学则主张自由铸造货币。文学曰："往古，币众财通而民乐。其后，稍去旧币，更行白金龟龙，民多巧新币。币数易而民益疑。于是废天下诸钱，而专命水衡三官作。吏匠侵利，或不中式，故有薄厚轻重。农人不习，物类比之，信故疑新，不知奸真。商贾以美贸恶，以半易倍。买则失实，卖则失理，其疑或滋益甚。……故王者外不鄣海泽以便民用，内不禁刀币以通民施。"② 这场争论以桑弘羊的胜利而告终。汉昭帝继承了汉武帝时的货币政策，即由中央政府垄断货币铸造权，同时禁止各种私铸行为。

（3）南朝关于自由铸钱的争论。沈庆之主张听民铸钱。"方今中兴开运，圣化惟新，虽复偃甲销戈，而仓库未实，公私所乏，唯钱而已。愚谓宜听民铸钱，郡县开值钱署，乐铸之家，皆居署内，平其准式，去其杂伪，

---

① 《汉书·食货志下》。

② 《盐铁论·错币》。

官敛轮廓,藏之以为永宝。去春所禁新品,一时施用,今铸悉依此格。万税三千,严检盗铸,并禁剪凿。数年之间,公私丰赡,铜尽事息,奸伪自止。且禁铸则铜转成器,开铸则器化为财,剪华利用,于事为益。"① 而颜峻反对自由铸钱。"泉货利用,近古所同,轻重之议,定于汉世,魏晋以降,未之能改。诚以物货既均,改之伪生故也。世代渐久,弊运顿至,因革之道,宜有其术。今云开署放铸,诚所欣同。但虑采山事绝,器用日耗,铜既转少,奇亦弥贵。设器直一千,则铸之减半,为之无利,虽令不行。"② 史载,景和元年(465),沈庆之奏准开放民间铸钱,"由是钱货乱败,一千钱长不盈三寸,大小称此,谓之鹅眼钱。劣于此者,谓之綖环钱。入水不沉,随手破碎,市井不复料数,十万钱不盈一掬,斗米一万,商货不行。"③ 这次放开货币铸造权的尝试,并未取得良好效果。私人铸造的"鹅眼钱""綖环钱"完全无益于商品流通,反而造成严重的通货膨胀,严重阻碍了社会经济发展。

(4)唐朝刘秩主张国家垄断货币铸造权。"古者以珠玉为上币,黄金为中币,刀布为下币。管仲曰:'夫三币,握之则非有补于暖也,舍之则非有损于饱也。先王以守财物,以御人事,而平天下也。'是以命之曰衡。衡者,使物一高一下,不得有常。故与之在君,夺之在君,贫之在君,富之在君。是以人戴君如日月,亲君如父母,用此术也,是为人主之权。"张九龄则主张"纵民铸":"古者以布帛菽粟不可尺寸抄勺而均,乃为钱以通贸易。官铸所入无几,而工费多,宜纵民铸。"④ 史载,唐玄宗采纳了张九龄的建议,结果造成江淮间出现官炉钱、偏炉钱等十余种私铸钱币,币制一度出现混乱。张九龄提出的许民私铸主张,被认为是中国历史上关于统一铸币权的最后一次争议。⑤

2."钱荒"推动货币创新。唐宋时期,商品流通虽然面临"钱荒"情

---

① 《宋书·颜峻传》。

② 《宋书·颜峻传》。

③ 《宋书·颜峻传》。

④ 《新唐书·食货四》。

⑤ 张家骧等:《中国货币思想史》(上),湖北人民出版社2001年版,第171页。

形，但社会经济并没有就此停止交易，人们总会用新办法解决"钱荒"问题。这一时期，古人创造出"虚实钱""短陌"等交易制度，发明了汇票"飞钱"和纸币"交子"，从而实现了货币金融创新。

（1）"虚实钱"制度。这是出现于唐朝中后期的一种货币制度。当时经济日益高涨，货币需求日益增加，但民间销钱行为日益严重，国家也无力鼓铸铜钱，虚实钱交易应运而生。从唐肃宗上元元年（760）开始，唐朝铜钱便有"虚实"之分。当时以"开元通宝"钱、"乾元重宝"钱等为代表的铜钱（好钱）在流通中被加抬使用，而以"重稜钱"等为代表的各种官铸或私铸铜钱（恶钱）被减价流通。史载："肃宗乾元元年，经费不给，铸钱使第五琦铸'乾元重宝'钱，与开元通宝参用，以一当十，亦号'乾元十当钱'。第五琦为相，复命绛州诸炉铸重轮乾元钱，其文亦曰'乾元重宝'，与开元通宝钱并行，以一当五十。是时民间行三钱，大而重稜者亦号'重稜钱'。初有虚钱。上元元年，减重轮钱以一当三十，开元旧钱与乾元十当钱，皆以一当十，碾硙鬻受，得为实钱，虚钱交易皆用十当钱，由是钱有虚实之名。"① 虚实钱初期是指不同官铸铜钱之间的比价，后来主要指官铸铜钱与私铸铜钱之间的比价。当时，除制作精良的开元通宝钱流通外，流通领域还有大量制作粗劣的私铸钱流通。因为官铸铜钱与私铸铜钱具有不同的含铜量、重量等，所以当它们在市场上共同流通时，官铸铜钱在交易中必然被加抬使用，即官铸铜钱一文当私铸铜钱若干使用。部分学者认为唐初就已出现"虚实钱"交易，唐肃宗时期"虚钱"交易合法化。他们认为"虚实钱"制度仅指"开元通宝"钱、"乾元重宝"钱等铜钱，即这些官铸铜钱拥有两种不同的价格。一种是面值所规定的实价，即"实钱"（好钱）；一种是用于对付私铸铜钱的超面值虚价，即"虚钱"（恶钱）。② 部分学者认为唐代宗时期，政府取消了"虚实钱"制度。唐代宗时，"改乾元大小钱并一当一"③。杜佑曾言："（乾元、重稜钱）寻总停废，还用开元通宝钱。人间无复有乾元、重稜

---

① 《新唐书·食货四》。

② 魏道明：《略论唐朝的虚钱和实钱》，《青海师范大学学报》1992 年第 2 期。

③ 《旧唐书·本纪第十一·代宗》。

二钱者，盖并铸为器物类。"① 此后，铜钱"虚实钱"交易不复存在，但"虚实钱"制度逐渐专指绢帛等实物货币。政府制定的绢帛价格与实际流通的绢帛价格不一致，于是有了实估和虚估的区分。一种是政府规定的价格，即为虚估或虚钱；另一种是实际流通中的价格，即实估或实钱。② 唐朝后期，"虚实钱"制度广泛存在于两税、盐铁、官俸、和籴、和雇、宫市等领域。实际上，"虚实钱"制度无论是指铜钱交易还是绢帛交易，都在某种程度上解决了当时的"钱荒"问题，从而促进了社会经济发展。

（2）"短陌"制度。这是出现于东汉至清朝间的一种货币制度。东晋葛洪所著的《抱朴子·微旨》篇中曾有"取人长钱，还人短陌"的说法，短陌与足陌对称，这等于物价下跌，因为铜钱缺乏，所以用短陌代替足陌，以使钱重。南朝时期，民间已有使用"短陌"的习惯。史载，萧梁统治时期，"人以铁贱易得，并皆私铸。及大同已后，所在铁钱，遂如丘山，物价腾贵。交易者以车载钱，不复计数而唯论贯。商旅奸诈，因之以求利。自破（庚）岭以东，八十为百，名曰东钱；江郢已上，七十为陌，名曰西钱；京师以九十为百，名曰长钱。中大同元年，天子乃诏通用足陌。诏下而人不从，钱陌益少。至于末年，遂以三十五为百云"③。文献中"东钱""西钱""长钱"都是短陌钱。从唐朝开始，短陌开始从民间习惯转为官方规定。唐穆宗长庆元年（821）规定，"从今以后，宜每贯一例除垫八十，以九百二十文成贯。不得更有加除及陌内少欠"④。唐朝通宝铜钱以"文"为单位，实行十进位制，一千文铜钱为"一贯"或"一缗"。正常情况下，一百文铜钱的商品交易应实际支付 100 文铜钱，被称为"足陌"。但在实际流通中，因各地铜钱质量不同、供需不同等原因，一百文铜钱的实际数量常有增减，更多时候表现为减少趋势。唐宪宗时实行"短陌"制度，每贯少 20 文，变为少 60 文、150 文，这是货币供应不足的表现。这样，从民间到官方都接受了短陌制度。五代十国时期，每贯铜钱的实际数量进一步减少，至后汉乾祐年间

---

① 《通典·食货典·钱币门》。

② 李锦绣：《唐后期的虚钱、实钱问题》，《北京大学学报》1989 年第 2 期。

③ 《隋书·食货志》。

④ 《册府元龟》卷五零一，《钱币三》。

(948—950) 即以 77 文为百,称为"省陌"。北宋建立初期,货币制度较为混乱,官方用钱以 80 文铜钱或 85 文铜钱为百,各地私人用钱则有以 48 钱为百者,至太平兴国二年 (977),政府规定全国公私用钱皆以 77 文为百。也就是说,名为一千文的,实际上只付 770 文。北宋的"省陌"与两晋、南北朝及五代不同,它不是由于钱币缺乏,而是由于民间的习惯,已成为一种制度。即便如此,铜钱供给也时有短缺,所以人们还会有所减少。如欧阳修《归田录》载:"用钱之法,由五代以来,以七十七为百,谓之省陌。今市井交易,又克其五,谓之依除。"金朝也曾实行"短陌"制度,这种制度不仅适用于铜钱,也适用于纸币交钞和白银货币,这是金朝"短陌"的特点之一。作为货币贬值的产物,短陌曾长期存在于中国货币史。部分原因是铜钱自身价值与价格的矛盾、官私使用习惯等所致,更主要的原因是货币供给不足而致。短陌制度节约了铜钱及铜料,能够在不增加铜钱供给的前提下,满足商品流通的需要,维持社会经济的稳定。

(3) "飞钱"。"飞钱"也称"便换",是世界上最早的汇票,产生于唐宪宗时期 (805—820)。文献记载,"商贾至京师,委钱诸道进奏院及诸军诸使富家,以轻装趋四方,合券乃取之,号'飞钱'"[①]。当时藩镇割据,并且铜钱供给短缺,所以各地政府禁止铜钱出境。于是商人们想出了"飞钱"这种货币支付方式:商人在甲地缴纳现钱并获得相应票据,然后在乙地凭借票据取钱。由于涉及异地支付结算,所以一般百姓并没有开设票据的实力和信用,"飞钱"只能由诸道进奏院、诸军、诸使、富户等开设并加以实施。由于无利可图,唐朝政府最初废除了"飞钱",后来政府垄断了"飞钱"的开设权,"飞钱"得到更大的发展空间,逐渐从商业领域扩展到其他领域。唐朝"飞钱"的运营时间虽然短暂,但对北宋的货币制度产生了重要影响。北宋初期的便换业务,仍与唐朝的"飞钱"业务相同。商人在京师入钱,由三司负责,并要收取每缗 20 文的私刻钱,商人到诸州兑取。"太祖时,取唐朝飞钱故事,许民入钱京师,于诸州便换。其后,定外地闲慢州,乃许指射。自此之后,京师用度益多,诸州钱皆输送,其转易当给以钱者,或移用

---

① 《新唐书·食货四》。

他物。"① 同时，"飞钱"具有汇兑信用，影响了交子的出现，所以有"会子、交子之法，盖有取于唐之飞钱"② 之说。

（4）交子。交子出现于宋真宗时期（997—1022），是世界上最早的纸币。北宋时期，商品经济发达，相对而言，铜钱供给短缺，很多商品交易采取预付制或赊买制，所以商业信用得到较快发展。而交子正是北宋信用快速发展的产物。当时四川是单独使用铁钱的区域。由于铁钱价值低微，不便大额交易与流通，成都富商豪民于是开设"交子铺户"，专为携带巨款的商人经营现钱保管业务。"交子铺户"收入人户现钱，便给交子，交子面额由交子铺商按存款数目临时填写，商人提款时"每贯割落三十文为利"，即付3%的保管费。在反复进行的流通过程中，交子逐渐具备了信用货币的品格。"交子铺户"共同发行交子，作为完全可兑换的纸币，解决了"钱荒"问题。当时交子尚未得到政府的认可，称之为"私交"。后来，随着商品流通规模的扩大，"交子铺户"破产甚至跑路等现象增多，于是政府对其整顿，发行权遂由政府掌握，"私交"逐渐变为"官交"。宋仁宗天圣元年（1023），北宋政府在益州设官交子务，发行官交子，三年为一界，发行1256340贯，备本钱360000贯，准备金相当于发行量的28%。交子以铁钱为本位，政府设有兑现机构，可以随时兑现。交子初期只能在行用铁钱的四川地区流通，后来逐渐行用到使用铜钱的全国其他地区。大量发行的交子因失去了铁钱的支持，因而成为不兑换纸币，且随着流通范围的扩大和发行量的增加，纸币贬值加重，通货膨胀日益明显。北宋于崇宁三年（1104）下令第四十一至四十三界交子不再收兑，结束交子流通。大观元年（1107），北宋政府改交子为钱引。钱引取代交子后，以50万贯铜钱为发行准备金，流通全国。钱引是可兑换纸币，其币值稳定，流通时间很长，发行量很大。南宋也广泛使用钱引。宋高宗绍兴年间（1131—1163），钱引发行量高居不下。宋宁宗开禧北伐（1206）之后，钱引发行量剧增，纸币贬值严重，导致无法正常兑界。宋理宗宝祐四年（1256），南宋废止钱引，自此退出流通领域。交子或

① 《文献通考》卷九，《钱币二》。
② 《宋史·食货志下三》。

钱引的出现，根源于商品经济的迅速发展和金属货币供给的不足，以及由此带来的较为发达的信用体系。从某种意义上讲，它们是中国古代"钱荒"推动下的纸币创造，是中国对人类文明的贡献，也让中国从金属货币时代率先进入纸币时代。

3. 货币是经济影响政治的重要手段。在古代，货币很多时候不仅仅是商品交换的媒介，而且也是一种特殊的商品，是一种凌驾于粮食和一般商品之上的商品。因而很多人认为君主可以规定什么是货币，也可以规定货币价值的大小，所以垄断了货币发行权，便可拥有生杀一切的大权。当然，通过货币流通与调节，统治者也能影响一个社会阶层的地位变迁与权力变化。如《管子》主张通过控制货币（特殊商品）来控制粮食，进而控制万物（一般商品）。其主要政策主张有：（1）"君有山，山有金，以立币"，"人君铸钱立币，民庶之通施也"。国家垄断货币铸造权和发行权是政府运用货币杠杆的出发点和基本保证。（2）"币乘马"。国家必须运用货币来干预社会政治经济生活，组织管理商品流通。（3）"俭则金贱，金贱则事不成，顾伤事。侈则金贵，金贵则货贱，故伤货。货尽而后知不足，是不知量也；事已而后知货之有余，是不知节也。"控制社会总需求，使之既不超过也不低于商品总供应。这种控制不是运用行政手段，而是借助经济手段，即货币来实现。（4）在对外贸易方面，货币是克敌制胜的工具。它能套购别国物资，增加自身储备，以削弱外国经济实力，进而不战而胜，不攻自取。《管子》充分重视货币的流通手段职能，大胆提出国家通过控制货币流通量来调节社会供求，平抑物价，增加国家储备，打击富商大贾，这种独具慧眼的认识，在古代社会是空前的，在中外货币思想史上也占有重要地位。当然，在自然经济为主体的古代社会，货币适用范围有限，《管子》试图凭借货币守财物，御民事，平天下就显得有些不切实际。

4. 货币国际化是强盛国力的体现。鉴于中国古代经济的繁荣发达，中国古代货币对世界很多国家地区的经济社会发展产生了较大影响。一类是与中国经济发展联系密切的国家，如朝鲜、日本等。这些国家不仅学习仿造中国货币制度和货币铸造技术，还大量输入中国货币，有力地促进了这些地区的经济社会发展。当然，上述国家的铜钱也在中国境内流通，尤其是在边境地区。另一类是同中国经济发展有一定关系的国家，如波斯、大食、斯里兰卡等。这些国家虽不与中国接壤，但与中国贸易往来密切，进而从中国带走大量的铜钱和银币，同时这些国家的货币也在中国境内局部地区使用。除上述两类国家外，中亚各国、西亚各国、非洲东海岸、中美洲等，都曾发现过中国古代货币，这从侧面表明了中国经济和货币的世界影响力。

（1）中国铜钱对日本等东亚国家的影响。中国铜钱在东亚贸易圈具有很高的信用度，所以日本等国家或地区不仅把中国铜钱作为国际贸易支付手段，还把它作为通货在本国流通使用。宋朝铜钱曾通过回赐、博买、走私等方式大量流向日本，其中走私是最主要的方式。当时日本人走私宋钱引起社会各界关注。南宋高宗绍兴四年（1134），太常卿陈桷曾指出："江浙海运，难于讥察，其日夜泄吾宝货者多矣。"[①]包恢则说："唯倭船一项其偷漏，几年彰彰明甚，已不待赘陈。"[②]日本商人还通过博买等国际贸易方式输入大量宋钱。史载"倭所酷好者铜钱而已"，日本商人在中国出售货物后，不是购买中国商品回国，而是购买宋朝铜钱回国，最多一次是在浙江温州、台州一带收集了10万贯铜钱运回日本，致使台州城内一月之间无钱可用。[③]近年来，日本境内考古发掘出很多宋朝铜钱。据小叶田淳《日本货币流通史》统计，在日本28个地方出土的中国铜钱多达552000枚，宋钱占总数的82.4%。从11世纪开始，宋钱开始大量流入日本，取代了以前的日本货币，支撑着12—14世纪日本货币经济发展。宋钱在日本广泛流通，引起日本统治者的不安，天皇曾几次下令禁用宋钱，但收效甚微，宋钱已深入日本经济生活，逐渐在全国范围内广泛流通。明朝铜钱也大量流向日本。日本海外贸易比较发达，通货需求量很大，史载"倭不自铸，但用中国古钱而已"。日本天皇在呈明国书中亦云："书籍铜钱，仰之上国，其来外矣。"日本国内铜钱价甚高，"每一千文价银四两，其福建新铸钱（私铸劣钱），每千价银一两二钱"，自中国输入铜钱，可获利三四倍。故日本赴华贡使、随贡人员及海

---

① 《建炎以来系年要录》，卷七十九，绍兴四年八月癸巳。

② 包恢：《敝帚稿略》卷一，《禁铜钱申省状》。

③ ［日］小叶田淳：《改订增补日本货币流通史》，转引自周一良《中日文化关系史论》，第105页。

商人等，皆曾求获铜钱返日。① 日本等东亚国家不仅把中国铜钱当作主币流通，还积极仿造中国铜钱。日本早在奈良时代就铸造了汉文的"和同开珍"钱；朝鲜在成宗时期开始仿铸中国的"乾元重宝"钱。上述铜钱都是圆形方孔钱，在形制、钱文、重量等方面都同中国铜钱很相似。即使这些国家或地区后来不再使用汉字作为钱文，但依旧保留了中国铜钱加铸文字的传统，如朝鲜 1678 年铸造的"常平通宝"，日本 1625 年铸造的"宽永通宝"等等。

（2）中国铜钱对越南等东南亚国家的影响。中国铜钱在东南亚国家中具有很高的信用度，曾在越南、真腊、爪哇等国家或地区广泛使用。越南北部的交趾曾广泛流通宋朝铜钱。大约从 10 世纪至 14 世纪上半期，大量的中国铜钱，特别是宋钱，通过朝贡或边境贸易等方式传入交趾，成为当地的主要货币之一。《建炎以来系年要录》中记载，该地区为强化宋钱流通，曾颁布命令"小平钱许入而不许出"。南宋著名诗人范成大在《桂海虞衡志》中记述，交趾"不能鼓铸泉货，纯用中国小铜钱"。当然。历史上也有外国货币大量流入中国的情况。明清时期，大量的越南钱币流入广西边境和我国沿海各省。清朝嘉庆、道光年间，福建、广东等省，出现大量越南钱，几乎有取代清朝制钱的趋势。由于官方铸钱相对落后，东南地区商品经济发展较为迅速，闽、粤两省出现铜钱短缺局面，加上由于鸦片贸易导致的白银外流，国内银价剧增，导致周边外国铜钱大量流入。在流入的外国铜钱中，以安南钱居多，日本钱次之，清朝政府虽曾下令禁止外国铜钱的流通，但屡禁不止。越南铜钱还经闽、粤商路向内地扩散。②

5. 货币与信用互为发展。中国货币的发展脉络很清晰，基本上没有受到外国货币文化的影响。中国最早的铸币，除铜贝外，要算刀币、布币和圜钱，这些货币都是中国原生的。秦朝以后的以圆形方孔为特征的半两钱和五铢钱，都以重量为名称。唐朝初年铸造通宝钱，结束了"秤两"货币时代，改称通宝、元宝、重宝等。通宝钱每 10 文重 1 两，每 1 文的重量成为 1 钱，后世称为一文钱、一个钱，开启后世两以下十进位衡法，之前的"秤两"单

① 　王裕巽、王廷洽：《明钱的东流对日本钱币文化的影响》，《上海师范大学学报》1995 年第 4 期。

② 　徐心希：《嘉庆、道光年间越南铜钱流入的原因》，《中国钱币论文集》2002 年第 4 辑。

位不再使用。这种通宝钱一直使用到清末。所以中国货币形制和西方货币截然不同，西方货币上喜欢用人物禽兽花木为图形，而中国货币上除文字外无他物，因为中国货币也反映了中国文字书法演变的痕迹。从纸币的发展上也可以看出中国货币文化的久远性和独立性。信用货币在中国起源很早。汉武帝时的皮币已具有信用货币的性质。唐宪宗时的"飞钱"被史家认为纸币的滥觞。正式的纸币产生于10世纪，这就是北宋的交子。交子经历了从私交子到官交子的过程，属于可兑现纸币，当时分界发行，每两三年兑现一次，换发新交子，所以同现代的纸币稍微不同。南宋的会子到了淳祐七年（1247）取消了分界的办法，许其永远流通。而金国的交钞则在公元1189年取消了分界发行的做法，而且不兑现，已经是纯粹的纸币。元朝则完全实行纸币本位制度，所以意大利人马可·波罗从当时欧洲货币经济最为发达的威尼斯来到中国，看见中国的纸币，大为惊叹。可见，中国是世界上最早使用纸币的国家。

中国的信用和信用机构的起源是多元的，最初差不多每种业务都有其独立的机构，放款有放款的机构，存款有存款的机构，兑换有兑换的机构，汇兑有汇兑的机构。直到明末清初才有综合的倾向。在这几种最基本的信用业务中，以放款最为发达，不论是私人的信用放款，或质典的抵押放款，抑或国家的信用放款，都有悠久的历史。如南朝的质库、明清的当铺等。其次是兑换，古时是由金银店经营，宋朝有兑坊，明朝出现钱庄，更证明兑换业务的繁忙。汇兑盛行于唐朝，北宋行用纸币后就停顿，到清朝票号成立，才又转盛。最不发达的是存款，虽然自古即有"寄附"等办法，唐朝有"柜坊"，但"寄附"是否是真正的存款，还有待考证。而"柜坊"的性质，至今尚不明确，到清朝才有真正的存款业务。中国古代的官僚富豪，对于自己的财产，不愿信任别人，而喜欢埋藏在墙壁间或地窖中。金银如此，铜钱也差不多。大户人家藏金银，小户人家藏铜钱。这种窖藏，在后世的诸多考古发掘中都有发现。

（二）货币治理之"失"

1.货币改革需谨慎。由于货币铸造权或发行权掌握在王朝统治者手中，所以他们可以按需进行货币改革。历史上货币改革成功的案例很多，但因货币改革而导致经济崩溃甚至政权垮台，如王莽新朝因频繁的货币改制而亡国的案例也不在少数。王莽从居摄二年（7）首次实行货币改革，增造错刀、契刀、"大钱五十"三种新币起，到地皇元年（20）禁行大泉，并行货布、货泉止，在前后不过14年的时间里，先后进行了四次货币改革，平均不到三年就变动一次。像这样频繁的变动，在世界货币史上确是绝无仅有的。由于变动频繁，自然使百姓对新朝的货币丧失信念，不愿使用。王莽的历次货币改革具有两个特点：一是以轻易重，二是以新废旧。"以轻易重"意味着货币贬值和通货膨胀，是对百姓财富的反复掠夺；"以新废旧"则是对旧币持有者的财富的直接掠夺。可以说，王莽的历次货币改革，不仅剥夺了一般百姓的财富，也剥夺了豪强地主的财富，所谓"每一易钱，民用破业"[1]。王莽货币改革严重动摇了王朝统治基础，政权垮台也就不可避免。大明宝钞的崩溃，原因很多，其中最重要的原因是纸币不兑换政策。纸币只是一种价值符号，它并不像铜钱白银等金属货币具有相应价值。大明宝钞的钱文虽然冠以"一贯""三百文"等名称，但政府如果无法保证纸币同金属货币的自由兑换，或者政府没有完善的纸币管理政策，势必引发人们对大明宝钞的信用怀疑，也注定它会随时间走向贬值的命运。明朝钞法规定，每贯钞等于铜钱1000、银1两，4贯钞等于赤金1两。然而，宝钞真正按这一比价使用的时间很短。在长达百年的时间里，宝钞贬值日趋严重，至成化年间（1465—1487），它的价值大约只有原来规定的千分之一左右。从上述历史案例可见，货币改革要谨慎。王莽货币改革的目的不是统一币制或稳定币值，而是通过通货膨胀掠夺百姓财富之实。那么当人们发现统治者的险恶用心后就会抛弃改制的货币，最终使货币一再贬值，滑向恶性通货膨胀，政权垮台成为不可避免的结果。而大明宝钞则是一起典型的因缺乏政府信用而导致崩溃的纸币形态。传统经济条件下，政府难以保证信用，纸币可兑换应是统治者努力实行的货币政策，而不是一味实施纸币不兑换政策。

2. 通货膨胀与通货紧缩都影响民生。通货膨胀或通货紧缩实际上都是

---

① 《汉书·食货志下》。

历史范畴，古代社会也曾多次发生通货膨胀或通货紧缩现象。无论纸币流通条件下，还是金属货币流通条件下，都有可能发生这两种货币现象。

（1）通货膨胀。中国历史上，货币贬值等同于通货膨胀。就金属货币流通而言，历代政府货币贬值的方式多种多样，如用小钱贬值，用大钱贬值，降低货币成色等。

一是小钱贬值。用小钱就是尽量减轻铜钱的重量，这是金属货币流通条件下的通货膨胀现象。"小钱"意味着货币减重，其名义重量大大高于实际重量，它的购买力极为低下。当小钱流通于市场时，就会引起物价的上涨。西汉初期的"榆荚"钱、东汉末的董卓小钱、南朝刘宋政权的綖环钱、北魏孝明帝的"凤飘""水浮"钱都属于这一类。但用这种方法，贬值程度有限，西汉初由12铢重的半两钱减为3铢重的"榆荚"钱，只能膨胀4倍，就是减成1铢，也不过12倍。董卓将五铢钱减成1铢重的小钱，也只是膨胀5倍。

二是大钱贬值。用大钱就是在铜钱重量不变或增加的同时，面值以更大的比例增加，这也是金属货币流通条件下的通货膨胀现象。"大钱"虽然在货币重量上有所增加，但钱文面值增加更大，其名义价值百千倍于实际价值。相比于小钱，大钱是一种更为严重的通货膨胀现象。王莽货币改革时推出的错刀，一个钱便当5000，两把刀就能收买百姓手中的黄金1斤。清朝咸丰年间发行当十、当百以至当千的大钱，遭到百姓拒用，当时粮店纷纷关门，当铺停止收当，形同罢市。[①]

三是降低货币成色。即降低铜钱中铜的比重，提高铁、锡、铅等比重，甚至直接用铁、铅等贱金属代替铜来铸造钱币，这也是金属货币流通条件下的通货膨胀现象。这种铜钱的名义价值大大高于实际价值，因此同样造成货币贬值，引起通货膨胀。虽然古代的铜钱都是合金产物，但铜的比重大都在70%—99%之间，政府铸币时，如果人为地加大铁、锡、铅等贱金属的比重，势必降低铜钱的实际价值，但钱文面值不变或增大。宋徽宗时蔡京铸造发行"夹锡钱"，每枚"夹锡"铜钱含铜量只有57%左右，却规定当2枚

[①]　彭信威：《中国货币史》，上海人民出版社2015年版，第11页。

标准铜钱使用。这次货币贬值行为导致物价上涨数倍，连宋徽宗也承认"夹锡"钱之患，甚于当十钱。①

（2）通货紧缩。"钱荒"则会致使经济低迷。历代百姓所受通货贬值和通货膨胀的祸害多而且深，所以大多数人都带有紧缩论的色彩。历代史家每逢物价低便称为太平盛世，这就是紧缩论心理的表现，也是从金属论派生出来的。

中国历史上，每有战争就引起通货贬值，在太平的时候，物价常有过低的现象。这种现象不完全是由于金属货币的供给，或许与人们的紧缩心理或其他原因有关。因为金属货币供给短缺而导致的通货紧缩是一种硬约束，我们可以通过扩大供给的方式缓解物价低迷等问题。而由心理预期导致的通货紧缩，则是一种软约束，国家应通过相关政策让百姓将手中的货币重新投入流通领域，进而增加货币供给提供物价水平。无论是硬约束还是软约束，当货币供给短缺情形发生时，在一段时间内这种情形是不可逆的，便会影响人们的贸易、消费、投资等，最终导致经济萎靡不振。在中国这种自给自足性很强的农业社会里，通货紧缩在表面上危害很小，生产方面虽难免要受影响，但百姓至少可以享受低廉的物价。彭信威先生认为，资本主义国家历史上很少有物价突然上涨十倍的通货膨胀，而且它们早就工业化了，所以西方经济学家把通货紧缩看得比通货膨胀更可怕，他们公开主张通货膨胀论。这种膨胀论正是资本主义制度下的理论，最有利于资本家，他们希望物价每年上涨，使他们的利润增加，可以进一步扩充生产，但结果往往会因争夺市场而引起战争。实际上，适度的通缩或通胀有利于经济发展，过度的通缩或通胀都无益于经济发展。

3. 货币是调节经济的手段而非搜刮百姓财富的工具。历史事实告诉我们，滥发纸币导致亡国。自北宋发明交子后，纸币就成为历代统治者搜刮百姓财富的新手段。高明些的尚且能够控制纸币的发行数量和贬值速度，并用新的货币代替流通，像明朝白银成为货币后，纸币逐渐被抛弃，最终形成"银钱并用"局面。差一些的，初期尚能稳定纸币币值，但最终纸币贬值失

① 许树信：《我国古代铜钱与通货膨胀》，《中国钱币》1984 年第 2 期。

控，从而拖垮政权。如近代法币的崩溃就是这样的案例。在南京国民政府实施"废两改元"政策之前，中国政治分裂让纸币的发行权分散到民间。中国的官办银行、商业银行以及驻华外资银行都拥有发钞权，中华大地成为名副其实的纸币展览馆。1933 年，南京国民政府发布《废两改元令》，实施"废两改元"改革，逐渐实现从白银本位制向纸币本位制的转变。1935 年颁布《法币政策实施法》等财政金融法规，规定法币为全国统一的标准货币，禁止白银流通，中央银行、中国银行、交通银行、中国农民银行四家银行为发钞行。从 1935 年 11 月到 1937 年 6 月，四行总计发行法币金额 14.5 亿元，纸币发行量与纸币需求量基本适应。抗日战争全面爆发后，因战争费用日渐增大，南京国民政府只能用增加货币发行来弥补财政赤字，致使法币发行量逐年增加。到 1945 年 8 月抗战胜利，法币发行额达 5569 亿元，比战前增加 395 倍。抗战胜利后，国民党又发动全面内战，军费支出倍增，南京国民政府除加重税收外，唯有滥发纸币这一出路，于是法币迅速出现恶性通货膨胀。从 1945 年 8 月到 1948 年 8 月，法币发行额达 664 万亿元。同时，物价上涨了 490 多万倍，大大超过货币发行速度。严重的金融危机加速了经济崩溃，法币完全丧失了货币职能。在国统区，许多商人拒用法币，金、银、外币取代法币成为现实通货。就连美联社也承认"中国法币现在是世界上最不值钱的纸币"。1948 年 8 月南京国民政府实行金圆券改革，即用金圆券兑换法币，兑换比例为 1∶300 万。金圆券的发行量比法币更大，贬值速度更快。到 1949 年 5 月，金圆券发行总额已达到 98041 亿元。在短短 9 个月的时间内，金圆券几乎成为废纸。由于金圆券急剧贬值，已经逃往广州的国民党政府故伎重演，1949 年 7 月又实行银圆券改革，即用银圆券兑换金圆券，兑换比例为 1∶5 亿。面对赤裸裸的纸币贬值，银圆券遭到了广大人民群众的拒用，银圆券也迅速崩溃。

三、货币治理的时代转化

古代中国曾长期遥遥领先于世界其他国家和民族。我们今天一直讲道路自信、理论自信、文化自信和制度自信，其实这些基因或成功经验曾长期存在于我们的传统文化之中。从某种意义上讲，传统文化不仅是古代中国发达的表现，也是古代中国发达的重要原因。作为传统文化的重要组成部分，发达的货币文化对于古代中国之发达也具有重要意义。发达的货币理论、丰富的货币思想与多元的货币制度，共同构成了中国历史上的货币治理。这些货币治理对当今的通缩与通胀治理、人民币国际化、信用扩张等问题都具有重大时代转化价值。

（一）国家掌握金融主导权

货币金融改革应保证国家拥有货币金融创新的主导权。我们必须充分吸收历史上货币私铸的历史教训和金融创新的有益经验，国家应该掌握货币发行权和金融创新主导权。在货币发行方面，中国历史上曾多次出现关于"官铸"与"民铸"的争论，原因无须多言，最终的结果都是"官铸"占据主导。同时国家严厉禁止私铸行为，让"法币"通行天下。无论铜钱时代，还是白银时代，情况大抵如此。国家掌握货币铸造权符合历史发展规律，也确实有利于古代经济发展，这也是传统经济的成功之处。试看近代民国时期，货币主权旁落，货币发行无序，中央地方都掌握有一定的货币发行权，国家经济发展从何谈起？当今纸币时代，国家必须掌握货币发行权，对货币造假、洗钱、代币券等各种扰乱金融秩序的犯罪行为予以严厉打击。在金融创新方面，中国历史上的交子合法化、白银货币化等，都遵循了从民间交易走向官方支持，最终实现政府主导。如北宋纸币交子的出现就是金融创新由民间走向官方最终由政府主导的典型事例。明朝中叶白银货币化的情形也大致如此。因为货币是特殊的商品，所以国家支持鼓励金融创新，但国家应最终掌握金融创新主导权。这种主导权的转化适应并促进了中国传统经济的发展。从当今的金融创新来看，政府仍然掌握着纸币的发行诸权力，但面对数字货币等的挑战，政府何去何从？近年来，以比特币为代表的数字货币发展迅速，这些数字货币之发展属于金融创新，大都由民间发起，属于私人货币，带有明显的"去中心化"特征。数字货币的发展虽然简化了交易，增加了交易的安全性，但也存在太多的价格波动、投机炒作、通缩限制等一系列问题，如比特币因为数量限制，常常疯涨疯跌，且带有明显的炒作色彩，给使用比特币的人群造成很大困扰。面对数字货币的挑战，面对将来或许会终结的纸币时代，政府或央行不应该置身事外，应与市场一起共同研发数字货币，并允许各类企业或组织对数字货币的充分试验，但最终要实现对数字货币的主导权。历史证明，只要国家存在，货币就会存在，而货币主导权是国家存在的最重要特征之一。我们仍然处在传统纸币时代，现已开始了数字货币的研究或试验，未来或许转向数字货币时代。但无论发展哪种数字货币，这些数字货币主导权都应由国家掌握，保持金融稳定，防范金融风险。我们一定要意识到，数字货币的基本属性是货币属性而不是其他属性。

（二）避免通货紧缩

货币金融改革应尽量避免出现通货紧缩现象。我们必须深入研究中国历史上的"钱荒"现象，时刻重视通货紧缩的危害。通货紧缩意味着钱值钱了，对应地一般商品不值钱了。无论自然经济条件下，还是市场经济条件下，通货紧缩对农民或企业都会产生不利影响。就古代农民负担而言，由于通货紧缩，农民需要售卖更多的粮食来缴纳农业税，农民负担加重从而处于悲惨境地。就今天的企业而言，由于大都负债经营，如果发生通货紧缩，企业利润大幅减少甚至亏损。中国历史上唐宋时期的"钱荒"以及明清时期的"白银荒"，都是通货紧缩的经典体现。这些通缩导致国家财政收入下降、商业经济凋敝、粮食生产遭受破坏等一系列社会经济问题。这种由于金属货币条件下的通货紧缩，在当今纸币流通条件下依然存在并发生作用。虽然今天经济运行及学术研究大都围绕通货膨胀而展开，但仔细回顾历史，通货紧缩的危害还历历在目。20世纪30年代的美国经济危机虽由股市崩盘引起，但随后的经济大萧条却由通货紧缩政策所致。当时的通货紧缩政策导致总需求不足，最终形成经济总量不断萎缩的恶性循环。一方面是企业实际产量连续低于均衡产量，企业债务水平不断提高；另一方面物价水平不断下跌，压垮了消费和投资需求。现实生活中，政府应对通货膨胀相对容易，但应对通货紧缩就比较困难。现代国家大都采取货币政策和财政政策相配合的方式，来治理通货紧缩。改革开放以来，我国共经历了两次较为明显的通货紧缩。一次是1997年亚洲金融危机爆发之时。1997年7月，亚洲金融危机爆发，出口市场收缩，国内供给压力增大，加剧了国内紧缩局面。1997 年 CPI 下滑至 2.8%，1998 年出现负增长，为 - 0.8%，GDP 增速从 1997 年的 9.2% 下降至 1998 年的 7.8%。本次通缩历时 2 年。中国政府采取了降息等货币政策，由于传导效应缓慢，货币政策没有发挥太大的作用，而发行国债等财政政策则起到了关键作用。另一次是 2008 年美国金融危机爆发之时。当时我国经济明显受到美国金融危机的影响。CPI 从 2008 年末开始下滑，2009 年出现连续 10 个月负值，经济增速也快速回落，大量中小企业破产，大批农民工返乡，货币供应量 M2 增速从 18.92% 下降至 14.8%。本次通缩历时 1 年。中国政府实行积极的财政政策和适度宽松的货币政策，推出"四万亿投资计划"，快速治理了通缩问题，但也引发了较为明显的通货膨胀。通货紧缩贻害无穷，除财政政策和货币政策外，我们还应未雨绸缪，适当进行通缩相关研究，从中国历史中寻找货币治理的有益经验。

（三）适当通货膨胀

货币改革应保持适当的通货膨胀率。我们必须充分认识中国历史上货币减重贬损等导致的社会危害，时刻警惕通胀风险，稳定央行货币发行水平。古代统治者发行不足值铜钱的目的是为了应对频繁的战争需求或者满足自身的奢靡消费。这种货币发行不是为了发展生产或经济调控而发行，主要为了解决财政亏空而发行。无论大钱还是小钱，如果发行过多，就会引发通货膨胀，伤害经济发展，严重者可能导致政权崩溃。中国进入纸币时代后，通货膨胀更为频繁和严重。古代中国的通货膨胀实际上是变相地剥夺百姓财富。这种剥夺行为可能会因强权而暂时得逞，但我们看到的案例大都是因为通货膨胀而亡国。南宋人吴潜评论金朝被元所灭时就说：金朝的恶性通货膨胀是导致它灭亡的重要原因之一。针对通货膨胀，历代政府出台了很多货币治理措施。唐朝刘晏针对铜钱时代的通货膨胀采取了一系列有效措施。他坚决反对历代政府通过铸币获取不当得利的做法，主张通宝钱的名义价值应与实际价值保持适当比例，通过系列措施降低大钱的名义价值。针对当时市面上流行的以一当十、以一当五十等大钱，刘晏先将这些大钱贬值为以一当二和以一当三，后继续贬值到这些大钱的实际价值之下，最终利用劣币驱逐良币规律驱逐了市场中的大钱。针对纸币时代的通货膨胀，历代政府曾提出"收放之术""救褚之术""称提之术""中统钞法"等治理措施，但纸币治理效果极其有限，大都以失败而告终。如元朝初期的中统宝钞币值稳定，信用良好，人们普遍"重钞轻银"。但从元朝中期开始，战争规模扩大，中统宝钞的发行量大增，大大超过发行准备金，中统宝钞迅速贬值。元顺帝至元二十四年（1287），元朝政府开始发行面额更大的至元宝钞，中统宝钞进一步贬值直至退出流通领域。元武宗至大二年（1309），物价急剧上涨，至元宝钞严重贬值，元朝政府开始发行至大银钞，使至元宝钞减值一半。元惠宗至正九年（1349），国库亏虚严重，元朝政府开始发行至正交钞和至正宝钞，妄图通过新钞发行增加国库收入。但新钞遭到人们的广泛抵制，并出现恶性通货膨胀，导致全国各地的农民起义，直至最终灭亡。元朝纸币治理的重要特点是，发行新钞代替旧钞，但每次新钞发行都是一次严重的通货膨胀，致使大量私人财富被元朝政府掠夺。元朝政府没有从发展实体经济、增加社会财富入手，而是一味地强调发行新钞、扩大发行量等货币措施，这种治标不治本的货币改革最终走向了失败境地。进入 21 世纪以来，我国货币发行增速明显，以 M2 为例，2000 年发行 13.249 万亿元，2010 年发行 72.585 万亿元，2019 年发行 198.65 万亿元。十八大之前，通货膨胀水平波动很大，有的高达年份 8%，有的年份则为负值。十八大以来，通货膨胀一直处于低水平徘徊，至 2019 年 12 月，一直在 5% 以下波动。虽然近年来通货膨胀得到有效治理，但通货膨胀压力依然存在。如何治理通货膨胀？我们看到了农业经济条件下，唐朝刘晏通过铸造足值货币来应对铜钱时代的通货膨胀，南宋政府通过"称提"之术来应对纸币时代的通货膨胀。但世易时移，当今知识经济背景下，我们仍然要通过回笼货币和发展生产来应对可能发生的高水平通货膨胀。在回笼货币方面，最直接的方式是央行通过公开市场业务、提高贴现率、提高法定准备率等措施减少货币供应量。间接的方式通过人民币国际化来增加人民币的流通范围和使用数量（见下文）。发展生产提高经济总量则是降低通货膨胀水平的最根本方式。十八大以来的经济发展证明，即便央行有超发货币行为，但因为经济总量提高更快，货币发行与经济增长之间形成良性互动，所以我们的通货膨胀水平一直保持在 4% 以下。笔者认为，经济新常态下，央行可以超发货币，但增速一定要适应经济中低速增长的现实要求，只有保持两者的良性互动，才能实现通货膨胀政策的预期目标。

（四）人民币国际化

我们必须深入研究中国历史上铜钱国际化的经验教训，货币国际化应量力而行。中国历史上很多时期的货币国际化现象较为突出。如宋朝铜钱具有明显的国际化特点。宋朝商品经济发达，国际贸易兴盛，铜钱因而走出国门，成为东亚贸易圈的主要货币。漆侠曾说："在两宋统治的三百年中，我国经济、文化的发展，居于世界的最前列，是当时最为先进、最为文明的国家。"陈寅恪曾指出："华夏民族之文化，历数千载之演进，造极于赵宋之世。"的确，发达的实体经济是宋朝铜钱国际化的坚实基础。宋朝铜钱在海内外广泛流通，实际上促进了宋朝经济发展，也增强了宋朝在国际金融体系中的话语权，但宋朝并没有享受到"国际铸币税"所带来的收益。作为一种金属货币，铜钱还不是一种信用货币，因而它对应的实体经济规模有限，如果实体经济规模不断扩大，而铜钱供给跟不上时，就会出现"钱荒"。宋朝时常发生的"钱荒"现象，就是因为宋朝铜钱难以满足东亚贸易圈的全部需求，实体经济规模远远大于铜钱投放量所致。从货币发展史来看，以交子为代表的信用货币取代铜钱等非信用货币是一种历史进步。按照宋朝的综合国力和铜钱"国际化"取得的成功，宋朝初步具备了"升级"货币体系的基础，如果适时用交子取代铜钱，宋朝政府就能享受到交子"国际化"带来的好处。但国力强盛、币值稳定等是交子国际化的前提。如果交子像铜钱一样随着国际贸易流向各个国家和地区，那么交子"国际化"的收益会远远大于铜钱国际化的收益。① 中国目前已经是居于世界第二位的经济大国，要想真正成为经济强国，人民币必须要国际化。借鉴中国古代铜钱国际化的历史经验，人民币国际化要做好三方面的文章：一是增加国际上使用人民币的"量"，即扩大人民币流通使用范围，以发展实体经济为主虚拟经济为辅，如通过"一带一路"倡议、自贸区战略等增加海外贸易投资，扩大人民币在海

---

① 陈忠海：《宋代铜钱的"国际化"》，《中国发展观察》2016 年第 12 期。

外中国企业与当地企业中的流通，从而增加人民币海外流通数量。二是提升国际上使用人民币的"质"，即增加以人民币计价的金融产品，以发展虚拟经济为主实体经济为辅，如发行人民币主权债券和公司债券，签订货币互换协议，增加证券、黄金、期货市场的开放度等。三是加强国际上使用人民币的制度保障，即通过规则实施确立以人民币为主的新国际贸易结算体系。如加入 SDR，建立新型的世界经济组织如亚洲基础设施投资银行等。

第五章　中国历史上的赋税制度变迁与当代税制改革

　　无论古代的王朝政治，还是当今的民主政治，税收都是国家统治的经济基石。如美国经济学家诺思认为国家与百姓是一种交换关系，即国家给百姓提供"产权保护"与"社会公正"，百姓则给国家交纳税收，从而实现国家正常运转。中国历史上的"税收"多数时候称之为赋税，征税内容既包括田赋等基本税种，也包括工商税、徭役等其他税种。征税对象有时以人口为主，有时以土地为主，有时是两者合一。战国之前，征税对象既有人口又有土地；战国至唐朝中期，主要以人口为主；唐朝中期至清朝晚期，主要以土地为主。先秦时期，统治者按人口向百姓征收的军需品等称之为"赋"，按土地向百姓征收的粮食等称之为"税"。秦汉以后，虽然经历了以人头税为主的历史时期，但总的趋势是人头税与土地税逐渐合一，尤其是从唐朝中期开始，土地税的占比迅速提高，直至清朝前期"摊丁入亩"后，丁役等人头税纳入土地税，最终形成以土地税为主的基本格局。在农业社会中，工商业不甚发达，所以田赋始终在国家税收体系中占据着重要地位。王朝统治者为征收田赋，采取了诸如"租庸调"等一系列措施，基本保证了王朝政权的顺利运转。唐宋以来，随着工商业的发展，工商税收日渐增多，其地位也日益提高。针对变化的政治经济形势，历代王朝也进行了多次赋税改革，如唐朝杨炎改革、北宋王安石改革、明朝张居正改革、清朝"摊丁入亩"改革等。这些赋税改革是以农业经济为背景，大都以增加财政收入为目的，所以从唐朝到清朝的百姓税负，有逐渐增加的趋势，明末清初黄宗羲称之为"积累莫返之害"，当代学者则称之为"黄宗羲定律"。

系统总结农业经济背景下的赋税制度变迁，对当今知识经济背景下的财税改革也具有较强的借鉴意义。古代赋税表现出较强的政治属性，当代赋税则具有更强的经济属性，即税收并不单纯为了增加财政收入，税收更要为经济增长服务。中华人民共和国成立以来，农业税在很长的时间内曾占据重要地位，给国家经济发展作出重要贡献（1950年，农业税占当年财政收入的39%）。但随着工业化的推进和市场经济的深入，工业和服务业领域的相关税收日益占据主导地位。农业税不仅税额少（2005年，农业税及附加占当年财政收入的0.05%），而且成为解决"三农"问题的主要障碍之一，中国政府最终于2006年废除存在了两千多年的农业税。十八大以来，中国经济进入新常态，国家通过实施"营改增"等税制改革，进一步减轻个人和企业的税收负担。新时代背景下，我们应充分借鉴传统赋税制度变迁的有益经验，简化税则减轻税负，处理好国家税收与地方税收的关系，更多发挥税收的经济属性，让税收更好融入经济新常态，最终实现税收增长和经济发展的双重目标。

一、赋税制度的历史演进

古代中国版图不断扩大，人口不断增加，经济不断发展，赋税制度与时俱进也是出现上述结果的重要原因之一。传统赋税制度主要包括田赋制度、工商税制度、专卖制度以及杂税制度等。田赋制度是最重要的赋税制度，田赋收入是封建王朝最重要的财政收入来源，田赋征收经历了从人头税到土地税的重大转变。工商税制度则有较大起伏，工商税收在封建社会前期不占重要地位，但从唐宋时期起，以工商税为代表的间接税占比日益提高，明清时期，矿税、关税等迅速发展，工商税收日益超过农业税收。古代中国的专卖制度始终很发达，专卖收入也是财政收入的重要构成。专卖制度是古代中国"与民争利"的典型制度，满足了统治者的奢侈生活，对民营经济的发展却非常不利。历代的杂税是附着在封建制度上的一颗毒瘤。政治清明的时候，杂税对社会经济的危害不大；政治黑暗的时候，杂税就成为百姓的沉重负担。古代经济改革家对杂税改革一筹莫展，但王朝统治者却乐此不疲地频繁实施。古代中国处于前工业社会，经济结构主要以农业为主，赋税也建立在发达的农业基础之上。从赋税制度完整性的角度出发，赋税制度分为田赋制度、工商税制度、专卖制度以及杂税制度四种，但因为历代王朝财政收入还是以田赋为主，所以我们的分析也是以田赋制度为主，其他制度为辅。

（一）田赋制度

田赋是传统社会课征的土地税，也是历代政府财政收入的最基本、最主要来源。夏商周三代"因井田而制赋"，田赋征收如《孟子·滕文公上》所记："夏后氏五十而贡，殷人七十而助，周人百亩而彻"，其实都是"什一之税"，简称为"贡、助、彻"制度。大约公元前490年，鲁哀公与有若曾经有过一段如何解决财政收入的对话。《论语》记载："哀公问于有若曰：'年饥，用不足，如之何？'有若对曰：'盍彻乎？'曰：'二，吾犹不足，如之何其彻也？'对曰：'百姓足，君孰与不足？百姓不足，君孰与足？'"① 有若认为"彻"法（即"什一之税"）是最好的财政解决办法，但鲁哀公认为20%的税率都无法解决财政问题，更不用说"什一之税"了，最后有若提出先民富后国富的经典命题。可见，"什一税"是春秋战国时期最理想的税制。春秋时期，管仲为齐桓公提出按照土地不同情况分等征收农业税的"相地而衰征"② 政策，改变了夏商周时代的征税政策，采取税负与土地等级相结合的办法，即按照土地肥瘠、面积大小，进行差别征税。后来鲁国于公元前594年实行"初税亩"③、秦国于公元前361年实行"废井田、开阡陌"④ 等，逐渐确立了土地私有制。自此，夏商周三代的徭役地租逐渐被以田赋为代表的实物地租所取代，田赋收入成为各诸侯国最重要的财政收入。秦汉至清前期，中间虽然经历了从实物地租向货币地租的转变以及以工商税为代表的间接税比重的日益提高，但田赋收入一直是各个朝代最重要的财政收入。

1. 秦汉时期的田赋。秦朝的田赋主要包括田租和刍稿，此外还有口赋

---

① 《论语.颜渊》。
② 《国语·齐语》。
③ 《左传·宣公十五年》。
④ 《汉书·食货志上》。

等人头税。前408年，秦国因田制变化而颁布"初租禾"，开始按田地征收租税；商鞅变法后，秦国正式确认了土地私有制；前216年，秦朝颁布"使黔首自实田"①法令，私有土地必须依法纳税。因支出浩繁，秦朝田赋税率很高。史载："至于始皇，遂并天下，内兴功作，外攘夷狄，收泰半之赋，发闾左之戍。"②即征收量是三分取二。"刍稿"是秦朝的土地附加税，与田租并行征收。"刍"为牧草，"稿"为禾秆，是供给官府马匹和牲畜的饲料。1975年出土的云梦秦简，其《秦律》中多有"刍稿"记载。《秦律·田律》规定，"入顷刍稿，以其授田之数，无垦不垦，顷入刍三石，稿二石。刍，自黄黍以上皆受之。入刍稿，相输度，可也。"③从秦朝开始，刍稿和粟米同时征收。秦朝还征收口赋。口赋，又称口钱，即人头税。《秦律·金布律》规定，"官府受钱者，千钱一畚"。口赋征收货币，征收时"吏到其家"，以户为单位，逐户收取。

　　汉朝田赋主要包括田租和刍稿，此外还有算赋、口赋等人头税。田租之制如旧，但在税率方面经历了一个调整的过程，基本上遵循了轻田租而重赋于民的政策。汉高祖"约法省禁，轻田租，十五而税一"④。汉文帝时，田赋税率没有变化，但减免田税的事情屡见于史。如文帝二年（前178），曾下令"赐天下民，今年田租之半"⑤，这次减田租之半，已经将田租降到了三十税一。又有文帝十二年（前168）诏："其赐农民今年租税之半。""（十三）六月诏曰：'农，天下之本，务莫大焉。今勤身从事，而有租税之赋，是谓本末者，无以异也。其于劝农之道未备。其除田之租税。'"⑥至汉景帝元年（前157）"除田半租"⑦，也就是将税率降低到三十分之一。此后，三十分之一的税率作为两汉定制延续了下来。东汉光武帝统治初期，曾短暂实行过"十一之税"，但建武六年（30年）就恢复到三十税一。

---

① 《史记·秦始皇本纪》。
② 《汉书·食货志上》。
③ 《云梦秦简·田律》。
④ 《汉书·食货志上》。
⑤ 《汉书·文帝纪》。
⑥ 《史记·孝文本纪》。
⑦ 《史记·孝景本纪》。

汉朝田租征收采取按人头定额征收的做法，即取数年间的平均亩产量乘以三十分之一。因土地肥力、劳动生产率等方面存在差异，全国各地的田租在初期不一样，后来按照土地肥力把土地分为上中下三等，各地按照土地等级纳税，田租负担渐趋合理。刍稿主要征收禾秆草料等。《汉书·萧何传》曾记载："何为民请曰：……上林苑中多空地，弃，愿令民得入田，毋收稿为兽食。"颜师古注曰："稿，禾秆也。"后来，刍稿逐渐变为以钱币折纳，《东观汉记》就有光武初年收"刍稿钱若干万"的记载。人头税主要有算赋、口赋和更赋。（1）算赋。《汉仪注》载："民年十五以上至五十六出赋钱，人百二十为一算，为置库兵车马。"也就是说算赋是为了置办库兵车马向民众收的钱，标准是每人每年120钱。（2）口赋。主要是针对成年人征收的人口税。《汉仪注》载："民年七岁至十四岁出口赋钱，人二十三，二十钱以食天子，其三钱，武帝加钱，以补车骑马。"口赋主要是供皇室消费，在不同的年代起征年龄也有过变化。（3）更赋。汉朝的成年百姓在20岁到22岁的三年间，每年要服一个月的徭役，称为更卒徭役。但在实际操作过程中，"纳钱代役"的做法增多，并逐渐成为一种成年人都要缴纳的人头税，具体的税率是每人300钱。

2.隋唐时期的田赋。以唐中期的两税法为界，隋唐时期的田赋制度分为两个阶段。前期是以建立在均田制基础上的租庸调制度，后期主要是"以资产为宗"的两税法。

（1）租庸调。隋朝借鉴北朝经验，建立了以租庸调为主要内容的赋税制度。租是收取土地收获物的粮食，庸是官府劳役的替代品，调主要是家庭手工业生产的纺织品。隋初规定："始令人以二十一成丁，岁役功不过二十日，不役者收庸。"① 后来，对年老之人纳庸代役逐渐成为习惯做法，并以国家法令的形式确定了下来："民年五十，免役收庸。"② 唐朝继承了隋朝的租庸调制度。唐初规定："每丁租二石，绢二丈，绵三两，自兹以外，不得横有调敛。"③ 而庸依然是作为徭役的替代，如"用人之力，岁二十日，闰加二

---

① 《北史·隋本纪上》。
② 《资治通鉴》卷一七七，隋文帝开皇十年（590）六月条。
③ 《唐会要》卷八三，《租税上》。

日。不役者日为绢三尺，谓之庸。"① 后来，"纳庸代役"逐渐普遍化，政府逐渐取消了对于纳庸者的年龄限制，最终变为全体纳税人的义务。"纳庸代役"实际上是有限制的，当政府急需力役的时候不允许替代，如果遇到力役时间延长，则采取减免租调的形式。

（2）唐前期的户税和地税。唐前期除租庸调外，还征收户税和地税，均属资产税。唐朝户税始于唐高祖武德年间。永徽年间"又薄敛一岁税，以高户主之，月收息给俸"②，即以户税充作官吏俸钱。唐玄宗天宝年间，"天下计账户约有八百九十余万，其税钱约得二百余万贯"③。唐代宗大历四年（769）进行户税改革，将纳税民户分为上上户、上中户、上下户、中上户、中中户、中下户、下上户、下中户、下下户九等，将王公贵族、富商大贾等纳入征税范围，并提高了税率。户税与租庸调具有较大差别。如课税对象，户税从资产课税，租庸调从丁口课税；户税包括民户，租庸调主要由均田的农民负担；户税主要征钱，租庸调则课征实物；户税实行累进差别税率，租庸调实行定额税率。唐朝的地税由隋朝的义仓发展而来，主要从民间筹集粮食，储粮备荒，主要征收粟米。地税征收有时按亩征收，如唐太宗时，有时按户等征收，如唐高宗时。唐玄宗时，地税征收与租庸调征收具有同等地位，天宝年间，"地税约得千二百四十余万石"④。

（3）唐中期以后的两税法。租庸调是建立在均田制基础上的一种赋税制度，但均田制到唐朝中期已经瓦解。于是，唐朝统治者不得不对赋税制度作出重大调整。唐德宗于建中元年（780），奏准杨炎罢租庸调旧制，颁行"两税法"。两税法是一次系统性的赋税制度变革，主要内容包括：一是量出制入的赋税征收原则。两税的征收，事实上并没有一个确定的数额，而是根据上年的开支情况制定下一年的税收额度，如果遇到特殊需要，还可以临时加征。如元稹在任同州刺史的时候曾上书："臣昨因均配地税，寻检数三十

---

①　《新唐书·食货一》。

②　《唐会要》卷九三，《诸司诸色本钱上》。

③　《通典·食货六》。

④　《通典·赋税下》。

年两税文案，只见逐年配率麻地，并不言两税数内。"① 二是将所有的赋税并入两税即地税和户税当中，并确定了户无主客，以贫富为差的征纳标准。地税和以前的田亩之税一样，都是按亩征纳，纳税的依据是青苗簿。户税的征税原则如前所述，"户无主客，以见居为簿；人无丁中，以贫富为差"②。三是行商按三十税一收取商税，与坐贾相当。所谓三十税一，是指携带货物价值的三十分之一，这也是中国古代正式将商税列入国家税收的开端。四是确定征收时限。两税分夏秋两次征收，夏税无过六月，秋税无过十一月，俗有不便者正之。五是两税法虽然取消了面向人丁的征税，但保留了租庸调时期对丁口的统计规定，即"租庸杂徭悉省，而丁额不废，申报出入如旧式"。六是保证两税法的权威性，也就是将两税确定为唯一合法的国家税收，两税之外擅自征收的以枉法论。③ 两税法的实施，是我国封建社会赋税制度上的一次重大改革，它简化了税制，扩大了纳税面，均平了纳税负担，缓解了政府财政危机，加强了中央财政集权。④ 此外，唐朝政府还征收各种田赋附加，主要有青苗钱、蒿税、脚钱、加征两税钱等。

　　3. 宋朝的田赋。宋朝的田赋收入主要包括对民田征收的两税和对公田征收的田租。两税即为正税，税额基本不变，但附加则繁杂多变，往往超过正税数倍。宋朝的田赋附加主要包括头子钱、加耗、义仓税、农器税、牛革税等。王安石曾通过方田均税法等对民田之赋进行改革。（1）方田均税法。北宋建立后，虽然调整了田赋征收制度，但没有制定新的田赋税率，也没有统一各地参差不齐的税率。宋神宗熙宁四年（1071），王安石公布方田均税条例后，均税才在较大范围内得以实施。通过清丈土地，全国在册土地数量增加，每亩土地应纳税额有所减少。（2）青苗法。每年青黄不接之际，农民就要遭受"兼并之家"的高利贷盘剥。为此，宋神宗熙宁二年（1069），王安石实行青苗法。各州县政府在每年正二月和五六月贷钱与农民，收成后加息十分之二与两税同时还粮或还钱。北宋田赋纳税以实物缴纳为主，以货币

---

① 《全唐文》卷六五一。

② 《旧唐书·杨炎传》。

③ 《全唐文》卷六五一。

④ 黄天华：《中国税收制度史》，华东师范大学出版社 2007 年版，第 274—275 页。

缴纳为辅，但田赋正额在总赋税收入中的比重逐步下降。①

4. 明朝的田赋。明朝田赋按亩征税，分夏秋两次，以"任土所出"原则交纳实物。"夏税"以小麦为主，"秋税"以米为主，但也可折成金银、钱钞进行交纳。实物曰"本色"，金、钱、钞称为"折色"。"折色"可分为实物折征和实物折银两种形式。最初的"折色"一般为实物折征，后以贵金属折纳实物地租。明英宗正统年间（1436—1449），政府开始征收"金花银"。"金花银"即田赋折银，"正统二年，米麦一石折银二钱五分。南畿、浙江、江西、湖、广福建、广东、广西米麦共四百余万石，折银百万余两，入内承运库，谓之金花银。其后概行于天下"②。"金花银"逐渐演变成一种田赋折银的代名词。"金花银"的征收，确定了白银的法定货币地位，实物折银的范围不断扩大。此外，明朝政府还规定了"本色"和"折色"之间的比价。"每银一两、钱千文、钞一贯折输米一石，小麦则减直十之二；绵、苎布一匹折米六斗，麦七斗；麻布一匹折米四斗，麦五斗；以丝绢代输者，亦各以轻重损益。"③明朝初期的田赋制度极为复杂，有官田、民田之别。一条鞭法之前，田赋沿两税法，税十取其一，役则计田出夫。明神宗万历初年（1581），张居正为首辅，在清丈全国土地的基础上，实行"一条鞭法"。其内容如下："一条鞭法者，总括一州县之赋役，量地计丁，丁粮毕输于官。一岁之役，官为金募，力差，则计其工食之费，量为增减；银差，则计其交纳之费，加以增耗。凡额办、派办、京库岁需与存留供亿诸费，以及土贡方物，

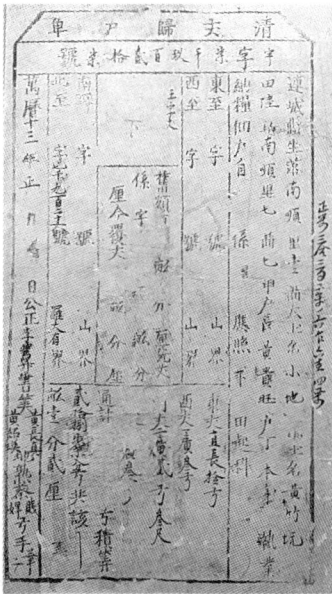

福建连城县"清丈归户单"，万历十三年（1585），是张居正推行"一条鞭法"改革时清丈土地、征收田赋之历史实物

---

① 宋宏飞：《宋朝田赋制度探微》，硕士学位论文，西南政法大学，2005 年，第 24 页。

② 《明史·食货二》。

③ 《明太祖实录》卷一零五。

悉并为一条，皆计亩征银，折办于官，故谓之一条鞭。"①"一条鞭法"的基本精神是：赋役合一，各类徭役，随田赋一并征收；正杂统筹，正税与杂税，额办与派办，力差与银差等，均按田地、丁额均摊；官收、官解、改粮长征解制为官府统一征收，徭役由官府统一雇募；各种征粮皆计亩征收。"一条鞭法"将赋与役合并为一，标志着传统的赋役平行制向近代租税制转化，是中国赋税史上的一次重大转折。"一条鞭法"计亩征银、以银代役，松弛了人身依附关系，解放了生产力，促进了明朝商品经济发展。"一条鞭法"不仅让大土地所有者承担了更多税银，还因赋役项目简化而遏制了官吏贪污腐败等各种不良行为。此外，明朝政府还在后期统治中征收各种田赋加派，如辽饷加派、剿饷加派、练饷加派等。

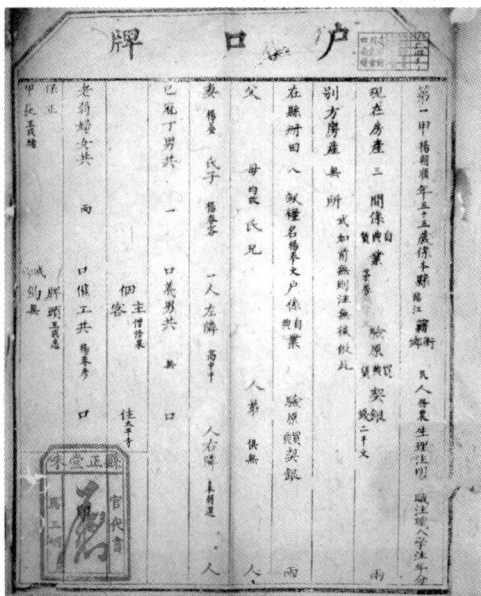

户口牌，登记时间是清朝咸丰元年（1851），清朝政府实施"摊丁入亩"后，户口不再作为征税的依据，但仍保留着户籍制度的社会控制功能

5. 清朝前期的田赋。清朝以"田赋"和"丁役"作为财政的主要来源。大部分田赋与丁役收缴银钱，称为"折征"和"丁役银"。② 清初虽然在财政制度上继承明制，也制订了《鱼鳞图册》和《黄册》分别记载田亩数和户口数，但在具体征收标准划分上及征收方法上又存在着许多混乱、复杂的情况。即"田赋有二：曰民田，曰屯田，皆分上、中、下三则。有本征者、有折征者，有本折各半者。"到康熙五十二年（1713），清朝政府实行新的办法，即"嗣后编审增益人丁，只将滋生实数奏闻，其征

---

① 《明史·食货二》。

② 谭建立：《浅谈清代"摊丁入亩"的财政改革》，《山西财经学院学报》1992 年第 5 期。

收钱粮，但据五十年丁册，永为常额，续生人丁，永不加赋"。这就是著名的"盛世滋生人丁，永不加赋。"康熙五十五年（1716），清朝政府开始推行摊丁入地、地丁合一制度，即以地方州府县为单位，把康熙五十年（1711）征收的丁银总额，按亩分摊到田赋银中，税率基本上是以一个省所属的地粮多少银两与丁银多少银两为计算标准，确定摊丁银率的高低，一省基本上一个平均率。"摊丁入亩"取消了农民人头税——丁役，部分地解决了百姓对丁役的反感心理。长期以来，百姓负担丁役、口赋、丁银等不同形式的人头税，不仅反感，而且负担沉重。而到清朝的"摊丁入亩"改革取消人头税，这是适应生产发展、人民要求的历史进步。除田赋外，清朝政府还征收田赋附加，如漕粮及附加、耗羡、平余、浮收、预征等。

（二）工商税制度

中国的商业历史悠久，源远流长。商周时期，国家实行"工商食官"制度，经营利润直接为国家所得，故当时并无工商税之说。春秋战国时期，官营工商业逐渐衰落，私营工商业日益发展，煮盐、冶铁、粮食贩运等工商行业的利润收入已相当可观，因而逐渐成为国家的征税对象。唐中叶以前，田赋一直是国家财政收入的主要来源，工商税仅作为财政收入的补充。两宋时期，由于国家财政支出庞大，仅靠田赋总是入不敷出，政府逐渐对盐、酒、茶、矾、矿冶等各种行业增设税收或实行专卖，工商税收入在国家财政中的比重日益增大。清朝后期，工商税的征收范围不断扩大，关税、盐税等税收占比不断提高，工商税比重已经超过农业税。

1. 夏商周时期的工商税。西周是我国奴隶制全盛时期，主要有关税、市税、山泽税等。（1）关税。由于商品经济发展，国与国之间的贸易活动随之展开。当时，如果商品交换发生在国内，称之为"市"；如果发生在国与国之间，或者西周与边境少数民族之间，称之为"关"。史书中有很多"关市之赋""关市之征""司关""关人"等记载。西周设关，逐渐由政治军事稽查演变为财政收入目的，关市之征（又称关市之赋）就是周代九赋中的一种。（2）市税。孟子曾言："古之为市也，以其所有易其所无者，有司者治之耳。有贱丈夫焉，必求龙（垄）断而登之，以左右望而罔（网）市利。人皆以为贱，故从而征之。征商，自此贱丈夫始矣。"① 孟子的意思，征商出于抑商的需要，但实际上还是诸侯国的财政需要。市税即商税，原来只征收"坐贾"，后来扩大到"行商"。周代设立"廛"官，专职课征商税。(3) 山泽税也称山泽之赋，是国家对山林川泽出产的各种物品所征收的税收，包括鱼、盐、薪木等。周代政府派出官员对畿内的山林川泽等进行管理，并收取山泽之利。

2. 秦汉时期的工商税。秦汉政府实行严格的"重农抑商"政策，所以私营工商业受到严重打击，而官营工商业日益发达。(1) 关税。秦朝制定了《秦律》，其中有专门的《关市律》，主要用以规范关税、市税等征收。据文献记载，秦朝的关税较重。汉朝关税包括内地关税和国境关税。内地关税是指课于通过内地关卡货物的税收，国境关税是指课于通过边境匈奴等少数民族交易货物的税收。汉朝关税总体较轻，只是到了东汉末年，由于政治经济形势恶化，国家财政入不敷出，关税才日趋苛重。(2) 市租。是对市场商品交易额所课征的税收，"市租，谓所卖之物出税"②。汉朝市租课征分为两种情况，一是对具有市籍的商贾征收，二是对无市籍的商贩等征收。随着工商业的发展，市租收入不断增加，如西汉初年，"齐临菑十万户，市租千金，人众殷富，巨于长安"③。(3) 山川林泽税。《史记·平准书》曰："而山川园池市井租税之入，自天子以至于封君汤沐邑，皆各为私奉养焉，不领于天下之经费。"《汉书·百官公卿表》载少府所掌"山海池泽之税"。(4) 盐铁征税与专卖。秦朝盐铁皆由民营，政府只是设官收税，秦朝有盐官，也有铁官。秦朝盐铁税较重，《汉书》言秦"盐铁之利二十倍于古"。酒也是由民间经营，官府征税，税率甚高。汉初盐铁仍征税，属于山泽税范畴。从汉武帝开始，汉朝政府开始实施盐铁专卖政策，不再征收盐铁税，盐铁专卖收入归国家财政。酒在汉武帝时也曾实行专卖政策，但很快改为征税政策，两汉大都实行征税政策。

3. 隋唐时期的工商税。唐初极少有工商税，到唐朝天宝年间（742—

---

① 《孟子·公孙丑下》。
② 《史记·齐悼惠王世家》。
③ 《史记·齐悼惠王世家》。

756），土地兼并加剧，农民流亡，租庸调"所入无几"①，随之工商税兴起。《旧唐书·食货上》记载："大抵有唐之御天下也，有两税焉，有盐铁焉，有漕运焉，有仓廪焉，有杂税焉。"唐朝中后期，由于存在中央集权和藩镇割据的矛盾，全国各地的工商税在征收内容、范围、税率等方面存在较大差别。当时工商税主要有：（1）市肆之税。即"除陌钱"，主要对商品交易和公私支付等征税。市肆之税属于交易税，可以由牙商代表官府收税，也可以由商人自行申报纳税。当时，唐朝政府授权牙商持有官府印纸，向广大商人征税。而牙商欺上瞒下，让商人大受其苦。唐朝中期以后，市肆之税的税率不断提高。如唐玄宗天宝九年（750），税率为2%②，即每贯征税20文。到唐德宗建中四年（783），税率提高到5%③，即每贯征税50文。（2）关税。唐朝关税分为过税和住税，两者的税率也不同。《文献通考》记载："关市之税，凡布帛、什器、香药、百货、羊彘，民间典卖庄田、店宅、马牛、驴骡、橐臸，及商人贩盐茶，皆算……行者赍货，谓之过税，每千钱算二十。居者市鬻，谓之住税，每千钱算三十。"④唐朝关税又可分为陆路关税和海上关税。唐朝政府在西北边境设立互市，由市监管理互市贸易并征收陆路关税。唐朝政府还在广州设市舶司，由市舶司管理海外贸易并征收海上关税。海上关税主要包括"陌脚"，又称舶脚，或下碇税，属于国境关税性质。

4.宋朝的工商税。北宋初期实行轻税政策。如宋太祖赵匡胤曾多次下诏，"所在不得苛留行旅，赍装非有货币，当算者，无得发箧搜索。""又诏榜商税则例于务门，无得擅改更增损及创收。"⑤北宋中期，手工业日渐发达，商业日趋繁荣，工商税收空前发展，商税制度正式形成，出现了"州郡财计，除民租外，全赖商税"的局面。宋朝工商税由全国1830多个商税务、商税场负责征收，开始是从价税，后来演变为从量税，工商税收入已超过田赋收入。宋朝政府对行商征收"过税"，税率为2%；对坐商征收"住

① 《旧唐书·杨炎传》。
② 《唐会要》卷六六，《太府寺》。
③ 《旧唐书·食货上》。
④ 《文献通考·征榷考一》。
⑤ 《文献通考·征榷考一》。

税",税率为3%。^①宋朝工商税大大增加,除工商业本身发展因素外,还与宋朝的商税定额制度有关。宋太宗淳化三年(992),北宋政府推出关税、商税预算定额制度,命令各州以988—992年间实际征收额最高年份的税额为"比额"(祖额)。此后,全国各地的商税务、商税场迅速增加,如熙宁十年(1077),全国各路(除四川外)的商税务、商税场增至1788所^②,工商税收入由宋真宗景德年间的450万贯增加到宋仁宗嘉祐时的2220万贯。

5. 明清时期的工商税。这一时期,传统的"重农抑商"政策日渐松弛,长途贸易、矿山开采等工商活动日益活跃,"资商""重商"等观点逐渐抬头。工商税收除了盐税、茶税等传统税种外,还新增了塌房税、市肆门摊税、牙税、当税、契税、落地税(坐税)、矿税等。明朝的关税收入极为有限。明朝实行"海禁"政策,"禁涉海民私通海外诸国"^③,严禁国内商船出海。同时,明朝政府对外国商人实行贡舶制度,"今贡舶与市舶一事也,凡外夷贡者,皆设市舶司以领之,许带他物,官设牙行,与民贸易,谓之互市,是有贡舶即有互市,非入贡即不许其互市矣"^④。即在承认本国为明朝附庸国的前提下,外国贡使必须向明朝政府进贡方物,然后才能从事贸易活动。明朝政府对外商货物采取"官给钞买"的办法,即明朝政府高价购买60%的外国货物,剩余40%的外国货物按照市场行情进行交易。清朝政府的关税收入比较可观。康熙二十三年(1684),清朝政府解除"海禁"政策,允许私人从事海外贸易。康熙二十四年(1685),清朝政府设立江、浙、闽、粤四个海关,这是中国最早的海关。海关的职责是代表政府管理对外贸易、征收关税。乾隆二十二年(1757),清朝政府推行"一口通商"制度,广州成为唯一的对外贸易港口,粤海关垄断了对外贸易的征税权。一直到鸦片战争前,粤海关的关税收入都比较可观。据《粤海关志》记载,粤海关年度收入约白银40—185万两,约占国家财政收入的1%—5%。

---

① 《宋史·食货下八》。

② 《宋会要辑稿·食货》。

③ 《明太祖实录》,卷一三九。

④ 《文献通考·市籴考》。

（三）专卖制度

中国很早就出现了专卖制度，如管仲曾实施"官山海"政策，助力齐桓公成为春秋五霸之首。专卖制度的本质在于，国家垄断部分商品的生产经营，尽可能地增加财政收入。很多时候，专卖与官营结合在一起，凡是利润大的国计民生行业，一般都是国家实行专卖或官营的对象。春秋战国时期，各诸侯国陆续实践过专卖制度。直到汉武帝时期，专卖制度最终定型，其标志是盐铁专卖。为适应商品经济发展，唐朝刘晏又将直接专卖制改革为间接专卖制。总之，后世的专卖制度虽然多有损益，如调整专卖范围、增减专卖措施等，但国家通过专卖制度增加财政收入的基本原则和精神没有发生改变。

（1）秦汉时期的专卖制度。汉武帝时期，为筹措战争经费，国家逐渐垄断了食盐、冶铁、酿酒等行业的生产经营，最终形成了直接专卖制度。盐铁专卖最初是一项战时政策，但战争结束后此项政策没有被废除，而是发展成为一项正式制度，并被后世所继承。元狩四年（前119），汉武帝命令东郭咸阳、孔仅、桑弘羊等制定实施盐铁专卖制度。国家垄断盐铁的生产、运输、销售诸环节。如在食盐生产环节，政府在主要产盐的郡县设立盐官，招募百姓煮盐，国家提供煮盐器具——牢盆。在运输环节，政府定价收购百姓生产的食盐，由政府组织人员贩运。在销售环节，政府在全国主要城市实行食盐专卖。为了维护专卖制度，政府严厉打击私自煮盐、冶铁和酿酒等行为，违者处以"钛左趾，没入其器物"[①]的处罚。终两汉之世，盐铁专卖制度虽屡有兴废，但凡遇到财政困难之时，政府必定还要实施盐铁专卖制度。西汉实行的专卖政策为后世提供了一个可以借鉴和参考的范例。汉武帝实行的专卖政策成为后世解决财政问题的重要方式之一，这也说明专卖制度至此已基本定型，以后的王朝不论怎么变化，都只是形式上的改变，但为国家财政服务的目的都是一致的。

（2）唐朝的专卖制度。隋朝及唐朝前期实行盐铁放任的政策，但官营盐铁业仍然存在。所谓"与百姓共之"，任百姓煎煮，不课盐税，亦即官营

---

① 《史记·平准书》。

与私营并存。唐肃宗乾元元年（758），第五琦出任盐转运使，实行官营官销的榷盐制度。具体办法是："就山海井灶，近利之地置监院，游民业盐者为亭户，免杂徭，盗鬻者论以法。"并规定"斗加时价百钱而出之，为钱一百一十"①。唐代宗大历十四年（779），刘晏开始独立执掌全国财政，其盐法逐步推行到全国。主要内容为："以盐吏多则州县扰，出盐乡因旧监置吏，亭户粜商人，纵其所之。江、岭去盐远者，有常平盐，每商人不至，则减价以粜民，官收厚利而人不知贵。"②刘晏盐法的核心就是废除官营官销的直接专卖制，实行民制官购官销的间接专卖制。唐朝饮茶之风盛行，茶叶遂代替铁被纳入专卖产品之中。其主要做法是国家设立茶园，将百姓自种的茶树全部移栽到茶园中，政府垄断茶叶的生产和销售，同时禁止民间种茶和制茶。在酒类产品专卖方面，唐代宗广德二年（764），唐朝政府"定天下酤户以月收税"，实行榷酒政策。

（3）宋朝的专卖制度。宋朝的专卖范围有所扩大，增加了香、矾、醋等商品，专卖方式更加多样化，生产、运输、销售等环节出现了官府与民户的多种搭配方式。宋朝的食盐专卖政策出现较大的变化，食盐专卖收入增加明显。宋朝食盐专卖主要有三种方式：一是北宋初期的直接专卖制，特点是官运官销。二是雍熙以后的"交引法"，特点是官运商销，主要依靠"折中"法、"入中"法等实施，"自河北用兵，切于馈饷，始令商人入刍粟塞下，酌地之远近而优为其直，执文券至京师，偿以缗钱，或移文江淮给茶盐，谓之折中"③。三是庆历以后的"钞盐法"，特点是商运商销，"旧禁盐地，一切通商。听盐入蜀，罢九州军入中刍粟，令入实钱，偿以盐，视入钱州军远近及所指东西南盐，第优其值。又听入钱永兴、凤翔、河中，岁课入钱总为盐三十七万五千大席，授以券即池验券，按数而出"④。北宋榷茶制度发端于宋太祖建隆三年（962），实行间接专卖制，特点是官运商销，宋徽宗政和二年（1112），最终确立了以引榷茶的模式。北宋政府对酒类产品实行完全专卖

---

① 《新唐书·食货四》。
② 《新唐书·食货四》。
③ 《续资治通鉴长编·宋纪十五》。
④ 《宋史·食货下三》。

制，在各州县设置都酒务和酒务，完全控制酒的生产销售，严格禁止民间私自酿酒。

（4）明清时期的专卖制度。明朝建立伊始，就实行盐、茶等专卖制度。如食盐生产实行"民制官收官卖"政策，"明初仍宋元旧制，所以优恤灶户者甚厚，给草场以供樵采"①。盐场实行定场定额制，专门从事盐生产的民户叫灶户，所有食盐由政府向灶户直接收购，再由政府卖给商人出售。但到后来，由于政府收购价格过低，影响到食盐的生产，以至于很多交纳了钱款的商人长期不能领到盐。对此，明朝政府又相继实行"盐引"制度和"开中"制度。例如，政府需要往边界地区供粮，就通告民间商人自行将粮食运往指定的边界地区，以换得"盐引"，商人再到产盐地区购盐，然后销售获利。马匹、布匹和铁等产品都可成为与食盐"开中"的对象。明朝茶法有三："曰商茶、曰官茶、曰贡茶。商茶输课给引略如盐制，官茶贮边易马若征课钞，贡茶则上供同也。"②明朝政府实行"茶引"专卖制，即商人向政府纳钱获得"茶引"，凭"茶引"到茶叶产地买茶运茶，然后销售获利。清朝盐法"大率因明制而损益之"，实行间接专卖制，特点是官督商销。清朝盐法在全国各地并不统一，"引窝"制和"引岸"制是主要代表。清朝对茶叶也实行专卖政策，其制度框架基本上继承了明朝的"茶引制"。

（四）杂税制度

古代的正税主要是指以田赋为代表的农业税。杂税是相对于正税而言，它比较灵活，税种可以增加也可以减少，税率可以提高也可以降低。政府如果想在正税之外增加税额，杂税便成为经常性的手段。限于经济发展程度，唐朝以前的杂税较少，唐朝以后的杂税迅速增加。

1.唐宋时期的杂税。历代杂税征收，大都由军费不足、吏治腐败等原因所致。唐朝杂税名目繁多，给百姓带来沉重负担。（1）房屋税。始于唐德宗建中四年（783），政府按照一定标准把房屋分为上中下三等，每间分别税

---

① 《明史·食货四》。

② 王源：《学庵类稿·明史食货志·茶法》。

钱 2000 文、1000 文、500 文。(2) 青苗钱。始于唐代宗时期，在青苗时征收，每亩税钱 15 文。此外，唐朝还有僧尼税、埭程税、率贷、和籴等。这些杂税都有一定的税率规定，基本能够做到有章可循。当然，唐朝还有大量的杂税，属于横征暴敛性质，如"宫市""借商""公廨本钱利息"等。① 唐朝诗人白居易的诗歌《卖炭翁》就是对宫市的真实写照。宋朝的杂税被称之为"杂变之赋"，其特点是"名品烦细，其类不一"。时人陈靖曾言："且江南伪命日，于夏税正税外，有元征钱物，曰盐博绅绢、加耗丝绵、户口盐钱、耗脚斗面、盐博斛斗、酝酒曲钱、率分纸笔钱、析生望户钱、甲料丝、盐博绵、公用钱米、铺衬、芦（竹席）、米面脚钱等，凡一十四件，悉与诸路不同。"② 由此可见，"杂变之赋"名目繁多，百姓负担很大。后来社会上出现了"杂钱"的称谓，"更有农具、牛皮、盐曲、鞢钱之类，凡十余目，谓之杂钱"③。"杂钱"逐渐代替了"杂变之赋"，成为宋朝杂税的称呼。"杂钱"也慢慢成为一个新税种，因为征收固定化，税率固定化，并成为重要的财政收入来源。政府如果想要增加税额，必须征收新的杂税。北宋晚期和南宋时期，政府征收的新杂税，主要有印契税、经总制钱、月桩钱、板帐钱、和买、身丁钱等。

2. 明清时期的杂税。明朝的田赋，在正税之外，常有加派，成为明朝财政的恶政之一。所谓加派，就是在正税之外加征。最早始于明武宗正德九年（1514）为建造乾清宫，加赋 100 万两。明世宗嘉靖三十年（1551），政府以防御东南沿海倭寇侵扰，增兵设防，军费支出甚多，于是在南畿、浙江等州县增赋加派，作为临时性军饷。但明朝加派之重，则以明末的"三饷"最为庞大，影响最为恶劣。"辽饷"是用于辽东所需的兵费。明神宗万历年间，因平倭寇侵扰共有三次加派，万历四十六年（1618），令全国田赋每亩加派银三厘五毫，次年又加三厘五，第三年再加二厘，累计加派九厘，明思宗崇祯二年（1629）再加三厘。"辽饷"后来增至 900 万两白银。"剿饷"为镇压及遍全国的农民起义而加征，始于崇祯八年（1630），加征田赋

---

① 一文：《唐代杂税与"税收大检查"》，《中国财经报》2001 年 11 月 28 日。

② 《宋朝诸臣奏议》卷一零四，《上真宗论江南二税外沿征钱物》。

③ 《宋史·食货上四》。

银每亩1钱，以后逐年增饷。先后加派增赋330万两白银。"练饷"是借练边兵之名而加征，始于崇祯十二年（1634），在"剿饷"之外复每亩加征银1分。共增730万两白银。以上"三饷"合计约为2000万两。史载，"一年括二千万以输京师，又括京师二千万以输边"①，为自古所未有，致使"农怒于野，商叹于途"。清初虽有"永不加赋"之令，而实际额外征收为数甚多。清朝田赋加征主要有耗羡、平余和漕运附加。"耗羡"也称火耗。官府征收到的散碎银两，要经过加工铸造，熔成一定数量的银锭才能上交国库。因解部成色有规定，熔销之际，总是存在亏耗，因而州县征收田赋时，在定额之外，多取于民，重加科派。各级官吏层层盘剥，视为应得，以致耗羡越来越多，成为官吏掠夺人民财富的一种重要手段和特殊形式。清世宗雍正二年（1724）实行"耗羡归公"②，作为政府正常税收，统一征课，存留藩库，酌给本省文职官员养廉。"平余"也称"余平""随平"，是各地在征收赋税中以加派、加征的份额解送给户部的额外加征。清初，各省解缴户部的税银，每1000两要随解25两平余，分给户部的官吏。后来乾隆下令革除，但是明去暗存，且视同正款，终清之世，始终存在。清朝漕粮以实物交纳，成为田赋的一种形式。除正额外，漕粮还有加征，以备损耗，称为正耗，征收以距离定多少。除正耗外，还有"漕项"，就是漕运所需的经费，一般与漕粮相等或稍多，包括轻赍、席木、正耗加耗、船耗、官军行粮月粮、贴赠杂费等。

二、赋税制度变迁的"得"与"失"

传统赋税制度在保证国家财政收入的同时，也给人们带来无尽的纳税负担。古代百姓认可并交纳以田赋为代表的农业税，但由土地衍生的徭役、杂税等却让百姓苦不堪言，如果遇到歉收年景，百姓为了应付国家税收与地主地租，甚至还要卖妻鬻子，极度情形便是农民起义。古代中国虽然以工商

① 《明史·食货二》。
② 《清史稿·食货二》。

税为代表的间接税的比重在提高，但社会各阶层基于对土地的重视仍然非常看重农业税的征收及缴纳。在古代中国赋税制度变迁过程中，人们逐渐形成了"简化税制"等财政改革理念，发展了"量入为出""量出为入"等财政原则，识别了"理财"与"聚敛"的差异，探讨了财政集权与分权的绩效等，而上述内容则对当代中国的税制改革具有重要借鉴价值。

（一）传统赋税制度之"得"

1.传统赋税制度经历了从人头税到财产税的重大转变，这种转变适应并促进了古代经济发展。(1) 春秋以前的赋税制度，具有"税人"与"税地"并重的特点。基本赋税形式有"彻"法与"藉"法。赋税制度主要有三个特点：这是一种层次利益归属关系；无论是国人还是野人，对所耕种的土地都不拥有完整的土地所有权；赋税税基既不是单纯的人丁，也不是土地本身，而是"税人"与"税地"的合一。(2) 战国至唐朝中期的赋税制度，具有以"税人"为主的特点。赋税形式主要有两汉的田税、曹魏的屯田户调、西晋的占田户调、唐初的租庸调。主要有三个特点：这一阶段处于古代社会土地私有化时期，私有地权不断被肯定，国有色彩不断减弱；自两汉以来，无论是汉朝的三十税一，还是占田制与均田制，实质都是"国计军防，并仰丁口"，也就是以丁口为税基的税人；在"税人"的赋税条件下，土地私有权是不完整的，但正是这样的历史条件，却为土地私有提供了充分的发展空间。(3) 唐朝中期至清朝的赋税制度，具有以"税地"为主的特点。赋税形式主要有：唐朝的"两税法"、明朝的"一条鞭法"、清朝的"摊丁入亩"。主要有两个特点：自"两税法"到"摊丁入亩"，完成了以土地为税基的赋税体系的构建；间接税在国家财政收入中的地位迅速提升，出现直接税与间接税并重的局面。

2.历代的轻徭薄赋政策减轻了农民负担，客观上有利于社会秩序稳定。关于历代轻徭薄赋政策的实施情况，我们不再赘述。通过这些政策实施，我们可以发现：哪一朝代实行轻徭薄赋政策，农民生产积极性就高，经济就发展，社会就稳定，国家就昌盛，文景之治、贞观之治、康乾盛世都是轻徭薄赋的产物。反之，哪一朝代实施暴政，横征暴敛，加重农民负担，就会导致农民造反起义，国家就会衰亡。

历代轻徭薄赋政策之所以能大规模实施，还与古代思想家的论证与宣传密不可分。如孟子主张"薄税敛"，把搞好生产和"轻徭薄赋"定为富民的两个条件，"易（治）其田畴，薄其税敛，民可使富也"①。孟子主张富民而反对富国。"富国"的概念有广义和狭义之分。广义的富国，指富整个国家，同富民的含义相近；狭义的富国仅指财政收入的增加。孟子反对的是狭义的富国。孟子主张减少赋税征收品种："有布缕之征，粟米之征，力役之征。君子用其一，缓其二。用其二而民有殍，用其三而父子离。"② 他认为三者只能征其一，农业税率以十分之一最为恰当。他说："夏后氏五十（亩）而贡，殷人七十而助，周人百亩而彻。"③ 其实商朝的税制，一夫63亩田，另耕种7亩公田，不再交税；"彻"是西周的税制，一夫100亩田，照孟子的解释行的也是助法。孟子意在说明三代的税率都是十分之一。其他思想家关于轻徭薄赋的观点，我们不再一一列举。

3. "藏富于民"思想在古代得到某种程度的实践。儒家主张轻税富民，认为民富则国富，其侧重点在于富民。道家既反对富国，也反对富民，主张退回到绝对平均的原始社会。商鞅等法家主张富国，极端反对富民，认为民贫则国富。《管子》既主张富国，也主张富民，把"富上足下"视为收入分配的最终目标。《管子》认为"富上足下，此圣王之至事也"④。"富上"即富国，指统治阶级为代表的国家的富庶。"足下"即富民，指老百姓生活需求的满足和收入水平的提高。为了实现既定的收入分配目标，《管子》认为必须坚持"贫富有度"原则，并提出一系列应对措施。首先，实行"取之有度"⑤和"不夺民财"⑥的国家财政政策。其次，实行"均地分力""与之分货"⑦的

---

① 《孟子·尽心上》。
② 《孟子·尽心下》。
③ 《孟子·滕文公上》。
④ 《管子·小问》。
⑤ 《管子·权修》。
⑥ 《管子·小问》。
⑦ 《管子·乘马》。

国家农业政策。最后，实施包括"调民事"① 在内的系列社会保障措施。《管子》主张国家应该通过税收政策来保障低收入者的利益，从而调通民事。《管子》主张通过"散积聚，钧羡不足，分财并利"等措施，防止商人乘机获取暴利，对贫者给予贷放，征税不同，利用财政方式以调剂各地民事并减轻租税负担，令富豪之家以现金或实物贷给农民，低其利率或劝其不收税，甚至劝其不索还本钱。② 西汉董仲舒具有明显的"均富"思想。他反对统治者"与民争利"，主张"利可均布，而民可家足"。司马迁主张工商均可富民，统治者应该鼓励百姓自由求富的行为。唐朝总结了"隋富而亡"的经验教训，制定了切合实际的惠民政策。这项政策主要有三个特点：一是生产能力决定税收水平；二是财政收入决定国家开支；三是自然资源占有量要与劳动能力相适应。"藏富于民"政策在很多朝代都得到执行，民富在某种程度上得到实现，这也是古代中国兴旺发达的重要基础。

（二）传统赋税制度之"失"

1. 中国历史上的赋税改革虽然简化了税制，但也加大了百姓负担。明末清初著名思想家黄宗羲总结了历代的税制改革。明清时期政府搞了很多赋税改革，这些改革虽然在短期内使"向来丛弊为之一清"，但从中长期看百姓的税负又加重了。黄宗羲称之为"积累莫返之害"。他认为，从唐朝的两税法到明朝的倪元璐税法，虽然历经数次改革，征税名目始终固定在两税上，但每次重新制订的两税都包含了以前的"杂税"或"杂派"，所以新两税大于旧两税，百姓负担也不断增大。黄宗羲云：

"唐初立租庸调之法，有田则有租，有户则有调，有身则有庸。租出谷，庸出绢，调出缯纩布麻，户之外复有丁矣。杨炎变为两税，人无丁中，以贫富为差。虽租庸调之名浑然不见，其实并庸调而入于租也。相沿至宋，未尝减庸调于租内，而复敛丁身钱米。后世安之，谓两税，租也，丁身，庸调也，岂知其为重出之赋乎？使庸调之名不去，何至是耶！故杨炎之利于一

---

① 《管子·国蓄》。
② 陈新岗、张秀娈：《试论〈管子〉的收入分配思想》，《兰州学刊》2009 年第 8 期。

时者少，而害于后世者大矣。有明两税，丁口而外有力差，有银差，盖十年而一值。嘉靖末行一条鞭法，通府州县十岁中，夏税、秋粮、存留、起运之额，均徭、里甲、土贡、雇募、加银之例，一条总征之。使一年而出者分为十年，及至所值之年一如余年，是银力二差又并入于两税也。未几而里甲之值年者，杂役仍复纷然。其后又安之，谓条鞭，两税也，杂役，值年之差也。岂知其为重出之差乎？使银差、力差之名不去，何至是耶！故条鞭之利于一时者少，而害于后世者大矣。万历间，旧饷五百万，其末年加新饷九百万，崇祯间又增练饷七百三十万，倪元璐为户部，合三饷为一，是新饷练饷又并入于两税也。至今日以为两税固然，岂知其所以亡天下者之在斯乎！使练饷、新饷之名不改，或者顾名而思义，未可知也。此又元璐不学无术之过也。嗟乎！税额之积累至此，民之得有其生者亦无几矣。"①

当代学者秦晖将黄宗羲的上述内容总结为：bn=a+nx，其中 bn 为改革后的新税额，a 为原始税额，n 为改制次数，x 为杂派。唐朝两税法 = 租庸调 + 杂派，北宋王安石免役钱法 = 两税法 + 杂派 = 租庸调 + 杂派 + 杂派……清初地丁合一 = 租庸调 + 杂派 + 杂派 + 杂派 + 杂派 + 杂派。② 秦晖的总结可能不那么精准，但他阐明了中国历史上赋税改革的基本趋势，即百姓税负不断增大的趋势。每次赋税改革，初衷虽好，但因官吏执行等问题，无一例外地加重了百姓负担，这是深刻的历史教训。

2. 传统赋税制度体现了超强的政治属性，繁课重敛必致国家衰乱。在传统王朝政治中，统治者拥有全部权利，百姓没有任何权利，"予之在君，夺之在君，贫之在君，富之在君"③。就赋税制度而言，统治者全权负责制度制定和推行，百姓在这一过程中只见义务不见权利。王朝初期实行轻徭薄赋政策，国家的赋税负担较轻，百姓尚能维持纳税义务。王朝中后期国家各项开支增加，国家的纳税负担加大，百姓很难维持纳税义务。到了王朝末期，国家的赋税负担已经远远超过百姓的承受能力，两者矛盾已经无法调和，于

---

① 《明夷待访录·田制三》。

② 秦晖：《并税式改革与"黄宗羲定律"》，《农村合作经济经营管理》2002 年第 3 期。

③ 《管子·国蓄》。

是出现了大批农民逃税甚至起义事件。[①] 王朝统治者"苛政猛于虎"的赋税压榨，最终埋葬了自己的政权。这种超强的政治属性，形成"欲盛则费广，费广则赋重，赋中则民愁，民愁则国危，国危则君丧"[②] 的王朝兴衰格局，这在古代社会无法根本扭转，形成中国传统社会循环发展的显著特点。

3. 限于历史局限，中国历史上的赋税改革缺少法律支持。从唐朝杨炎"两税法"改革，到北宋王安石赋税改革，再到明朝张居正"一条鞭法"改革，最后到清朝"摊丁入亩"改革，这些重大的赋税改革都缺乏明确的立法与监管体制。赋税改革，必须立法先行。如果没有明确的法律制度，那么赋税改革效果就会大打折扣，甚至成为官吏贪污腐败的根由。例如明朝张居正"一条鞭法"改革。虽然《大明令》《大明律》《御制大诰》《问刑条例》等明朝法律规定了相关的赋税制度，但是对当时的"一条鞭法"却从未作出任何记载。也就是说，张居正的系列改革措施及做法并没有形成法律条文，"一条鞭法"改革事实上缺乏立法上的明确支持。[③] 结果张居正死后，"一条鞭法"被废除，土地兼并之风再起，百姓再次陷入苦难之中。从秦汉到明清，中国古代缺乏一部完整的赋税法律条例，故无法确定赋税负担总额、征税主体的权利边界、纳税主体的权利义务等内容，导致国家征税具有很强的主观性和随意性，农民的赋税负担一直处于较高水平。[④]

（三）历史借鉴

古代中国具有丰富的赋税制度，赋税制度也发生了重要变迁。这些变迁不仅体现为赋税制度在长时间内的缓慢演化，又集中体现为历史上的数次重大赋税改革。这些演化或变革，基本适应了当时社会政治经济发展的需要，为汉唐盛世作出了重要贡献。总结传统赋税制度变迁的"得"与"失"，可以为当今税制改革提供重要借鉴。

---

① 刘玉峰：《中国历代经济政策得失》，泰山出版社 2009 年版，第 52 页。

② 《资治通鉴》卷一九八。

③ 张思：《张居正赋税改革思想及其法律实践》，黑龙江大学硕士学位论文，2011 年，第 54 页。

④ 景博斯、张洪江：《我国封建赋税制度的历史演变及影响》，《兰台世界》2016 年第 15 期。

1. 赋税改革必须"应时而动"。中国历史上的重大赋税改革，大都是为适应当时社会需要而展开，改革之后，总会产生较好的社会效果。有学者认为，公平税负是历代税制改革的主基调，简化税制是历次税制改革的主要内容，税制日趋先进是赋税制度演进的基本规律，先行试点，逐步总结推广是赋税改革的重要路径。① 笔者认为这种总结有一定的道理。赋税制度必须与时俱进，必须依据社会形势的变化而调整。赋税改革不仅要符合统治者的征税需要，更要符合百姓的纳税需要。如春秋时期鲁国进行"初税亩"改革之前，公田因纳税而不断荒芜，私田因不纳税而不断增加，导致税负不均，国家财政收入急剧减少；改革之后，国家承认土地私有合法化，无论公田还是私田都按田亩征税，国家财政收入不断增加，"数年之间，国富兵强，天下无敌"。如唐朝实行"两税法"改革之前，土地兼并严重，课税户急剧减少，导致税负严重不公；改革之后，量出制入，"以资产为宗"，确定全国税额，从而实现税负公平并增加财政收入。明朝"一条鞭"法改革之前，土地兼并激烈，"豪强兼并而民贫失所""豪民有田不赋"；改革之后，按照实际土地拥有量收税，即"计亩征银"，而且改革首先于万历四年（1576）在湖广地区试点，然后于万历九年（1581）在全国推行。清朝进行"摊丁入亩"改革之前，百姓的纳税负担与土地拥有数量完全不匹配，而且田赋、徭役并征，以致"富者田连千亩，竟少丁差，贫者无立锥之地，反多徭役"；改革之后，将"丁银"摊入地亩征收，徭役融入田赋，并规定自康熙五十年（1711）之后，"滋生人丁，永不加赋"。赋税改革前后的变化说明，赋税制度必须要改革，而且改革一定要有利于百姓的生产生活，只有这样才能实现长治久安的统治目标。

2. "量入为出"与"量出为入"的争论，有助于认清财政收支与经济发展的关系。唐朝杨炎的两税法改革，主张量出为入，这或许是中国历史上最早的中央财政预算。有了财政预算以后，就可以把预算摊派到各个州郡，百姓需做的就是夏秋两季纳税，同时有力约束了地方藩镇的横征暴敛行为。如

① 王建平：《我国古代赋税制度演进的内在逻辑及对营改增的启示》，《中国税务》2017年第8期。

唐朝陆贽主张量入为出："夫地力之生物有大数，人力之成物有大限。取之有度，用之有节，则常足；取之无度，用之无节，则常不足。生物之丰败由天，用物之多少由人。是以圣王立程（法），量入为出，虽遇灾难，下无困穷。理化既衰，则乃反是，量出为入，不恤所无。"① 而杨炎主张量出为入："凡百役之费，一钱之敛，先度其数而赋于人，量出以制入。"② 唐德宗采纳了杨炎的建议，于建中元年（780）正月下令实行，并规定："比来新旧征科色目，一切停罢。两税外辄别配率，以枉法论。"③ 就是说，实行两税法后不许再有其他杂税，但这一规定根本没有做到。明朝张居正主张量入为出。他说："夫古者王制，以岁终制国用，量入为出，计三年所入，必积有一年之余，而后可以待非常之事，无匮乏之虞。"他把减少财政支出作为实现收支平衡的基本手段，"故古之理财者，汰浮溢而不弩厚入，节漏费而不开利源"④，把汰浮溢和节漏费看作理财的首务。中国历史上"以收定支""以支定收"等财政原则的重要争论，使我们认识到：财政不仅仅是经济发展的结果，也应是促进经济发展的重要因素。笔者认为，农业经济条件下，量入为出是首选；现代经济条件下，如果有健全的制度做保证，量出为入能够与经济发展形成良性互动。

3. 理财与聚敛的争论，有助于提高理财对治国重要性的认识。"理财"一词首见于《周易·系辞下》：理财正辞，禁民为非曰义。经过王安石变法，此词得到广泛的流传。它也像"富国"一样，具有广狭两种含义：广义的"理财"是指理民之财，狭义的"理财"是指治国之财。王安石认为，"因天下之力以生天下之财，取天下之财以供天下之费"⑤。这是说，财政收入的增加要放在发展生产的基础上，理财的重点在于生财。所以他又说："尝以谓方今之所以穷空，不独费出之无节，又失所以生财之道故也。富其家者资之国，富其国者资之天下，欲富天下则资之天地。"叶适则指出理财与聚敛的

---

① 《全唐文》卷四六五，《均节赋税恤百姓六条》。

② 《旧唐书·杨炎传》。

③ 《唐会要》卷七八，《诸使中·黜陟使》。

④ 张居正：《赠周汉浦榷峻还朝序》。

⑤ 王安石：《上仁宗皇帝言事书》。

不同。"夫理财与聚敛异，今之言理财者，聚敛而已矣，非独今之言理财者也。自周衰而其义失，以为取诸民而供上用，故谓之理财。而其善者，则取之巧而民不知，上有余而下不困，斯其为理财而已矣。"①叶适认为周末以来的理财都是聚敛。"夫君子不知其义而徒有仁义之意，以为理之者必取之也，是故避之而弗为。小人无仁义之意而有聚敛之资，虽非有益于己而务以多取为悦，是故当之而不辞，执之而弗置。"君上也以为"君子"不能理财，"故举天下之大计属之小人"，这就造成了"君子避理财之名，小人执理财之权"的局面，把理财变成了聚敛。何谓正确的理财？"夫聚天下之人，则不可以无衣食之具。衣食之具，或此有而彼亡，或彼多而此寡，或不求则伏而不见，或无节则散而莫收，或消鳓而浸（渐）微，或少竭而不继，或其源虽在而浚导之无法，则其流壅遏而不行。"正确的理财就是要使全国人民都有"衣食之具"。叶适把这种理财称为"以天下之财与天下共理之"。这是广义的理财概念。他说大禹、周公就是这样的人。"隋最富而亡，唐最贫而兴"。"夫计治道之兴废而不计财用之多少，此善于为国者也。古者财愈少而愈治，今者财愈多而愈不治；古者财愈少而有余，今者财愈多而不足。"这里所说的"财"或"财用"是指国家的财政收入。他的意思在于说明只求财政收入的增加无益于国家的治理。明朝丘濬主张"理民之财"："所谓理财者，制其田里，教之树畜，各有其有，而不相侵夺，各用其用，而无有亏欠，则财得其理而聚矣。"这一理财定义完全是指"理民之财"。从它的直接意义看，根本不涉及国家财政收入的问题。这并不是说他认为理财和国家财政无关。他也主张"为国理财"。他认为制国用也属于理财的范围："古者藏富于民，民财既理，则人君之用度无不足者。是故善于富国者，必先理民之财，而为国理财者次之。"②这样，丘濬又把理财的含义扩大为包括"理民之财"和"为国理财"两个方面，而以"理民之财"居于首位。

---

①　《历代名臣奏议》卷五四，《理财》上。

②　《大学衍义补》卷二十，《制国用·总论理财之道》（上）。

三、赋税制度的时代转化

赋税对于国家是收入，对于百姓则是负担，所以历代统治者需要审慎制定赋税政策，以实现经济发展与社会稳定。作为经济社会生活的客观反映，传统赋税制度经历了重大变迁。改变是现实的需要，无论是唐朝的"两税法"、宋朝的王安石变法、明朝的"一条鞭法"，还是当代的"营改增"改革，皆因时而变，随事而制。当然，古代重大赋税制度改革都是与其他方面特别是经济方面的改革相辅相成的，如与土地制度、专卖制度、平准政策、货币政策等协调配套。当今的赋税改革是经济社会综合性改革中的重要一环，也会牵涉社会各方面的利益，需要其他方面的改革措施相配套。

（一）坚持"藏富于民"

赋税改革应坚持民富为先。我们必须深入探讨历史上国富与民富的相互关系，当代赋税改革必须坚持"富民"的基本追求。传统赋税制度变迁告诉我们，虽然王朝统治后期因吏治军事等因素导致税负有加重的趋势，但轻徭薄赋、让利于民、藏富于民等始终是社会各阶层努力追求的一个美好目标。历史经验告诉我们，减轻税负是实现这一美好愿望的重要途径。中国历史上曾有很多思想家主张减轻税负。如孔子认为，"百姓足，君孰与不足？百姓不足，君孰与足？"这一言论开启了传统社会民富先于国富的思想浪潮。孔子的轻税主张还伴有一个固定的标准，即"什一之税"，认为这是征收赋税的正统税率，后来"什一之税"就成为儒家传统的观点。《管子》主张强国富民，但强国富民的途径不是竭泽而渔，也不是大肆搜刮，而是主张培养税源、取民有度和轻税薄敛，甚至于不要租税，靠官营收入满足国家开支。孟子"仁政""富民"的途径也是轻徭薄赋："易其田畴，薄其税敛，民可使富也。"北宋李觏认为赋税的轻重决定百姓的贫富，因此主张减轻百姓的赋税负担："一夫之耕，食有余也；一妇之蚕，衣有余也。衣食且有余而家不以富者，内以给吉凶之用，外以奉公上之求也。"明朝张居正虽然重视理财，以"足国用""力本节俭"作为理财的指导思想，但他反对过度聚敛，强调赋税征课应有所节制，主张均平赋役，并将其贯彻到著名的"一条鞭法"改革中。① 历史经验告诉我们，民富是一个国家长治久安的基础。改革开放之前，我们基本建立起社会主义经济制度，但没有实现"民富"和"国富"的目标。改革开放以来，"国富"目标基本实现，"民富"目标也在稳定实现中。从总量指标看，纵向方面，中国财政收入从 1978 年的 1132 亿元上升到 2017 年的 172567 亿元，增幅足足有 151 倍之多。GDP 总量从 1978 年的 3678 亿元上升到 2017 年的 82.71 万亿元，增幅足足有 223 倍之多。横向方面，中国经济自 2010 年起就稳居世界第二，与第一大经济体美国的差距也在不断减小。但从人均指标看，我们远没有实现"民富"的目标。纵向方面，人均 GDP 从 1978 年的 385 元上升到 2017 年的 59660 元，增幅 154 倍，远落后于中国 GDP 总量增幅。人均可支配收入从 1978 年的 343 元上升到 2017 年的 25974 元，增幅 75 倍，远落后于中国财政收入的增幅。横向方面，2017 年，人均 GDP 美国排名世界第 8 位，中国第 74 位。2017 年，人均收入美国排名世界第 5 位，中国第 69 位。"国富"目标已经实现，"民富"成为最迫切的目标追求。实现"民富"过程或许很漫长，因为它有数量和质量双重要求，但目标一定会实现。现阶段，国家应继续降税减负，提高居民收入、企业收入占比，降低政府收入占比，全面践行"以人民为中心"的新发展理念，不断实现人民对美好生活的向往。2020 年全面建成小康社会只是实现"民富"的第一个阶段，我们对 2035 年、2050 年的"民富"目标还有更多的期待。

（二）强调税负公平

赋税改革应强调公平原则。我们必须深入研究中国历史上赋税均平思想，当代税制改革必须坚持税负公平的基本原则，从而满足人们对社会公平正义的诉求。人们对公平正义的追求，不仅限于政治民主方面，还包括财政经济等方面。中国财税史有着丰富的税负公平思想及实践。如《禹贡》主张

① 敖汀、孙丽英：《中国古代富国富民思想及其对赋税的影响》，《黑龙江财专学报》2001 年第 4 期。

分等征赋，按照土地质量好坏、生产发展水平、距离王城远近等因素，确定天下九州的田赋等级。管仲主张"相地而衰征"，按照土地的肥沃贫瘠状况进行征税。韩非子主张"论其赋税以均贫富"，通过税率调整实现均贫富的目标。西晋傅玄主张"计民丰约而平均之"，赋役征收要做到公平公正。北宋王安石主张"方田均税"，实现土地实际占有与纳税水平的完全匹配。税负公平是历代赋税改革的重要追求。当代中国要实现税负公平，需要做好横向和纵向两方面的工作。从横向看，税负公平就是要解决纳税人之间的税负不公问题，包括不同性质的企业之间、不同国籍的居民之间、不同财富的阶层之间等。从纵向看，税负公平就是要合理确定税负，明确税种税率、纳税人的权利义务、财政税收与经济建设的关系等，实现纳税人与国家之间的动态平衡。

（三）深化所得税改革

赋税改革应有效降低纳税人负担。我们必须深入研究中国历史上"取之有度"的征税思想，当代赋税改革必须坚持以纳税人为本的征税原则，不断深化各种所得税改革。古代赋税改革都以方便百姓生产生活为准，而且把"三十税一"作为基本税率。征收复杂与否，税率高低与否，都必须充分考虑纳税人的感受。得到百姓认可的赋税改革，势必有助于王朝统治；得不到认可的赋税改革，可能成为社会动荡的根源或改朝换代的导火索。古代赋税改革大都以简化税制为原则，具有以人为本、简化税种、降低税率等特点。这种"以人为本"的特点，还体现为"取之有度"原则。《管子》记载："地之生财有时，民之用力有倦，而人君之欲无穷。以有时与有倦养无穷之君，而度量不生于其间，则上下相疾也。是以臣有杀其君子有杀其父者矣。故取于民有度，用之有止，国虽小必安；取于民无度，用之不止，国虽大必危。"[1] 那么，这个"度"究竟如何确定？《管子》从百姓生活中得到了征税的标准——"度"。"夫民之所生，衣与食也。食之所生，水与土也。所以富民有要，食民有率，率三十亩而足于卒岁。岁兼美恶，亩取一石，则人有三十石，果瓜素食当十石，糠秕六畜当十石，则人有五十石。布帛麻丝旁

----

[1] 《管子·权修》。

入奇利，未在其中也。"①《管子》认为这个"度"是
"人有五十石"。后世统治者大都把百姓负担能力作为征税依据，具体表现为
劳动能力、土地数量、财富水平等指标。②当代中国已在"营改增"等领域
取得重大进展，下一步应进一步降低个人所得税的税率，切实提高居民获得
感。随着居民收入水平的迅速提高，个人所得税已成为重要的税收来源，但
税负不公、中外有别等问题依然存在。经济新常态下，个人所得税改革应以
方便征收为原则，不断降低个税税率、提高个税起征点，以减轻税负和提高
幸福感为目的，真正体现以纳税人为本的征税原则。

（四）税制改革促进经济发展

赋税改革应通过生产扩大税源。我们必须深入总结中国历史上赋税改
革与经济发展的关系，真正通过"营改增"等税制改革促进经济发展。赋税
制度不仅有益于政治统治，还应促进经济发展。古代赋税改革与经济发展在
大多时候是被动关系，即统治者一般不主动进行赋税改革，而是到了赋税制
度阻碍经济发展的时候，才进行相应的改革。现代社会则不同。政府会主动
进行赋税改革，从而助力经济发展。当代"营改增"改革不仅要做到税负公
平，还要做到结构性减税，从而实现税收与经济的良性互动。历代赋税改革
虽然在某种程度上解决了税负不公问题，但改革目标则是增加国家财政收
入。"营改增"改革的基本原则是企业税负只减不增，通过企业减负实现经
济发展，因而更具历史意义。③当然，"营改增"并不是中国赋税制度改革
的终点。现代政府会主动调整赋税制度与经济发展的关系，真正把税收视为
影响经济发展的重要变量。

（五）尊重区际差异

赋税改革应考虑地区差异。我们必须深入考察中国历史上赋税改革的

---

① 《管子·禁藏》。
② 何平：《论中国历史上的税收负担思想》，《税务研究》2004年第1期。
③ 王建平：《我国古代赋税制度演进的内在逻辑及对营改增的启示》，《中国税务》2017年第
8期。

实施效果，通过税制改革避免经济非均衡的各种弊端。中国历史上关于赋税征物与赋税征钱的争论，反映出赋税征收必须因地制宜。唐朝杨炎主张两税法征钱，而陆贽则反对赋税征钱。农业赋税征钱，对需要出卖农产品以获取货币的农民是不利的。针对两税征钱，陆贽提出了赋税不能征钱的理由："夫国家之制赋税也，必先导以厚生之业，而后取其什一焉。其所取也，量人之力，任土之宜，非力之所出则不征，非土起所有则不贡。谓之通法，历代常行。"① 明朝张居正在推行"一条鞭法"时，南北方出现了不同的结果。"盖南境气候既燠，物产富饶，有木棉粳稻之产，有蚕丝楮绵之业，又地阔力余，营植不碍，民间贫富不甚相悬，一切取齐条鞭，奚不可？北境则不然，地寒凉，产瘠薄，即中路，又苦冲烦，贫富相去，何啻倍蓰？"② 顾炎武认为，南北方的征税内容应该有所差别，南方适于折银纳赋，北方适于缴纳力役与实物，在北方推行"一条鞭法"反而有加重农民负担的嫌疑。黄宗羲也反对田赋征银，"所税非所出之害"是指田赋征银，银非农业生产之所出，纳税者因折银而加重了负担。他主张征收田赋"必任土所宜，出百谷者赋百谷，出桑麻者赋布帛，以至杂物皆赋其所出"③。顾炎武则主张不通商的州县田赋征本色，因为偏僻之处银子难得，田赋征银造成了很大的祸害。"凡州县之不通商者，令尽纳本色，不得已，以其什之三征钱。"④ 就偏僻地区而言，这一主张有它的合理性，它反映了中国经济发展的不平衡性。从古至今，中国经济都存在经济非均衡问题。因为各地经济的差异，赋税制度也一直存在地区差异。古代的赋税改革有时因忽视了税制差异而遭到纳税人的极力反对。当代税制改革一定要尊重中国实际，承认经济发展的非均衡性，尝试在东中西部实施有差异的税制形式。中央政府应该进一步推进财税领域的"放管服"改革，适当下放税收调整的权限，允许地方政府对国家出台的税制进行微调，从而推动地方经济发展。只要经济发展存在地区差异，那么赋税制度的差异性就将长期存在。

---

① 《全唐文》卷四六五，《均节赋税恤百姓六条》。

② 《天下郡国利病书》，卷二十七。

③ 《明夷待访录·田制三》。

④ 《日知录》，卷十一。

第六章 中国历史上的"重义轻利"思想与当代市场经济建设

　　义利论是中国古代思想家关于如何处理物质利益与道德规范之间关系的相关理论与实践。进入文明社会以来，人们便面临着如何处理物质利益与道德规范两者关系的现实问题。两者谁先谁后，孰轻孰重，关系着经济发展和社会稳定。如果处理适宜则有益于社会发展，否则有害于社会发展。包括统治者在内的社会各阶层，亟须一种稳定、可持续的意识形态来规范人们对物质利益的认知，强化政治统治。于是，中国古代思想家围绕两者关系进行了一系列探讨，形成了不同的见解。不同时代具有不同的义利观。传统义利观主要是基于农业社会的儒家义利观，同时还包括部分其他学派的义利观。在漫长的封建社会中，王朝政权屡经更迭，但传统义利观中的重义轻利始终占据主流地位，也是历代思想家与统治者极力论证并维护的。作为传统经济思想的重要内容，以"重义轻利"为特点的义利观不仅适应了传统经济的发展需要，更适应了传统社会的发展需要。近代以后，随着资本主义的传播，传统义利观得到某种程度上的近代化改造。

　　中华人民共和国成立以后，伴随着改革开放，尤其是社会主义市场经济体制的逐步建立，适应时代要求的社会主义义利观也逐步形成并发展。在此过程中，人们对个人利益有了全新的认识，不再谈"利"色变，追求"利益最大化"成为许多人行为的内在动因和目标，但这种追求也可能导致"拜金主义"的出现、道德的滑落和人性的异化。如何对待义与利，如何创新性转化传统义利观，如何构建发展社会主义义利观，尤其是进入新时代以来的义利观，成为社会各界非常关注的一个重大问题。在构建适应市场经济要求的义利观时，我们应在传统与现代之间寻找一个契合点，既要继承传统义利观的合理因素，又要符合现代的精神实质。而作为传统文化重要组成部分的义利观，它曾为古代中国社会经济的成功作出过重要贡献，它也可以为当代社会主义义利观的构建发展提供可借鉴及提升的蓝本。

一、义利思想的历史演进

中国历史上的各个学派都对义与利的关系给予了极大的关注，从而形成了各自不同的观点及解决方案。我们把这些内容统称为义利观。其中，儒家义利观主张"重义轻利""以义节利"，在统治者的支持与宣传下成为主流义利观与意识形态。"重义轻利"经先秦儒家的大力论证，到秦汉时终于成为官方意识形态，此后直至明清时期，"重义轻利"一直得到统治者的鼓励和支持。

（一）早期义利论

义利论起源于春秋时期，萌芽于孔子之前。这时的义利论可以称之为早期的义利论，人们开始讨论"德""义"同"富""利"之关系，主张通过"德"与"义"来限制人们对"富"与"利"的追求。如晏子提出"幅利论"，"且夫富，如布帛之有幅焉。为之制度，使无迁也。夫民，生厚而用利，于是乎正德以幅之，使无黜嫚，谓之幅利。"[1]"幅"是布帛的边幅、宽度，"幅利"是指人们获得物质利益要有一个界限，就像"布帛之有幅"一样，不能漫无边界。他提出的界限不是别的，就是德和义，"让，德之主也，让之为懿德。凡有血气，皆有争心，故利不可强，思义为愈。义，利之本也，蕴利生孽。"[2]早期义利论者开始认识到义与利之间存在某种关联，但没有形成明确主张。

---

[1]　《左传·襄公二十八年》。
[2]　《左传·昭公十年》。

（二）诸子的义利观

在"重义轻利"义利观的形成过程中，春秋战国是一个重要时期。因当时国家未实现统一，所以各家各派能够各抒己见。各家各派的义利观尽管各有侧重，但它们都是为解决现实社会矛盾而提出的解决对策，其实质都是自然经济条件下生产力落后、经济效率低下状况在思想意识上的曲折反映。在"百家争鸣"中，儒家率先旗帜鲜明地主张"重义轻利"，强调个人对社会尽责，自觉为他人、为社会着想，旨在引导人们勿为争夺个人私利而走向自我毁灭以至社会崩溃。儒家的主张不仅符合人性要求，也符合统治需要，因而获得广泛认同。儒家"重义轻利"观点在春秋战国时期得到充实论证，为秦汉时期成为主流义利观奠定了坚实基础。

1. 儒家主张"重义轻利"

（1）孔子最早提出了义利范畴。他说："君子喻于义，小人喻于利"[①]，从而开启了儒家"重义轻利"价值观的主线。孔子认为在道德规范与物质利益两者之间，道德是至上的，"君子义以为质""君子义以为上"[②]，因此应该"罕言利"。他认为"义以生利"，"唯器与名，不可以假人，君之所司也。名以出信，信以守器，器以致礼，礼以行义，义以生利，利以平民，政之大节也"。"见利思义"[③]、"见得思义"[④]，"见利思义，见危授命，久而不忘乎平生之言，亦可以为成人矣。""取之有义"，"富而可求也，虽执鞭之士，

矗立在山东大学校园内的孔子雕像，文曰"大哉孔子"，向世人表明了孔子对儒家文化的重大贡献，其"重义轻利"，思想影响深远

---

① 《论语·里仁》。

② 《论语·阳货》。

③ 《论语·宪问》。

④ 《论语·季氏》。

吾亦为之。如不可求，从吾所好。""不义而富且贵，于我如浮云。""邦有道，贫且贱焉，耻也；邦无道，富且贵焉，耻也"。孔子仅把"喻于利"作为小人的品格加以贬抑，除此以外，认同合理手段得到的利益，并未完全排斥物质利益或功效，并主张在"义以为上"的前提下，对百姓应实行"富之"政策，提出了著名的"因民之所利而利之"①策略。

(2) 孟子主张"何必曰利"。他继承了孔子重义思想。孟子见梁惠王时，惠王问他："叟不远千里而来，亦将有以利吾国乎？"孟子回答说："王何必曰利，亦有仁义而已矣。王曰'何以利吾国'，大夫曰'何以利吾家'，士庶人曰'何以利吾身'，上下交征（争）利而国危矣。"基于战国时期各国争夺权力和利益的战争白热化，"当时的人唯利是图不知世上有'仁义'二字，所以拔本塞源而救其弊"②，从而提出"何必曰利"思想。表面看，"何必曰利"违反了物质利益原则，实际上，孟子只是反对"后义而先利"，为了义应当"舍生而取义"③，提出"唯义所在"的动机论。同时他也强调了"制民之产"等以国家利益、集体利益限制民众个人利益的主张。孟子的主张有它的合理性。对于一心追求不义之利的人来说，就用得上"何必曰利"这句话了。

(3) 荀子主张"以义制利"。荀子认为每个人都有"好义"和"好利"两种倾向。"义与利者，人之所两有也。虽尧、舜不能去民之欲利，然而能使其欲利不克其好义也。虽桀、纣亦不能去民之好义，然而能使其好义不胜其欲利也。"④ 在此基础上，他主张用义调节利，"人……力不若牛，走不若马，而牛马为用，何也？曰：人能群，彼不能群也。人何以能群？曰：分。分何以能行？曰：义。故义以分则和，和则一，一则多力，多力则强，强则胜物，故宫室可得而居也。"义是人之所以为人的基本特征，也是人驱役牛马求利的根本原因。

---

① 《论语·尧曰》。
② 朱熹：《孟子集注》。
③ 《孟子·告子上》。
④ 《荀子·大略》。

2. 墨家主张"义利并重"

墨子从小生产者立场出发，主张"兴天下之利，除天下之害"①。他提倡义利并重，认为"交相利"即是"义"，强调利己与利国、利公与利人的结合。"义"是社会稳定的一种方法，"有义则生，无义则死；有义则富，无义则贫；有义则治，无义则乱"②。"亏人自利"是社会动乱的一个原因。"子自爱不爱父，故亏父而自利；弟自爱不爱兄，故亏兄而自利；臣自爱不爱君，故亏君而自利，此所谓乱也。父自爱也不爱子，故亏子而自利；兄自爱也不爱弟，故亏弟而自利；君自爱也不爱臣，故亏臣而自利。"③ 如果人们都追求"自利"，那么父子关系、兄弟关系、君臣关系等都会发生扭曲混乱，整个社会就会处于动乱之中。

3. 法家主张"重利轻义"

（1）商鞅的名利论。他认为好利是一切人的本性："民之于利也，若水于下也，四旁无择也。"④ 求利包括求名与求利两个方面："盗贼上犯君上之所禁，而下失臣民之礼，故名辱而身危，犹不止者，利也。上世之士（高士），衣不暖肤，食不满肠，苦其志意，劳其四肢，伤其五脏……而为之者，名也。"⑤ 商鞅的名利论对人性作出分析，肯定人们都有追求名利的欲望，从物质利益原则出发制定国家各项政策。他轻视道义说教，重视以法规定责任义务，通过法令的强制性实现物质利益的调控与分配，以物质利益刺激人们去耕战立功。

（2）韩非子的自利论。他认为"好利恶害"⑥ 是人的本性。从人的本性是自利的论断出发，韩非子认为绝不能靠仁义来治国："夫幕仁义而弱乱者，三晋也；不幕而治强者，秦也。"⑦ 他推崇法治，强调要以法治利，以"明审法令"，使国富民强。韩非子区分了君道与臣道、公义与私义的不同："害身

① 《墨子·兼爱下》。
② 《墨子·天志上》。
③ 《墨子·兼爱上》。
④ 《商君书·君臣》。
⑤ 《商君书·算地》。
⑥ 《韩非子·难二》。
⑦ 《韩非子·外储说左上》。

而利国，臣弗为也；害国而利臣，君不为也。""私义行则乱，公义行则治"，所以"人主之公义"在于"明法制，去私恩"，使"令必行，禁必止"。①

（3）《管子》的先利后义论。《管子》认为好利是人的本性，"夫凡人之情，见利莫能勿就，见害莫能勿避。其商人通贾，倍道兼行，夜以续日，千里而不远者，利在前也。渔人之入海，海深万仞，就彼逆流，乘危百里，宿夜不出者，利在水也。故利之所在，虽千仞之山无所不上，深渊之下无所不入焉。"②《管子》在肯定"好利"本性的基础上，更强调道德的决定作用。《管子》将礼、义、廉、耻四种道德观念定为国家的四维，"国有四维，一维绝则顷，二维绝则危，三维绝则覆，四维绝则灭。""四维张则君令行……四维不张，国乃灭亡。"③道德很重要，而道德的建立则要依靠一定的经济条件，"仓廪实则知礼节，衣食足则知荣辱。"④《管子》的先利后义论将利放在第一位，肯定先有利后有义。

4.道家主张"义利皆不重"

道家崇尚自然，对于义利皆不重视。老子认为社会动乱的根源在于人的各种欲望，"不贵难得之货，使民不为盗。不见克欲，使民心不乱。"同时老子也认为仁义乃是人们远离自然后人为制造的虚伪说教，"大道废有仁义""失道而失德，失德而后仁，失仁而后义，失义而后礼"。⑤只要抛仁弃义，民就可"复孝慈"。杨朱则倡导"贵己"之说，"古之人，损一毫利天下，不与也；悉天下奉一身，不取也。人人不损一毫，人人不利天下，天下治矣。"

（三）秦汉至明清时期儒家义利思想的演变

1.西汉董仲舒的义利观。董仲舒是西汉新儒学代表人物，著名观点是"正其谊不谋其利，明其道不计其功"⑥。他虽然承认义与利二者于人皆不可

---

① 《韩非子·喻老》。
② 《管子·禁藏》。
③ 《管子·牧民》。
④ 《管子·牧民》。
⑤ 《老子》第三十八章。
⑥ 《汉书·董仲舒传》。

少，但反对谋利计功，主张"重义而轻利"。董仲舒的"重义轻利"主张在中国历史上产生了很大影响。儒家虽在先秦时期属于"显学"之一，但并不在思想领域占统治地位。秦朝"立国以法"，有"焚书坑儒"之举；汉初统治者崇尚黄老，致使儒家影响一度微弱。直至汉武帝采纳董仲舒"罢黜百家，独尊儒术"的建议，儒家思想才真正成为中国占统治地位的思想。相应地，经过董仲舒的改造，儒家"重义轻利"思想也成为古代中国的主流义利观。①

2. 北宋李觏的义利观。他认为将仁义和利欲对立起来的观点是错误的。"利可言乎？曰：人非利不生，曷为不可言？欲可言乎？曰：欲者人之情，曷为不可言？"李觏批评孟子"何必曰利"观点。"孟子谓'何必曰利'，激也。焉有仁义而不利者乎？其书数称汤、武将以七十里、百里而王天下，利岂小哉？"②利欲是人的本性，只要符合礼，是可以谈的。"食不足，心不常，虽有礼义，民不可得而教也"。不准人们言利是"贼人之生，反人之情"。李觏主张"上下有等，奢侈有制"来限制人们的欲望，以安定社会秩序。虽然李觏仍然主张用礼来束缚人们对利欲的追求，但是敢于肯定"言利""言欲"本身就是对传统义利思想的一种突破。③

3. 北宋苏洵的义利观。苏洵认为，"义者，所以宜天下，而亦所以拂（违背）天下之心"。他举例说：叔齐饿死于首阳山，这是"殉大义"，但如果天下都好义，就不会见死不救，让他活活饿死。周武王伐纣是"揭大义而行"，但却要"汲汲于发粟"以"恤天下之人"，因此单靠"义"不可能取得战争的胜利。单有"义"不行，单有"利"也不行。"利在则义存，利亡则义丧。"④讲义时要以利为统率，这叫"利义"；讲利时要以义为统率，这叫"义利"。"义利、利义相为用，而天下运诸掌矣。"苏洵主张义利必须有机结合，进而要求统治者重视人民的物质利益，而不是单纯用"义"来维护自己的统治。

① 杨树森：《论儒家义利观的历史演变及现代意义》，《社会科学辑刊》2001年第2期。
② 《李觏集·原文》。
③ 叶世昌：《古代中国经济思想史》，复旦大学出版社2003年版，第252页。
④ 《嘉祐集·利者义之和论》。

4.南宋朱熹的义利观。朱熹说："义利之说，乃儒者第一义。"① 他认为义利是一个事物的两个部分，如同一根棍子，半截是义，半截是利。"喻义喻利，只是这一事上。君子只见得是义，小人只见得是利。如伯夷见饴，曰'可以养老'；盗跖见之，曰'可以沃户枢'。"② 人们谈义容易，但谈利很难。"这利字是个监界鏖糟的物事，若说全不要利，又不成特地去利而就害。若才说着利，少间便使人生计较，又不成模样……缘他是个里外牵连底物事，才牵着这一边，便动那一边，所以这字难说。"③ 朱熹认为"义者，天理之所宜；利者，人情之所欲"④，把义和利完全对立起来。他认为"仁义"是"天理之公"，"利心"是"人欲之私"。根据他的"存天理、灭人欲"的主张，利心自应属于被清除之列，不这样做的人就是"小人"。

5.南宋叶适的义利观。他反对离开利来谈义，主张把义理与功利结合起来，"仁义"以功利为基础，利义统一。⑤ 他并不赞同董仲舒的"重义轻利"说，"仁人正谊不谋利，明道不计功。此语初看极好，细看全疏阔。古人以利与人而不自居其功，故道义光明。后世儒者行仲舒之论。既无功利，则道义者乃无用之虚语尔"⑥。作为南宋功利学派的代表性人物，叶适反对"贵义贱利"教条，主张"以利和义"⑦。政府应该顺应而不是抑制人们的求利行为，"其途可通而不可塞，塞则沮天下之望；可广而不可狭，狭则来天下之争"⑧。

6.明朝丘濬的义利观。他认为"义"的使用要和贵贱、长幼、多寡、取予等现象联系在一起，"各得其宜"就可以称为"义"。他说："利之为利，居义之下，害之上。进一等则为义，经制得其义，则有无穷之福。退一等则

---

① 《朱文公集》卷二四。

② 《朱子语类》卷二七。

③ 《朱子语类》卷三六。

④ 《朱子语类》卷四。

⑤ 叶坦：《宋代浙东实学经济思想研究——以叶适为中心》，《中国经济史研究》2000 年第 4 期。

⑥ 《习学记言序目·汉书三》。

⑦ 《习学记言序目·魏志》。

⑧ 《叶适集·官法》下。

为害，经制失其宜，则有无穷之祸。"① 不论是国家还是老百姓，只要各自取得不超过与其身份等级相符的财富，就属于"义"。如果不注重"义"，只考虑"利"，就会变"利"为害。当然，国家求利必须要有度，"国家经制之义，在乎征敛有其艺，储蓄有其具，费用有其经而已。"② 对老百姓而言，求利也不能过度，否则要"致刑罚以禁之"，使他们对于财富"不得以非义相侵夺"。

7. 明朝李贽的义利观。他批评"贵义贱利"等传统主张，认为义由利生，"夫欲正义，是利之也；如不谋利，不正可矣"。只有先为民谋利，才能再以正民，使百姓有义。同时认为利就是义，"穿衣吃饭，即是人伦物理；除却穿衣吃饭，无伦物矣"③。李贽反对"君子喻于义，小人喻于利"之类的说法，高度评价古代善于理财、追逐利益的"小人"，把一向被称为"聚敛之臣"的桑弘羊、刘晏列为富国能臣。

8. 明末清初启蒙思想家的义利观。明末清初启蒙思想家不仅肯定和保护私利，而且批评专制君主借"公义"之名谋求"一己之私"。如黄宗羲在《明夷待访录》开篇中言："有生之初，人各自私也，人各自利也。"④ 顾炎武认为自私是人的天性，君主不但要对此"恤之"，还要善于"用之"。"天下之人各怀其家，各私其子，其常情也。为天子，为百姓之心必不如其自为也。此在三代以上已然矣。圣人者因而用之，用天下之私，以成一人之公，而天下治。"⑤ 他主张经济自由，反对国家干预，其"用私论"与司马迁的"善因论"十分相似。王夫之继承和发展了孔子"君子喻于义，小人喻于利"的思想，强调义、利之分，认为"君子、小人之大辨，人、禽之异，义、利而已矣"⑥。他还反对"衣食足而后廉耻兴，财物阜而后礼乐作"的观点，批评这是"执末以求其本"，是"管、商之托词"。他反对《管子》关于道德与经济关系的认识。《管子》认为经济发展水平决定了人们的道德水准，王夫

① 《大学衍义补·制国用·经制之义》上。
② 《大学衍义补·制国用·经制之义》下。
③ 《焚书·答邓石阳书》。
④ 《明夷待访录·原君》。
⑤ 《尚书引义·太甲二》。
⑥ 《读通鉴论》卷一八，《(陈) 宣帝》。

之则把道德看作本源性的东西，坚决反对《管子》提法，认为对于王朝统治者而言，加强思想上的统治具有十分重要的意义。

9. 清朝颜元的义利观。他认为义利合一，主张"以义为利""义利兼重"。"义中之利，君子所贵也。后儒乃云'正其谊，不谋其利'，过矣！宋人喜道之，以文其空疏无用之学。予尝矫其偏，改云：'正其谊以谋其利，明其道而计其功。'"① 颜元既反对重义轻利者的虚妄，也反对见利忘义之徒的贪鄙，主张"利者，义之和也"，对董仲舒的说教进行了修正，较好地将义与利统一起来。

（四）近代的"义利之辨"

近代以来，随着西方列强的入侵，中国思想界出现了传统义利观与西方功利主义的论争。② 进步思想家大都继承了儒家"见利思义""义而后取"等观点，但也激烈批评了后世儒者讳言利、耻言利等观点，并进一步提出"以利为先"主张。他们对传统义利观进行了近代化改造，主张人们在道义许可的范围内去追求正当之利。如资产阶级维新派继承了"以实事程实功"传统观点，同时又极力推崇以自为、趋利避害等为特点的西方功利主义；资产阶级革命派试图对传统义利之辨作出全面的反省和批判，倡导"天下为公"的革命道德观。③

1. 薛福成猛烈抨击了"重义轻利"观点，认为私利与公利可以协调统一。"利之溥者，圣人正不讳言利。所谓生财有大道，生之者众，食之者寡，为之者疾，用之者舒，此治理天下之常经也。后世儒者不明此义，凡一言利，不问为公为私，概斥之为言利小人，于是利国利民之术，废而不讲矣。"④ 薛福成区分了公利与私利，认为个人追求私利的行为与社会的公利是可以协调的。他认为商人利益的总和就是国家的利益，应该大力提倡务实求

---

① 《四书正误》卷一。

② 朱英：《近代中国商人义利观的发展演变》，《开放时代》2000 年第 6 期。

③ 张锡勤：《论传统义利观在近代的变革》，《中国哲学史》2005 年第 2 期。

④ 《薛福成选集》，上海人民出版社 1987 年版，第 612 页。

利，"人人各遂其求，人人之私利既获，而通国之公利寓焉"①。

2. 严复批判了传统"重义轻利"观点。"民之所以为仁若登，为不仁若崩，而治化之所难进者，分义利为二者害之也。孟子曰：'亦有仁义而已矣，何必曰利？'董生曰：'正谊不谋利，明道不计功。'泰东西之旧教，莫不分义利为二涂。此其用意至美，然而化于道皆浅，几率天下祸仁义矣。"② 从天演进化角度看，"重义轻利"固然是高尚的，但社会发展仍然离不开对利的追求，合理的利就是义。严复认为人们追求的"长久真实之利"就是义，而"浅夫昏子之利"则不是义。他主张义利统一，提出"义利合""两利为利""开明自营"等思想，尤其"开明自营"思想是一个较大的突破，反映了近代资产阶级要求发展市场经济的迫切愿望。

3. 谭嗣同批判了当时"圣贤不当计厉害"的观点，主张大胆言利，提倡积极有为的功利主义。"若今之所谓士，则诚不计利害矣。养民不如农，利民不如工，便民不如商贾，而又不一讲求维持挽救农工商贾之道，而安生饱食，以高谈空虚无证之文与道。"③ 他认为只有变法维新，实行近代资本主义生产以兴利，才能抵御列强侵略，挽救民族危机。同时，他运用义利之辨这一利器，对封建专制主义和满清王朝进行了无情批判。④

4. 孙中山主张"天下为公"，阐发了一系列作为革命民主主义者应有的道德标准，"人人应该以服务为目的，不当以夺取为目的"。他主张的民生主义完全不同于资本主义，"资本主义是以赚钱为目的，民生主义是以养民为目的"⑤。他反对损人利己行为，号召革命党人发扬"天下为公"精神，助天下人丰衣足食，消除贫富的过分悬殊。"损人利己乃能发财成功者，我党人不为也。我党人须人人发财，始为成功。"⑥ 孙中山试图用儒家的大同、民本观念修补西方功利主义思想的不足，这说明革命派的义利观已具有明显的整

---

① 《薛福成选集》，上海人民出版社 1987 年版，第 541 页。

② 《严复集》，中华书局 1986 年版，第 858 页。

③ 《谭嗣同全集》，中华书局 1981 年版，第 163 页。

④ 谢孝明、肖永明：《论谭嗣同义利观的近代意识》，《伦理学研究》2009 年第 3 期。

⑤ 《孙中山选集》（下卷），中华书局 1981 年版，第 825 页。

⑥ 《孙中山选集》（下卷），中华书局 1981 年版，第 548 页。

体主义和德性主义的价值导向，它不仅是传统义利观的延伸和深化，也是近代义利观的升华与转向。[①]

二、义利思想的"得"与"失"

儒家"重义轻利"义利观是古代主流意识形态，为人们处理道德修养与物质利益的关系树立了准则。"重义轻利"不仅是社会交往的重要原则，也是物质利益分配的重要原则。义利本为一体，但如果把两者截然分开，在社会经济总量非常有限的情况下，如果一味提倡"重利"，势必因分配严重不均而引起社会混乱。反之，如果只是清谈"义"的"重义轻利"更多是被看作愚弄老百姓的一种手段。"重义轻利"的真正内涵，并非是一个孤立的哲学命题，"义"与"利"实则是统一的价值取向和意识形态，并且最终应用到社会生活的方方面面。古代人尚能讲求"重义轻利"，现代人更应重视"重义轻利"。我们要认真借鉴古代治国经验，除全面依法治国外，还应积极发挥道德修养在国家治理中的重要作用。

（一）义利思想之"得"

1.作为古代中国的主流义利观，儒家"重义轻利"思想体现了以德治国思想，且被社会各界所接受，保证了古代中国的社会治理。儒家"重义轻利"观之所以能从先秦众多义利观中脱颖而出，是因为这种价值观不仅得到统治者的认可和提倡，更得到广大民众的支持和践行。儒家义利观主要包括一个基本命题与四个衍生命题。基本命题是义以生利或以义制利。荀子的言论最具代表性："先义而后利者荣，先利而义者辱"[②]；"以义胜利者，为治世；利克义者，为乱世"[③]。基本命题又包括四个衍生命题：一是见利思义。"见利

---

① 魏悦等：《近代中国传统义利思想的资本主义化》（之二），《上海商学院学报》2014年第1期。

② 《荀子·荣辱》。

③ 《荀子·大略》。

思义，见危授命，久而不忘乎平生之言，亦可以为成人矣。"① "君子有九思：视思明，所思聪，色思温，貌思恭，言思忠，事思敬，疑思问，忿思难，见得思义。"② 二是取之有义。"富而可求也，虽执鞭之士，吾亦为之。如不可求，从吾所好。"③ "不义而富且贵，于我如浮云。"④ "邦有道，贫且贱焉，耻也；邦无道，富且贵焉，耻也。"⑤ 三是先义后利。孟子说："苟为后义而先利，不夺不厌，未有仁而遗其亲者也，未有义而后其君者也。王亦曰仁义而已矣，何必曰利？"⑥ 荀子把义与利谁先谁后的问题提高到统治者个人荣辱和国家强弱的高度。他说："先义而后利者荣，先利而后义者辱。"⑦ 又说："国者，巨用之则大，小用之则小"；"巨用之者，先义而后利"；"小用之者，先利而后义"。⑧ 四是重义轻利。荀子说："请成相，道圣王，尧、舜尚贤身辞让，许由、卷善重义轻利，行显明。"⑨ 孟子说："鱼，我所欲也；熊掌，亦我所欲也；二者不可得兼，舍鱼而取熊掌者也。生，亦我所欲也；义，亦我所欲也；二者不可行兼，舍生而取义者也。"⑩ 儒家上述义利观，得到社会各界高度认同，不仅在经济领域如此，而且在政治、文化等领域也是如此，从某种意义上讲，古代人一生都在践行着这些基本原则，并成为中国优秀传统文化的最重要组成部分之一。

2. 儒家"重义轻利"思想区分了公利与私利，主张公利重于私利，既保证了古代中国的经济秩序，也通过塑造英雄人物维护了政治秩序。孔子"罕言利"⑪，把义利作为区分君子与小人的标准，提出"君子喻于义，小人

---

① 《论语·宪问》。
② 《论语·季氏》。
③ 《论语·述而》。
④ 《论语·述而》。
⑤ 《论语·泰伯》。
⑥ 《孟子·梁惠王上》。
⑦ 《荀子·荣辱》。
⑧ 《荀子·王霸》。
⑨ 《荀子·成相》。
⑩ 《孟子·告子上》。
⑪ 《论语·子罕》。

喻于利"① 观点。孟子以国家利益为重，主张先义后利，提出"何必曰利"②观点。西汉董仲舒提出了儒家正统义利观的经典表述："正其谊不谋其利，明其道不计其功。"③ 后世儒家大都继承了重公利轻私利的精神传统。北宋范仲淹说："先天下之忧而忧，后天下之乐而乐。"④ 明末清初顾炎武也说："天下兴亡，匹夫有责。"⑤ 总体而言，在"重义轻利"思想影响下，儒家重视集体主义，忽视个人主义；强调个人利益服从整体利益，甚至有时要放弃个人私利。这种重公利、轻私利的传统，对于在市场经济中人们私心过重、"一切向钱看"、甚至为了私利而不择手段的做法无疑具有正本清源的作用。⑥

3.传统义利观适应并促进了古代农业经济发展。传统经济始终以农业为主，工商为辅。中国历史上虽有几次商业发展的高潮期，但总体上仍没有改变农业经济社会性质，加上人口的快速繁衍，所以表现为总需求远远大于总供给。这种日益严重的供需矛盾，单靠发展农业生产力很难得到解决，而儒家"重义轻利"观则在一定程度上限制了人们的消费欲望，从而减轻了供需矛盾。儒家要求人们安贫乐道、安分守己，不要追求非分的物质享受。孔子弟子颜回就是这种代表人物，"贤哉，回也，一箪食，一瓢饮，在陋巷，人不堪忧，回也不改其乐。贤哉，回也"⑦。南宋朱熹提出"存天理，灭人欲"，也是重义轻利，意在劝导人们遵守三纲五常等封建说教，否定人们追求物质利益的合理性。只要没有改变农业社会的性质，这种物质匮乏的情形就不会改变很多，因而通过"重义轻利"之类的宣传就成为统治者治理国家的有效手段。在产品供给极为有限的古代社会里，如果人们只求利而不讲义，那么我们会看到严重的社会矛盾、频繁的政权更迭以及道德的沦丧。只有把义作为基本行为准则，才会缓和社会矛盾、稳定国家政权。所以说，儒家义利观适应了古代农业经济发展的要求，也提供了中华文明兴盛的精神

① 《论语·里仁》。
② 《孟子·梁惠王上》。
③ 《汉书·董仲舒传》。
④ 范仲淹：《岳阳楼记》。
⑤ 顾炎武：《日知录·正始》。
⑥ 刘立夫、龙璞：《现代市场经济视域下的中国传统义利观》，《伦理学研究》2013年第5期。
⑦ 《论语·雍也》。

支柱。但是，这种重精神轻物质的"重义轻利"观点，有时会遭到人们激烈反对，像中国历史上几次商业高潮期，社会经济有了较大发展，"重利轻义"现象有所抬头并在民间有广泛传播。当然，统治者对"重利轻义"有很好的应对办法，如统治者仍会重申"重义轻利"的正当性与合法性，并采取措施回到传统轨道上去。

4.除儒家义利观外，其他学派的义利观也在发挥作用，它们一起对古人的政治经济行为产生重要影响。比如南宋叶适集功利主义之大成，提出"既无功利，则道义者乃无用之虚言尔"。他完全否定礼仪教化，只重计数，认为功利才是第一位，反对"贵义贱利"。明朝李贽非孔反儒，主张义由利生、利就是义，高度评价被儒家所批判的善于理财、追逐利益的"小人"。明末清初启蒙思想家黄宗羲不仅肯定和保护私利，而且反对专制君主"公义"名下的"一己之私"。历代专制君主"视天下为莫大之产业，传之子孙，受享无穷"，把全国的一切财富和人口都看作自己一人一家的私物，同时又空谈"义利"，意在不许百姓追求自身的利益。在黄宗羲看来，这种"以一己之私而代天下之公"①的制度必将灭亡。古代"义利观"具有多元性和复杂性，既包括主流的儒家义利观，也包括非主流的其他义利观。这些义利观从不同角度、不同层面给予中国社会经济以深远的影响，促使人们的义利观随着历史的更易和时代潮流的变迁而改变。②

（二）义利思想之"失"

1.传统义利观限制了商品经济发展。包括儒家义利观在内的传统义利观建立在农业经济基础上，而不是建立在发达的工商业之上，所以它在很大程度上反映了人们的"重农轻商"观念，并深刻影响了统治者的"重农抑商""重本抑末"等经济政策。古代中国主要以自然经济为主，男耕女织是其主要特点，社会分工未充分发展，商品经济只是在中国历史上一定区域、一定时间上有一定的发展。在"重义轻利"观念支配下，从事商业经营的商

---

① 《明夷待访录·原君》。
② 余镇邦：《"义利观"与社会主义市场经济》，《当代财经》1995 年第 1 期。

人被认为属于"喻于利"的小人,他们的日常消费、身份户籍、政治权利等都受到很大限制。由于"贱商""轻商"等观念极为流行,商人及商业无法得到应有的尊重,古代的商品经济自然得不到应有发展。古代中国仅有的两次商品经济发展高潮期,都是在儒家义利观的主流地位没有确定或者义利观转型时期所出现的。

2.传统义利观不利于追求个人私利。传统义利观非常重视社会公利,极力淡化个人私利,以社会利益排斥个人利益,从而使社会成为个体的对立面。重视"社会公利"没有错,但不一定要否定个人私利。传统义利观打着"天下为公"的幌子,极力贬低百姓的个人私利,同时尽力满足统治者的个人私利。荀子对在上的统治者和在下的普通百姓提出了不同的原则:对天子而言,"欲虽不可尽,可以近尽也";对百姓而言,"欲虽不可为,求可节也","进则近尽,退则节求"。① 所以传统义利观是等级制度下的别尊卑、明贵贱的义,因此它不能对社会公利和个人私利的关系作出真正合理的解释,不可能不对劳动人民正当的利欲有种种节制。在社会主义市场经济条件下,要充分肯定个人利益,特别是个人的正当利益,讲热情、奉献,如果没有物质的保障是难以持久的。正是从这一点教训出发,国家提出了个人利益和国家利益、集体利益兼顾的新型义利观,承认并保护那些通过诚实劳动获取的个人利益。

3.完全重义或完全重利等极端情形既妨碍了个人发展又阻碍了国家发展。完全重义等极端情形,虽然有益于个人的精神追求,但很多时候不利于个人的物质追求。如南宋朱熹以理释义,以欲释利,并把两者看成是相互排斥的,"天理存,则人欲亡;人欲胜,则天理灭,未有天理人欲夹杂者",由此提出"存天理灭人欲"的主张。完全重利等极端情形,虽然有利于国家短期统治,但无益于国家长期统治。如商鞅、韩非等人的"重利轻义"论。他们把趋利避害、自私利己当作人性的全部内容,把义当作虚伪和无用的东西,因而主张贵法不贵义,任功不任德。商鞅认为"能制天下者,必先制其民者也;能胜强敌者,必先服其民者也。故胜民之本在制民。"② 并提出利用

---

① 《荀子·正名》。

② 《商君书·画策》。

人的喜利畏罪的心理推行法治，以利相挟，以利制利。古代社会还存在义利俱轻等极端情形，这种义利观虽然有利于个人修养，但无益于社会治理。如老庄道家、隋唐佛学等既鄙视个人的物质利益和生活享受，也鄙视社会的公利和道义。他们认为利欲是人生祸患、天下纷争的总根源，要免除祸害、天下太平，就必须实现"不以情累其生，不以生累其神"的超然状态，要求人们禁欲黜利，自克己私。

4.传统义利观弱化了法律在国家治理中的作用。"重义轻利"是符合社会主流的行为规范，但如果失信、重利、不重义的话，统治者应该如何做呢？在面对重利轻义等情形的时候，王朝统治者大都通过道德教化来规范人们的行为，很少通过法律来规范人们的行为。从历代的治国方略看，以德治国在中国具有悠久的历史。王朝统治者一般是以德治为主，以法治为辅。这种"德主刑辅"的治国方略包含着重义轻利。重义轻利与三纲五常、黜奢崇俭具有同样的宣传与统治效果。西汉董仲舒主张"德主刑辅"，强调重义轻利等道德教化，弱化法律的惩罚作用。南宋朱熹主张"教之不从，刑以督之"①，也是强调道德教化的主要作用，把刑罚放在辅助地位上。唐太宗李世民说："德礼为政教之本，刑罚为政教之用，犹昏晓阳秋相须而成者也。"②康熙也说："天下当以仁感，不可徒以威服。"③无论统治者还是思想家，都非常重视以"重义轻利"等为主要内容的以德治国方略，使得古代立法的价值取向方面表现为崇尚道德、轻视法律、厌恶诉讼。"德主刑辅"既是古代治国方略，也是古代立法的基本态度，也与中国古代道德价值的取向一脉相承。在"重义轻利"观念深入人心的背景下，法律成为道德教化的重要补充，而无法独立发挥其应有的作用。从历史经验看，法律体系一般随着工商业发展而日益完备。古代中国经济的基本格局是以农业为主，所以以尚德礼、轻法律、"贱"诉讼成为古代中国的基本信念，对法律的发展产生了消极的影响。④虽然德治是传统社会的主要治国方略，但也有一些王朝统治者通过

---

① 《朱子语类》卷二三。
② 《贞观政要·择官》。
③ 《康熙政要》卷一。
④ 邱曦、胡艳美：《儒家义利观与中国传统法律文化》，《法制与社会》2009年第2期。

严刑峻法来治理国家，在某种程度上推动了古代法律建设。笔者曾在《两汉诸子治国思想研究》一书中详细探讨了汉朝思想家关于德治与法治的争论，分别指明了德治和法治的利弊，最终结论是"德法并举"应成为主要治国方略，治国方略应因时制宜，太平盛世用德治，没落衰世用法治。只靠德治或法治，都不能维持王朝长治久安，两者的有机结合，因时因事制宜，各有侧重，才是王朝存在发展的关键。①

（三）历史借鉴

1. 传统义利观"重义""重德"，对于构建社会主义义利观具有重要借鉴意义。传统义利观既有个人层面上的主张，比如强调人际关系的自我修养、自我约束的重要性，强调"己所不欲，勿施于人"；也有社会层面上的主张，比如强调先公后私，社会利益高于个人利益，"先天下之忧而忧，后天下之乐而乐"。这些主张对古代的社会治理有重要帮助，对建设社会主义义利观也有借鉴意义。"重义""重德"永远不会过时，也不会褪色。在社会主义市场经济建设过程中，我们非常重视对"利润""利益"等各种利的追求，但有时严重忽略了对"道德""道义"等义的追求，所以我们今天看到了市场经济中诸多"不义"的内容，诸如人情淡漠、假冒伪劣、贪污腐化等。市场经济遵循竞争、信用、互利等基本价值原则，这就需要我们发挥以传统义利观为代表的中国优秀传统文化，使之与社会主义市场经济紧密结合，在深层次意义上对市场经济的建立和完善产生积极的促进作用。作为习近平新时代中国特色社会主义思想的重要组成部分，社会主义核心价值观是当前社会主义义利观的最好代表与阐释。在社会主义核心价值观的构成中，富强、民主、文明、和谐是国家层面的价值目标，自由、平等、公正、法治是社会层面的价值取向，爱国、敬业、诚信、友善是公民个人层面的价值准则。为了建立健全社会主义市场经济，我们应该继承发挥传统义利观重视个人道德修养、国家利益至上的良好传统，在"逐利"的同时"重义"，积极构建社会主义核心价值观。

2. 传统义利观区分了公利与私利，有利于时代英雄人物的塑造。传统

---

① 陈新岗：《两汉诸子治国思想研究》，山东文艺出版社 2009 年版，第 64 页。

义利观区分了公利和私利，强调公利重于私利，社会整体利益重于个人利益。这种价值观深入人心，不仅成为一般百姓的基本追求，更是很多历史英雄人物脱颖而出的精神支撑。像西汉霍去病曾言："匈奴未灭，无以家为也？"[1] 陈汤说："明犯强汉者，虽远必诛。"[2] 南宋岳飞说："三十功名尘与土，八千里路云和月。"[3] 明朝戚继光说："男儿铁石志，总是报国心。"[4] 清朝林则徐说："苟利国家生死以，岂因祸福避趋之。"[5] 这些英雄人物秉持"重义轻利"原则，在民族危亡或国难当头之时，"舍生取义""杀身成仁"，不惜牺牲个人生命而维系社会整体利益，逐渐形成中华民族百折不挠之精神。其

位于兰州市玉泉山公园的霍去病雕像，告诉人们西汉的霍去病曾经"封狼居胥"，当然，东汉的窦宪也曾经"燕然勒石"，他们都是抗击匈奴入侵的著名历史人物

实，无论哪个时代的英雄人物，都能引领社会潮流发展。"狼牙山五壮士"、张自忠、邱少云等都是战争年代的英雄人物，他们在生死考验间，在民族大义与个人私利上，毅然决然地选择了舍生取义，牺牲小我、成就大局。雷锋、钱伟长、杨善洲等都是和平年代的英雄人物，他们都有一种共同的特质，那就是舍己为人的大爱、勇于担当的责任和坚守岗位的执着。社会主义市场经济也需要"重利轻义"式的英雄人物，而传统义利观能为当今时代英雄人物的塑造提供有益借鉴。

　　3.重利轻义等非主流义利观也有利于当代社会主义市场经济建设。如

---

① 《史记·卫将军骠骑列传》。

② 《汉书·陈汤传》。

③ 岳飞：《满江红》。

④ 戚继光：《寄书》。

⑤ 林则徐：《赴戍登程口占示家人》。

白居易的"求利论"、李觏的"义利统一论"、苏洵的"利者义之和"、清初的颜李之学等。重利轻义论者，往往是历史上具有某种朴素唯物主义倾向的思想家，他们强调物质对社会经济的推动作用，大都主张在一定的道德规范限制下，通过积极发展生产，来满足人们对物质和精神生活的需要与欲望。传统义利观具有多元性，"重义轻利"主流义利观与"义利并重""义利双行"等非主流义利观，并存互补，共同维系社会有序运转。"义利并重"等非主流义利观强调利在义先，无利而不成义。这与宋朝以后商品经济的发展有一定的关系，也是宋明理学"理欲之辨"的产物。为了反对宋明理学"存天理，灭人欲"观点，陈亮强调"义利双行，王霸并用"①，李贽则强调"穿衣吃饭，即是人伦物理"②。"义利并重"等非主流义利观，即使从现代市场经济的眼光来看，亦有相当的合理性。③上述非主流义利观也有助于形成正确的财富观。即财富不仅包括各种利（如工资、利润、存款等），而且包括各种义（如道德水平、信用水平、社会声誉等）。中国经历了纯粹的道德时代，也经历了疯狂的拜金时代，是时候回归义利并重的发展轨道了。

4. 传统义利观所体现的社会公平思想，对于当今的市场经济建设具有重要借鉴意义。中国历史上儒家大声疾呼要以仁义为本，顾全天下的大利，坚决反对贵族官僚大肆聚敛社会财富的行为。因为这样置道义于不顾，聚积社会财富必然会引起广大平民阶层的不满，进而影响到国家的长治久安。《大学》里"财聚则民散，财散则民聚"，说明财富不均的后果。孔子明确提出了社会公平思想："丘也闻有国有家者，不患寡而患不均，不患贫而患不安。盖均无贫、和无寡、安无倾。"④孔子在这里阐明了社会公平之于一个社会、国家的重要意义。北宋王安石针对当时土地占有极不均等，贵族官僚广占田园而不纳税，贫民"产去税存"的现象进行改革，推出"方田均税法"。官僚贵族和地主豪强无法再隐瞒所占有的土地，必须按土地的多少和质量的等级向国家纳税，占地多者交税多，占地少者纳税少，改变了少数农民承担

---

① 《陈亮集·又甲辰秋书》。

② 《焚书·答邓石阳》。

③ 刘立夫、龙璞：《现代市场经济视域下的中国传统义利观》，《伦理学研究》2013年第5期。

④ 《论语·季氏》。

国家大部分租税的不合理现象。明朝海瑞认为当时土地占有与赋役负担严重失衡，"有田者无税，无田者反当重差"，因而主张均赋役，"仍照各贫富各田多少，贫者轻，富者重；田多者重，田少者轻，然后为均平也"。[①] 明末清初顾炎武在《苏松二府田赋之重》一文中，认为当时江南地区的赋税过重，主张减赋减租，大力减轻农民负担。传统义利观非常注重社会公平，主张减轻农民负担，实现统治者与被统治者的良性互动。传统义利观的上述特点，能够为社会主义市场经济建设提供有益借鉴。社会主义市场经济建设初期，基尼系数居高不下，社会不公现象较为突出。我们都知道，社会公平是社会稳定的关键，只有社会财富在各阶级、阶层间相对公平地分配，各阶级、阶层才会各得其所，国家才会长治久安。如果收入差距过于悬殊，社会不公过于严重，将会引发一系列社会问题，进而造成社会动荡，危及国家统治。对于上述现象，我们肯定不能回到计划经济下的平均主义，但也不能置之不理、任其发展。传统义利观中关于社会公平的论述，启示我们对当前的贫富分化、社会不公现象保持应有的敏感度，应进一步深化改革，努力消除造成不公平的原因，抑制整个社会两极分化的趋势。[②]

5. 传统义利观的适度改造有利于市场经济运行。传统义利观强调道德的自律，弱化法律的他律，这样的主张无法适应社会主义市场经济建设的基本要求。传统农业经济是一种"熟人"经济，属于人格化交易，信用极为有限，个人道德修养对社会经济运行具有主导作用。但现代市场经济则是一种"陌生人"经济，属于非人格化交易，信用极度膨胀，法律法规对社会经济运行具有主导作用。如果适度改造传统义利观，改变传统义利观过分依赖个人的道德修养而弱化法律法规的特点，做到两者有机结合，则有利于现代市场经济运行。社会主义市场经济要求我们不仅要讲道德，更要讲法治。一方面，如果社会道德风尚好，法律就会存而不用，社会经济活动的效率就会大大提高；另一方面，目前社会中所出现的有法不依、知法犯法、执法违法的事情屡见不鲜，这本身也是市场经济伦理失范、人们道德水准下降所导

---

① 《海瑞集》，中华书局 1962 年版，第 275 页。

② 孙向军、王发棠：《儒家义利观的现代思考》，《江苏社会科学》1999 年第 1 期。

致的。人们对义利的追求，既有赖于道德整合，又离不开法律调控。古代的"礼治"反映了传统义利观的基本要求，今天的"法治"则应当反映社会主义义利观的基本要求。传统农业经济不依赖法律也能够实现有效运转，现代市场经济必须依靠社会主义义利观与法律法规有机结合才能实现有效运转。从某种意义上讲，社会主义义利观只有上升、表现为法律法规，才能在全社会形成统一的义利观，进而有一个衡量个人求利之行为是否合义和求义之行为是否有利的标尺，引导每个公民自觉履行宪法和法律规定的各项义务，积极承担自己应尽的社会责任。否则，又会重蹈重利轻义或重义轻利之覆辙。

三、"重义轻利"思想的时代转化

如何构建具有中国特色的社会主义义利观，是当前理论界、学术界十分关心的问题。从传统义利观历史演变的过程看，笼统地用"重义轻利""义利对立"等来概括传统义利观的内容是不准确的，因为传统义利观经历了不同的历史发展阶段，而每个阶段的内容都有不同的特点。只有搞清楚传统义利观的历史演变过程，才能具体区分它的精华和糟粕，才能正确评判它在社会主义市场经济建设中的作用。[①] 传统义利观（儒家义利观）的时代转化就是在继承传统义利观基础上，以习近平中国特色社会主义思想为指导，对之加以改造，赋予其新的时代内涵，即把传统义利观改造为社会主义义利观，从而适应社会主义新时代的发展要求。社会主义义利观是在社会主义制度条件下，如何正确处理物质利益和道德规范关系的观念或理论的总和。中华人民共和国成立后，随着计划经济的建立发展，"国家至上"成为人们处理义利关系的主要准则。改革开放以来，随着市场经济的日益发展，"共同富裕"成为社会主义义利观的核心内容。十八大以来，社会主义核心价值观逐渐成为社会主义义利观的主要表述。社会主义核心价值观的主要内容为："富强、民主、文明、和谐、自由、平等、公正、法治、爱国、敬业、

---

① 杨树森：《论儒家义利观的历史演变及现代意义》，《社会科学辑刊》2001 年第 2 期。

诚信、友善。"社会主义核心价值观与中国特色社会主义发展要求相契合，与中华优秀传统文化和人类文明优秀成果相承接，是我们党凝聚全党全社会价值共识作出的重要论断。从"共同富裕"到社会主义核心价值观的提出，这一过程不仅是社会主义义利观的形成发展过程，也是传统义利观作用于社会主义市场经济的时代转化过程。这一转化过程，经历了观念上重建、制度上完善、实践上引导等阶段，最终目的是实现以人为本的回归。

（一）坚持共同富裕

社会主义义利观应始终把实现共同富裕作为核心内容。我们必须充分挖掘传统义利观中"义利并重"等内容，将"共同富裕"作为市场经济建设的最终目标。中国历史上，重义轻利是主流，但重利轻义、义利并重等事项也曾发挥过重要作用。社会主义市场经济不再"讳言利"而是人人"逐利"，从"万元户"到"百万富翁"再到"亿万富豪"反映了人们对财富的追求变化。变化的政治经济形势，需要我们重新审视传统义利观，从而建立社会主义义利观。社会主义义利观要求破除"重义轻利"，充分尊重公民的合法利益；反对"重利轻义"，把国家人民利益放在首位；坚持"义利并重"，倡导社会利益与个人利益有机结合。社会主义义利观以"共同富裕"为主要特点，是一种开放性的新型义利观。首先，社会主义义利观敢于言利，而且明确言利。从邓小平理论到习近平新时代中国特色社会主义思想，从改革开放到全面深化改革，党中央始终以经济建设为纲，以经济改革为目，把国家富强和人民富裕作为最重要的追求目标。"富裕"的核心就是经济利益，没有经济利益，既无法满足人民日益增长的物质文化需要，也无法满足人们对美好生活的需要。其次，社会主义义利观体现了"利之所在""义之所在"。幸福是奋斗出来的，社会主义义利观将人们的各种劳动与物质利益紧密联系在一起，要求人们勤劳合法致富获利。它既提高了个人收入增加了幸福感，又开拓了国家税源增强了国力，真是利己利国，这是"利之所在"。社会主义义利观不仅允许部分人先富起来，更强调先富的人要带动、帮助未富的人，最终实现共同富裕，这是"义之所在"。从某种意义上讲，以"共同富裕"为特点的社会主义义利观是传统义利观的时代转化，这种义利观目前以社会主义核心价值观为表现形式，这种转化有利于社会主义经济建设，有利于国家富强和人民富裕。

（二）建设信用经济

社会主义义利观应强化信用在市场经济建设中的重要作用。我们必须发挥传统义利观"重信"特点，将信用建设融入市场经济建设进程。传统义利观非常注重信用，像一诺千金、言而有信、一言既出驷马难追等都是类似表达，正是依靠信用、道义等，古代社会在法律非常不健全乃至缺失的情况下，对诸多"背信弃义"现象进行约束，维护着农业经济和社会运转。传统义利观的"重信"等内容可以转化为社会主义市场经济条件下的信用建设相关内容，结合法治建设，对市场主体的失信违约等行为进行道德约束和法律制裁。在社会主义市场经济建设过程中，很多领域出现了造假失信现象，像食品生产、工程建筑等，人们对这些现象深恶痛绝，渴望食品安全，渴望绿水青山。在市场经济建设中，无论生产者、消费者及政府都应重义讲德，诚实守信，坚决反对欺诈无信，经济无序现象。市场经济不仅是法治经济，也是信用经济。诸如消费、借贷、投资、交易等经济行为，都需要信用支撑。新时代的市场经济，要求人们在遵守信用的基础上，降低信用成本、提高信用收益。而传统义利观具有"重承诺、守信用"特点，有利于克服背信弃义、欠债赖账等市场经济弱点。就企业而言，遵守信用必须成为企业经营的基本要求。信用是一项重要的无形资产，它可以提升企业品牌，转化为企业的竞争优势，提高企业经济效益。要成功地经营企业，最重要的是确立企业经营理念，而经营理念中最主要的是如何处理好义（以信用为代表）与利（以利润为代表）的关系。企业经营"见利思义"则成功，"见利忘义"则失败。因此，企业应构建以道德规范和诚信为原则，提高企业经济效益的经营理念。世界上一些长寿企业的发展史证明，遵守社会道德规范，拥有良好的企业信用是企业价值和企业竞争力的重要标志。注重信用是企业参与经济全球化的必需素质，增强社会责任，也是现代企业持续发展和成功的必备条件。信用是企业之本，产品之本，每个企业家深深懂得在企业内部进行职业道德教育与义利文化教育，端正求利与重义的态度，调节二者的关系。① 除去企业自身的信用建设外，国家也会通过"质量万里行"、央视"3·15"晚会等方式督促企业提高其信用水平。同时，中国社会信用体系建设也在推进中。在中国人民银行和国家发改委的协调下，各部委相继出台了相关领域的信用管理规定，全国性的信用立法也在酝酿中。传统义利观对现代企业经营处在持续影响中，企业因"重信"而存在和发展，因"失信"而消失或萎缩，遵守信用成为任何企业的生存基因。"重信""重德"是传统义利观的基本内容，遵守信用则是社会信用体系建设的基本要求。在目前社会信用体现建设过程中，传统义利观也发挥了重要作用，两者还实现了有益结合，如守信联合奖励和失信联合惩戒制度等，但做得还远远不够，需要继续深化两者的内在联系。

（三）为人民服务

社会主义义利观应把为人民服务作为基本原则。我们必须发挥传统义利观"重公轻私"特点，将"为人民服务"根本宗旨融入市场经济建设进程。中华人民共和国成立至改革开放这段时间，传统义利观转化为以"重公轻私"为特点的社会主义义利观，强调国家和集体利益至上，忽视甚至否定个人利益，这种义利观很好满足了中国人"站起来"的现实需求，我们看到了雷锋、铁人王进喜等人的无私奉献精神，看到了严重的工农产品剪刀差，也看到了重工业体系的建立及原子弹、人造卫星等。从改革开放至十八大，我们一直走在"富起来"的道路上，传统义利观也适时转化为以共同富裕为核心内容的社会主义义利观。改革开放总设计师邓小平说："社会主义的目的就是要全国人民共同富裕，不是两极分化。"② 党的好干部孔繁森说："一个人爱的最高境界是爱别人，一个共产党员爱的最高境界是爱人民。"③ 杂交水稻之父袁隆平说："中国完全能解决自己的吃饭问题，中国还能帮助世界

---

① 余镇邦：《"义利观"与社会主义市场经济》，《当代财经》1995 年第 1 期。
② 《邓小平文选》第三卷，人民出版社 1993 年版，第 110 页。
③ 《解放军报》1995 年 4 月 15 日。

人民解决面临的饥饿问题作出更大的贡献。"① 中国粮食总产量不断增长，医疗水平不断提高，经济总量不断增大直至成为世界第二大经济体。这个阶段，我们虽然富起来了，但也出现很多极端利己主义情形，比如"为富不仁""见死不救""损人利己""贪腐流行"等。十八大以来，中国逐渐走向"强起来"时代，社会主义核心价值观成为社会主义义利观的主要表述。新时代新背景，我们在充分践行社会主义核心价值观的同时，继承、弘扬传统义利观"重公轻私"特点，坚持"为人民服务"的根本宗旨，坚持社会主义集体主义的价值导向。当然，发挥传统义利观重视"公利"的特点，也有利于推进反腐倡廉工作。中国共产党人要正确看待义与利的关系，自觉传承古代义利观的优良传统，树立先义后利、以义取利的思想，坚持人民利益高于一切的原则，真正做到"立党为公，执政为民"。

（四）提高道德修养水平

社会主义义利观对个人道德修养有较高要求。我们必须发挥传统义利观注重"修身"特点，将个人道德修养融入市场经济建设进程。计划经济时期，社会供给极为短缺，国家大力宣扬"勤俭持家""艰苦奋斗"等传统美德，人们的消费行为也以节俭为主。自改革开放以来，计划经济逐渐迈向市场经济，卖方市场逐渐转向买方市场。消费在现代经济增长中的作用日益明显，现在我们常把消费、投资及外贸视为拉动经济增长的"三驾马车"。虽然消费对于经济增长具有刺激作用，但经济增长又决定于生产，所以，现代市场经济要求生产与消费在动态中求平衡，更多时候通过刺激消费来刺激生产。扩张性的消费政策有利于经济增长，但也有可能诱发奢侈浪费毫无收入透支，滋长享乐纵欲主义。于是，传统义利观对"节俭"的注重与当今社会对"奢侈"的注重，便产生了矛盾，这种矛盾对人们的消费观念及行为有着极为重要的影响。像古代人一样，现代人为了实现节俭与奢侈之间的平衡，需要不断提高自己的道德修养，最终做到奢俭"合乎中"。儒家义利观主张节俭，反对人们追求物质利益，但也有很多思想家主张奢侈消费，主张追求

---

① 谌许业：《赶走饥饿的杂交水稻之父——袁隆平》，《湖南档案》2000 年第 3 期。

物质利益，像管仲、叶适、陆辑、郭子章等。现代市场经济要求适度的奢侈消费，所以我们应该吸收古代义利观中有关奢侈消费的有益成分，做到节俭有度，奢侈有节。这需要消费者有效提高个人道德修养水平，树立正确的财富观和消费观，妥善处理财富积累与个人消费的关系。就财富积累而言，我们应将财富观多元化，反对把获取金钱和地位作为生活的唯一目标，强化对理想生活、道德生活的追求，从而将财富获取融入经济发展之中。就个人消费而言，我们应将消费观多元化，反对过分节俭，反对过分奢侈，提倡奢俭适中的消费行为，从而将个人消费融入国家消费政策之中。

（五）培育企业家精神

社会主义义利观应充分重视企业家精神在市场经济建设中的重要作用。我们必须发挥传统义利观"平天下"特点，将企业家精神融入市场经济建设进程。传统义利观主张"修身齐家治国平天下"，主张做好小我，服务大我。上述主张可以适时转化为市场经济条件下的企业家社会责任。对现代企业而言，追逐利润虽是企业经营的重要目的，但并不是唯一的目的，履行社会责任也是现代企业的应有之义。为了更好履行社会责任，中国企业家不仅要向西方学习，更重要的是从传统文化中汲取养料。传统义利观"见利思义""取之有道"等内容，能够深刻影响企业家对社会责任与企业发展关系的判断和执行。首先，企业家履行社会责任是企业发展和企业家君子人格的双重要求。市场经济活动既包括利己行为和物质追求，也包括利他行为和精神追求。[①] 如果企业家把"利润最大化"作为唯一追求，那么这家企业最终也不会实现利润最大化，企业家也不会获得应有的尊重。其次，作为"企业的企业家"，必须处理好企业经营中的"义利关系"，做到"义利相融"。义利相融是指在承认义利均合理的基础上，强调义利互为基础，互相促进。义利互生是指对内以员工为中心，对外以顾客为中心，是义利统一的最高层次。再次，作为"社会的企业家"，意味着必须躬行更广泛的社会关怀。企业家除追求利润外，还必须维护社会整体利益，为社会发展做贡献，不能为

---

① 吴颖：《孔孟义利观：中国企业家社会责任的文化基础》，《南京社会科学》2010年第10期。

了追求短期利益而作出一些危害社会的事情。有责任感的企业家，尤其是东方国家的企业家在自己取得成功时都不忘回报国家和社会，许多企业家把孟子的"老吾老以及人之老，幼吾幼以及人之幼"作为自己的座右铭，表现出了"以义当先，以义为上"的高尚情怀。随着现代企业制度日益发展，传统义利观"平天下"特点与企业家的社会责任实现了有益结合。这种结合不仅体现为国家对上市公司"社会责任"的明确规定，还体现为国家对企业家精神的引导，尤其强调国有企业家的引领和示范作用。中共中央明确提出"企业家精神"概念，努力营造企业家健康成长环境，弘扬企业家履行责任敢于担当服务社会的精神。国有企业家要自觉做履行政治责任、经济责任、社会责任的模范。国有企业家要更好肩负起经营管理国有资产、实现保值增值的重要责任，做强做优做大国有企业，不断提高企业核心竞争力。[1]

（六）坚持社会公平

社会主义义利观应把社会公平作为基本追求。我们必须发挥传统义利观重视"公平"的特点，将公平原则融入市场经济建设进程。效率和公平是社会发展的两大动力和平衡力量，实现二者统一是社会主义义利观的内在要求。目前我们已进入中国特色社会主义新时代，必须解决市场经济建设中的效率与公平问题。传统义利观能帮我们找到两者平衡的智慧方案，其社会公平思想对于促进市场经济健康发展，实现国家长治久安具有重要意义。我们应在继续保持经济效率的同时，更加突出社会公平。社会主义核心价值观"自由平等公正法治"等内容，反映了我们对社会公平的基本诉求。作为社会主义市场经济，我们要通过市场竞争和国家调节，防止两极分化和贫富悬殊，特别是制止非法获利致富，最终实现共同富裕和社会公平。

（七）建设法治经济

社会主义义利观必须充分发挥法治在市场经济建设中的重要作用。我

---

[1] 中共中央、国务院：《关于营造企业家健康成长环境弘扬优秀企业家精神更好发挥企业家作用的意见》，《人民日报》2017年9月26日。

们必须认真剖析传统义利观弱化"法治"的原因，将法治原则融入市场经济建设进程。传统义利观非常注重个人道德修养，同时也弱化了法律在国家治理中的作用。这样做不利于处理"背信弃义"等情况，也不利于国家的长治久安。在大力发展市场经济和全面依法治国的今天，我们把"义利并重"作为市场主体的行为准则，把"共同富裕"作为市场经济的最终目标，就必须重视法制建设，把法律作为市场经济运行的前提和基础。因为市场经济同时还是法治经济，市场运转需要法律制度保障。法制的完备与否是衡量市场经济成熟程度最重要的标准之一。近年来，社会主义义利观已经逐渐实现与法治的有机结合，法治成为社会主义核心价值观的重要内容，全面依法治国的理念也已深入人心。展望未来的社会主义市场经济建设，我们必须在努力提高个人道德修养水平的同时，努力健全各项经济法律制度，让两者共同调节人们的经济行为。

第七章　中国历史上的"重农抑商"
思想与当代农村改革

　　传统中国是一个农业国度。农民以耕地为生，地主以收租为活，国家靠赋税维持。自然地，社会各个阶层都十分重视农业（又称本业），但对工商业（又称末业）的态度则不尽相同。有时重商，有时抑商，更多时候是重视官商抑制私商。于是，"重农抑商"或"重本抑末"成为历代政府重视农业抑制工商业的代名词。"重农"是自古以来的传统思想，以"本"或"本务"来代指农业，不外乎强调农业在社会经济中的根本意义，而"抑工商"思想的产生，则是战国以来对待工商态度的重要转折。最初一般用"末"或"末作"来表示工艺技巧，到战国末年，韩非子进一步将"末"的外延从"技巧"扩大到"工商游食之民"[①]，形成了"农本工商末"的完整概念。从此，用"重本抑末"或"重农抑商"来表示重农抑工商观点，便成为人们约定俗成的习惯用语和历代王朝政权对待工商业的基本态度。[②]

　　所谓"重农抑商"，就是通过采取贬低、压制商人政治社会地位等政策措施，保护农业的优先发展地位，将农民固定在土地上，防止农民弃农经商，减少人口流动，从而维护王朝统治。[③]"重农抑商"思想有两个重点：一是"重农"，二是"抑商"，其重视农业和抑制私营工商业的双重政策目标是十分明确的。历代王朝对此大张旗鼓地加以宣扬，如明清皇帝每年都要在北京先农坛举行"耕籍礼"，又如汉高祖刘邦"令贾人不得衣丝乘车，重租

---

① 《韩非子·五蠹》。

② 谈敏：《农本工商末思想的历史演变》，《上海社会科学院学术季刊》1985 年第 4 期。

③ 陈新岗等：《精耕细作：中国传统农耕文化》，山东大学出版社 2017 年版，第 121 页。

税以困辱之"①。事实上，中国历代王朝长期实行"重农抑商"政策，除上述"重农""抑商"双重目标外，还有着更为深刻的政策目标，一是保持社会稳定。这是"重农抑商"政策的政治目标。"民以食为天"。农业稳，天下稳；农民安，天下安。王朝政府实行"重农抑商"政策，辅之以严格的户籍制度，能够最大限度地让农民从事农业生产并在农村居住，在保持农村稳定的同时，实现整个社会的稳定。二是保证农业税征收，这是"重农抑商"政策的经济目标。西汉政治家晁错曾言："今农夫五口之家，其服役者不下二人，其能耕者不过百亩。百亩之收，不过百石。春耕夏耘，秋获冬藏。伐薪樵，治官府，给徭役。春不得避风尘，夏不得避暑热，秋不得避阴雨，冬不得避寒冻。四时之间，无日休息。"② 王朝政府的赋税徭役主要来源于农业生产。如果农民弃农经商，那么农业生产得不到保证，势必影响国家税收。稳定农业就是稳定国家税收，发展农业就是增加国家税收。三是维持等级秩序，这是"重农抑商"政策的道德目标。晁错曾言："今法律贱商人，商人已富贵矣；尊农夫，农夫已贫贱矣。故俗之所贵，主之所贱也；吏之所卑，法之所尊也。上下相反，好恶乖迕，而欲国富法立，不可得也。"③ 如果任由民间私营工商业自由发展，则会破坏"重义轻利"传统，不利于维持尊卑有序的等级秩序。"重农抑商"具有多重政策含义，因而备受历代统治者推崇。全盘否定中国历史上的"抑商"政策，显然不是一种客观的历史主义认识。④ 作为历史的产物，"重农抑商"政策具有因时而变的特点，它因农业经济而兴，又因工业经济而衰。深入研究中国历史上的"重农抑商"政策，对于当今的农村改革和乡村振兴具有重要的时代转化价值。

一、"重农抑商"思想的历史演进

历史上，中华民族属于农耕民族，农业经济的兴衰直接影响着中华民

---

① 《史记·平准书》。
② 《汉书·食货志上》。
③ 《汉书·食货志上》。
④ 刘玉峰：《中国传统重农抑商政策评议》，《江汉论坛》2008 年第 5 期。

族的兴衰。因而重视农业生产，即所谓"重农"思想或政策，从理论上还没有多少人公开反对。从"三皇五帝"开始，中华民族就特别重视农业。很多杰出的历史人物，都是沿着"以农为本"的道路，披荆斩棘、艰苦奋斗，最终功成业就。①炎帝神农氏"斫木为耜，揉木为耒，耒耨之利，以教天下"②。黄帝"治五气，艺五种"，"时播百谷草木，淳化鸟兽虫蛾。"③大禹治水，"居外十三年，过家门而不敢入……卑宫室、致费于沟洫"。④殷人的祖先契，由于"佐禹治水有功"，被帝舜"封于商"⑤。周人的祖先弃，在帝尧时期就担任"农师"，使"天下得其利"⑥。西周建立全国政权后，周天子于每年春耕之际要率领文武百官举行"藉田之礼"，周宣王曾因"不籍千亩"⑦而受到虢文公的劝谏。

　　春秋战国时期是思想争鸣的时代，而秦汉则是后代各种政策、制度的第一次试验期。由于秦国在战国诸雄中最先崛起，并最终统一全国，因而它所创设的"重农抑商"政策便被后代所继承。由于"路径依赖"作用的存在，西汉政府也继承了这一政策。此后，中国封建社会便始终没有跳出这个圈子。隋唐、宋元明清等朝代都按照战国、秦汉时期所确定的"重农抑商"政策这条路径，在安排着自己的各项经济政策。但到了封建社会的后期，这条路径的副作用越来越强大，以至于严重阻碍了社会经济的发展。纵观历史上"重农抑商"政策及作用之变化，我们可以发现，这项政策曾起到积极作用，但后来政策宣传深入人心，即使人们想调整或改变此项政策都很困难。所以我们在制定初始制度时，一定要慎之又慎，因为一旦陷入"路径依赖"，要重新选择制度将会是一件非常困难的事情。⑧

---

① 关玉惠：《古代重农抑商的经济思想对当前经济改革的借鉴意义》，《南开经济研究》1989年第 4 期。

② 《周易·系辞下》。

③ 《史记·五帝纪》。

④ 《史记·夏本纪》。

⑤ 《史记·殷本纪》。

⑥ 《史记·周本纪》。

⑦ 《国语·周语上》。

⑧ 张秀变、陈新岗：《"路径依赖"与中国古代的重农抑商制度》，《唐都学刊》2005 年第 2 期。

（一）秦始皇统一全国与"重农抑商"政策的创设

春秋时期，为实现富国强兵的目标，各诸侯国纷纷进行改革，这些改革的一个重要特点是"重农"。如魏国李悝实行"尽地力之教"，明确提出农业是财富的唯一来源。"籴甚贵伤民，甚贱伤农。民伤则离散，农伤则国贫，故甚贵与甚贱，其伤一也。"① 为解决"伤民""伤农"问题，李悝推出"平籴"政策来平抑粮价，即政府在丰收年多多购买谷物，在歉收年多多卖出谷物，做到"籴不贵而民不散，取有余以补不足也"②。为保证农业生产，李悝还主张禁止"雕文刻镂""锦绣纂组"等手工业生产。"雕文刻镂，害农事者也。锦绣纂组，伤女工者也。农事害，则饥之本也；女工伤，则寒之源也。"③ "农事""女工"等属于"本分"之活，应予以提倡；"雕文刻镂""锦绣纂组"等属于"技巧"之活，应予以禁止。由此，李悝提出了"重农抑奢禁技巧"的观点。在这里，他只是主张"抑奢禁技巧"，而没有提出"抑商"或"禁商"。

到了战国中后期，城市经济和商品货币经济更加发展，已开始影响农业的稳定，这时便出现了商鞅、荀子、韩非子等人为代表的抑商主义者，并且还将"重农抑商"思想付诸国家法律制度之中。商鞅"农战论"中的"农"指发展农业生产，"战"指对其他诸侯国进行兼并战争。他主张以"农战"为基本国策，动员国家一切力量进行"农战"，并对这种政策做了多方面的说明和论证。（1）保障积极从事"农战"的人对土地、财物以至于依附农民的所有权，"作为土地、货财、男女之分"④。（2）主张以刑赏作为驱使农民进行"农战"的手段。（3）主张"利出一孔"⑤，堵塞"农战"以外的一切可以获得名利的手段，迫使人们为求名利就只有致力于"农战"。（4）"事本禁末"⑥。对"农战"以外一切可以获利的行业，不论是否被他列入"末"

---

① 《汉书·食货志上》。
② 《汉书·食货志上》。
③ 《说苑·反质》。
④ 《商君书·农战》。
⑤ 《商君书·靳令》。
⑥ 《商君书·壹言》。

的范畴，都要加以禁限、打击。就经济领域而言，他认为工商业比农业更容易赢利，因而在重农的同时，必须对工商业加以打击。商鞅认为："技艺之士资在于手，商贾之士资在于身；故天下一宅而环身资，民资重于身，而偏托势于外，挟重资，归偏家，尧舜之所难治也。"① 反映战国时期经济发展情形的《管子》一书也把文巧、玩好、奇珍等奢侈品的生产流通，称之为"末业""末作""末事"等，认为"禁末"是富国的必由之路："工事竟于刻镂，女事繁于文章，国之贫也……工事无刻镂，女事无文章，国之富也。"②

战国后期，荀子提出"重农论"。他把农业和工商业作为国民经济的不同部门相对待，既看到它们有互相依赖、互相促进的一面，又有互相对立、互相限制的一面，并在这种分析基础上建立了重农论。（1）肯定社会分工和交换，正确认识工商业对农业的促进作用。（2）"强本"论。"强本而节用，则天不能使之贫。"③ "本"就是农业，"强本"就是努力发展农业生产。农业是财货的本源，也是国民经济的基础。（3）"工商众则国贫"④。他认为工商业的发展会和农业争夺劳动力，如果工商业发展超过一定限度，使用劳动力过多，使农业生产缺乏足够数量的劳动力，就会影响农业生产的发展，从而限制整个社会财富的增加。

秦国统一全国前夕，韩非子提出"耕战论"。其内容主要包括：（1）"重本抑末"。他明确地把"末"解释为工商业，主张治国必须要"使其商工游食之民少而名卑，以寡趣本务而趋末作"⑤。（2）他认为只有农业劳动是生产劳动而工商业非也。他把财富等同于粟，因而把是否种粟作为区分生产劳动和非生产劳动的标准。工商业当然不能生粟，于是他把工商业宣布为非生产性劳动。（3）他把"商工之民"列为国家的"五蠹"之一，主张"除此五蠹之民"。受韩非子影响极大的秦始皇，在刻石表功时把"上农除末"作为自己的主要功绩之一。（4）"耕战论"。他指出，"能趋力于地者富，能趋力于

① 《商君书·算地》。
② 《管子·立政》。
③ 《荀子·天论》。
④ 《荀子·富国》。
⑤ 《韩非子·五蠹》。

敌者强"①，只有实行"农战"方针，才能做到"无事则国富，有事则兵强，此之谓王资"②。以重农来加强国家的经济力量，以重战来加强国家的军事力量，这是成就王业的主要依据。

从上述内容可以看出，"重农"思想早在李悝、管仲那里就有所反映，以后商鞅、荀子以及韩非子都有所继承和发展，而且还根据时代变化，提出了"抑商"思想。不仅先秦思想家在理论上论证了"重农"与"抑商"的重要性和必要性，而且秦国的统治者也在积极建构、实践着重农政策。商鞅变法期间，秦国重在推行"重农抑末"政策，"力本业，耕织致粟帛多者复其身。事末利及怠而贫者，举以为收孥"③。商鞅变法，取得很大成功，"行之十年，秦民大悦。道不拾遗，山无盗贼，家给人足"，使秦国在"数年之间，国富民强，天下无敌"④。也就是说，秦国正是依靠这项重要的制度安排，才得以从战国诸雄中脱颖而出。

"重农抑商"政策源自战国（秦国）及秦朝具有历史必然性。从社会经济条件来说，农业是当时社会主要的、决定性的生产部门，在统一集权的封建帝国即将出现时，它当然首先要为自己确立一个强大的经济基础，这就需要从理论上论证农业在整个国民经济中的突出地位和重要作用。工商业及工商业者虽对国家经济发展中有重要作用，但却被统治者和思想家当作不利于封建统治的异己势力而存在。于是植根于李悝"尽地力"论、商鞅"农战论"、荀子"重农论"及韩非子"耕战论"思想基础上的秦国"重农抑商"制度就形成了，进而为秦国的迅速崛起奠定了坚实的物质基础。依靠这套有效的经济制度安排，秦国以风卷残云之势统一了全国，建立了中国历史上第一个统一王朝——秦朝。⑤

由于历史的惯性，秦朝依然奉行曾给自己带来巨大收益的"重农抑商"政策。秦始皇统一六国后，继续推行包括"上农除末"等在内的各项政策。

---

① 《韩非子·心度》。

② 《韩非子·五蠹》。

③ 《史记·商君列传》。

④ 《汉书·食货志上》。

⑤ 张秀变、陈新岗：《路径依赖与中国古代的重农抑商制度》，《唐都学刊》2005年第2期。

这项政策对秦初经济恢复、社会重建都起到了一定的积极作用。秦朝后期，因战争升级，对粮食和兵员的需求增加，这项政策得到进一步强化。可以说，这项经济政策是整个秦朝统治的基础，我们也有理由相信，秦朝会因这项政策而走得更远。但由于诸多政治上的原因，秦朝连同没有充分实践的"重农抑商"政策就在陈胜、吴广起义中速亡了。

（二）汉武帝改革与"重农抑商"政策的正式确立

西汉统治者非常重视农业发展，甚至诸侯王国也要举行"籍田"之礼。同时，政府逐渐加强了对商人和商业的控制。"天下已定，高祖乃令贾人不得衣丝乘车，重租税以困辱之。孝惠、高后时，为天下初定，复弛商贾之律，让市井之子孙亦不得仕宦为吏。"[1] 汉武帝认为，西汉初期的私营工商业者虽然拥有巨大的经济实力，但并不支持王朝政权，在国家急需财政支援时却袖手旁观，史载他们"财或累万金，而不佐国家之急"[2]。汉景帝"七国之乱"时，政府军中的一些列侯、封君为出征向商人借债，长安的大商人除无盐氏外，均拒绝贷款。汉武帝对这些"不佐国家之急"的私营工商业者进行了毁灭性打击，实行盐铁官营，建立了一系列官营工商业机构，从而建立了真正的"抑商"政策。

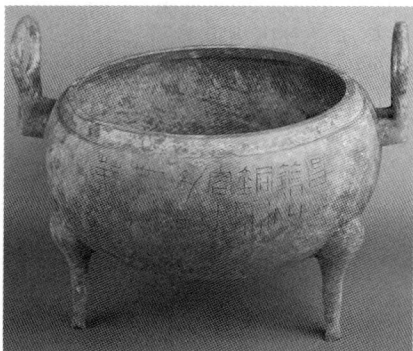

昌邑"籍田"青铜鼎是首次发现记载诸侯王国实行"籍田"礼的实物资料（藏于江西省博物馆）

汉武帝的"抑商"政策主要有两个方面：其一，通过"算缗"等强制性税收，获取非常规收入。汉武帝采取名为打击商贾势力、实为增加财政收入的算缗令。"算缗"作为西汉政府的一项非常规收入和重要的财产税，在整个财政收入中占有重要地位。条例如下：第一，诸贾人和物品制造者，从事

---

① 《史记·平准书》。

② 《史记·平准书》。

物品买卖或放高利贷的，各自就其所有货物，自行陈报折价计钱，每缗钱出一算。第二，手工业者、从事金属冶炼的人、囤积或贩卖相关货物的人，其所有物品折价计钱，每四千钱一算。第三，身非官吏、三老和北边骑士的人，他们所有的小车，每辆一算。"算缗"令颁布之后，大工商业主、高利贷者及车船主争相隐瞒财产。于是汉武帝又颁布了"告缗"令，号召对隐瞒财产不报或报而不实的工商业主、车船主及一切富豪进行告发，征收范围扩展到全部财产，并规定了奖惩措施。"告缗"的结果是大商人及富豪差不多全部破产，没收的"财物以亿计，奴婢以千万数，田，大县数百顷，小县百余顷，宅亦如之"[①]。"算缗"和"告缗"沉重打击了大工商业主及富豪，同时也增加了国家的财政收入，解决了战时的财政困难。"算缗"令首开中央政府向商人转嫁财政负担之先河，并使之成为后代政府的通例。它的施行，使西汉政府紧张的财政得以缓和；但这种野蛮的非常规收入，亦使西汉商品经济大受摧残。其二，通过盐、铁和酒等官营措施，抑制私营工商业发展。为了筹措对外战争的费用，西汉政府开始对重大工商业实行官营政策，并在各地设盐铁官负责专卖事宜。如桑弘羊等实行盐铁酒类专卖，名叫"笼盐铁""榷酤"。官府招募民煮盐，并供给主要制盐器具，收购制出的盐，运销各地。官府还指挥"卒""徒"及工匠开矿、冶铁，按一定规格铸造铁器，统一定价出售，严禁私人经营盐铁。通过上述措施，从春秋开始的工商业自由经营的主流，到汉武帝时终于让位给国家控制工商业。至此，中国历史上"重农抑商"政策正式形成。这项政策一旦形成，就深深地影响到后代。

（三）刘晏改革与唐宋时期"重农抑商"政策的重大转变

为了恢复被战乱破坏的经济，唐朝统治者依照前朝惯例，在坚持"重农"的同时，继续实行"抑商"政策。如在服制方面贬低商人，在政治地位上百般压制商人。如唐律规定："工商杂类，不得预于士伍。"不许商贾入仕，不准有官阶的人入市。"安史之乱"后，王朝政权已经外强中干，财政收入急剧下降。为了挽救摇摇欲坠的王朝政权，中国古代著名经济改革家刘

---

① 《汉书·食货志下》。

晏进行了系列经济改革，在坚持"重农"政策的同时，改"抑商"为"重商"，从而极大增加了财政收入，稳定了唐朝政权。刘晏系列改革措施，主要包括盐政、漕运、税制、常平等方面。在进行盐政改革时，他将官运官销制改为"就场专卖制"，即官府统一收购亭户生产的食盐后，在盐场将食盐转卖给盐商，然后盐商缴纳盐税，最后盐商将食盐运往各地销售。亭户生产食盐，官府收购食盐，商人运销食盐。盐政改革调动了商人的积极性，发挥了商人在生产和流通中的作用，使得唐朝财政收入猛增，"初，岁入钱六十万贯，季年所入逾十倍，而无人厌苦，大历末，通计一岁征赋所入总一千二百万贯，而盐利且过半"①。刘晏的系列改革措施，标志着传统"重农抑商"政策的重大转型，即由强调"抑商"转而注重利用商人的活动来改善国民经济的管理工作。在刘晏的管理体系中，商人已不是轻重政策的打击对象，而是国家的合作者了。② 之后，韩愈也指出"官自卖盐"利少弊多，盐商自行销售可使买卖双方"两得便利"。尤其是韩愈，作为正统的儒家道统继承人，竟然公开为富商大贾辩护，这种态度为秦汉以来所罕有。

北宋统治者除亲耕"藉田"外，还将"劝农"正式定为地方官员的职责，劝农成果的好坏，作为考核地方官的标准之一。北宋思想家也十分重视农业发展，如李觏说："民之大命，谷米也；国之所宝，税租也。"③ 但随着社会经济的发展，商人的政治地位得到明显改善，宋朝逐渐形成"重商"思潮。在户籍管理上，商人开始脱离"贱籍"；在赋税方面，政府也减轻了对商人的重剥苛征，一度出现了"官家不税商"的情况。此外，官员经商与商人入仕也是宋朝商业发展的重要表现。商品经济的发展及商人地位的提升，致使"重商""惠商"等新兴观点不断孕育和积累，最终导致某些进步思想家对传统"本末"教条的权威地位产生怀疑。正如北宋郑志道所言："古有四民，曰士，曰农，曰工，曰商……商勤于贸易，则可以积财货。此四者，皆百姓之本业，自生民以来，未有能易之者也。"④ 南宋叶适则明确提出"抑

---

① 《旧唐书·刘晏传》。
② 赵靖：《论刘晏关于国民经济管理的思想》，《经济科学》1981 年第 3 期。
③ 《李觏集》卷十九，《平土书》。
④ 陈耆卿：《嘉定赤城志》卷三七，《风土门》。

末厚本，非正论也"，第一次把批判的矛头，直接指向"重本抑末"教条本身。它犹如在传统思想长期统治的黑暗中，透露出一线反传统的曙光，揭开了"本末"问题上传统与反传统斗争的序幕。

（四）反"抑商"思潮的兴起与明清时期的"重农抑商"政策

明清统治者在国内继续推行"重农抑商"政策，进一步扩大禁榷范围，即便如此，工商业还是逐渐发展起来。江南地区某些行业出现了资本主义萌芽，如纺织业出现了"机户出资，机工出力"的现代劳资雇佣关系。为了活跃区域经济，很多地方政府有时会将传统"抑商"政策变为"惠商"政策。中央政府有时会将"海禁"政策变为"开关"政策，如明朝中后期的"隆庆开关"等。从明初到鸦片战争前夕的近五百年时间内，商品经济得到较大发展，它已经孕育着资本主义生产关系的萌芽，并将发展为瓦解封建经济的重要因素。这对于"农本工商末"思想的演变，具有新的变革意义。① 植根于农业经济基础上的"重本抑末"教条，正是在明清时期才受到真正的挑战。除坚持传统的"重农"论外，"抑商"政策受到越来越多的批判。如丘濬批评了历史上的"抑商"政策，认为对商业"重租税以辱之"是错误做法。政府直接参与甚至垄断某些商业，是排斥、限制商业的发展。他认为"市者，商贾之事"，而官府经营商业，是"以人君而为商贾之为矣"，是"以人君而争商贾之利，可丑之甚也"②。中国古代著名经济改革家张居正认为农业和商业是互为依存、互为利害的，任何一方受到损害都会影响到另一方。"古之为国者，使商通有无，农力本穑。商不得通有无以利农，则农病。农不得力本穑以资商，则商病。故商农之势，常若权衡然，至于病，乃无以济也。"③ 因而，张居正主张"厚农资商"与"厚商利农"并举。明清之际，黄宗羲主张"工商皆本"，"夫工固圣王之所欲来，商又使其愿出于途者，盖皆本也"④，指出发展工商业的重要性，从而动摇了"抑商"传统。清朝中期以

---

① 谈敏：《论农本工商末思想及其历史演变》，《孔子研究》1988 年第 1 期。

② 《大学衍义补》卷二五，《市籴之令》。

③ 《张太岳集》卷八，《赠水部周汉浦榷竣还朝序》。

④ 黄宗羲：《明夷待访录·财计三》。

后，思想界对工商业的重要作用有了更客观的认识。如著名诗人袁枚形象地将商品交换活动看作人体内的"血脉"，把商人的社会职能理解为"犹气之行血脉"。他高度评价商业流通和货币的作用，宣称"钱之所在即谷之所在""商之所在即仓之所在"①。到19世纪上半叶，各种反传统的新兴工商观点蔚然发展，其中较突出者如俞正燮坚信"征商与征农，其义一也"，断然否定征商为"抑末"的封建教条。②而沈尧则认为自宋、明以后，"世道风俗"发生了巨大变化，许多好风尚"往往难见于士大夫，而转见于商贾"，很多商人成为"豪杰有智略之人"。③

（五）"重农抑商"思想的近代转型

传统"重农抑商"思想在近代走向彻底破产。地主阶级开明派的代表人物包世臣、魏源等人为近代"本末"观的形成作出重要贡献。如包世臣认为"本末皆富"，农工商三者应共同发展，"无农则无食，无工则无用，无商则不给，三者缺一，人莫能生也。"④其"本末皆富"论具有三个特点：一是重利就要重商；二是末富急于本富，"近世人心趋末富，其权加于本富之上，则制币以通民财，使心私交裕，实治道之宜急也"⑤；三是"本末"关系即为"食货"关系。魏源主张"缓本急标"，"语金生粟死之训，重本抑末之谊，则食先于货；语今日缓本急标之法，则货先于食"⑥。从一般意义上讲，"本"比"末"重要，但当前的形势却是"末"比"本"更为急迫。他以"缓本急标"论来修正"重本抑末"论，这就使他能在抽象"重本抑末"这一传统教条的同时，更急迫地把注意力放在"末"或"标"这一方面。为了发展工商业和向西方学习，魏源还撰写《海国图志》一书，书中的"师夷长技以制夷"思想对后来的洋务运动具有重要影响。资产阶级维新派主张"以商

---

① 袁枚：《小仓山房文集》，卷一五，《复两江制府策公问兴革事宜书》。
② 俞正燮：《癸巳类稿》卷三，《征商论》。
③ 沈尧：《落帆楼文集》卷二十四，《费席山先生七十双寿序》。
④ 《安吴四种》卷七，《说储上篇前序》。
⑤ 《安吴四种》卷二五，《齐民四术序》。
⑥ 魏源：《魏源集》（下册），《军储篇一》。

立国"，把发展商业作为挽救中国的唯一途径。如马建忠认为"宇内五大洲，国百数……无不以通商致富"。① 薛福成认为"居今日万国相通之世，虽圣人复生，必不置商务为缓图"②。因此，他建议"为中国计者，既不能禁各国之通商，惟有自理其商务而已"③。郑观应提出"商战"论，"习兵战，不如习商战"，主张"以商立国"

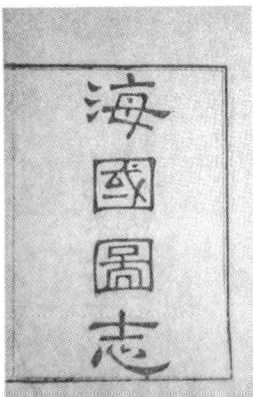

《海国图志》由清朝思想家魏源撰写，主要介绍西方国家的科学技术与历史地理，这是一部划时代的巨著，表达了魏源"师夷长技以制夷"的改革思想

取代"以农立国"，把"振兴商务"④ 作为发展资本主义经济的总口号。严复也反对传统的"贵本贱末"教条，主张农业和工商业"于国为并重"⑤。资产阶级维新派尖锐地提出"商为国本"⑥ "以商立国"⑦ "振兴实业"⑧ 等，从根本上推翻了传统的"重本抑末"教条。资产阶级革命派则克服了资产阶级维新派"唯商是重""以商立国"的片面性，进而提出工业化主张。如孙中山于1919 年写成《实业计划》一书，全面提出实现中国工业化的宏伟方案。资产阶级革命派的工业化主张，使得近代"本末"观进一步趋向于系统化。这主要表现在：一是明确提出了工业化发展战略，二是主张在整个国民经济结构合理化的基础上实现工业化的战略目标，三是将传统"本末论"发展为对不同产业在产业结构中先后顺序的理论概括。总之，20 世纪以后，近代

---

① 马建忠：《富民说》。

② 薛福成：《英吉利用商务辟荒地说》。

③ 薛福成：《筹洋刍议·商政》。

④ 《盛世危言·商务三》。

⑤ 严复：《原富》，商务印书馆 1981 年版，第 144 页。

⑥ 王韬：《代上广州冯太守书》。

⑦ 郑观应：《盛世危言·商务三》。

⑧ 张謇：《张季子九录·政闻录》。

"本末"观开始走向历史舞台。传统"重本抑末"教条不论其内容还是其形式，都被送进历史博物馆了。①

二、"重农抑商"思想的"得"与"失"

"重农抑商"是传统经济思想的四大支柱之一，对古代社会发展产生了深远影响。"重农抑商"思想的广泛传播及实施，造就了古代农业的辉煌成就，而发达的农业是古代经济取得巨大成功的重要原因和重要体现。"重农抑商"思想根植于人们内心深处，也塑造了农耕民族的世界形象。相比之下，古代中国工商业的发展异常曲折。"抑商"政策鼓励官营工商业，抑制私营工商业，在形成悠久官营传统的同时，也抹杀了私营的效率和活力。古代中国仅有的两次商品经济高潮，最终淹没在农业海洋里。私营工商业得不到充分发展，这是农业社会的必然，只有在以后的工业社会里，私营工商业才得到广阔的发展空间。在今天看来，"重农抑商"是一项非常可笑的制度安排，然而它却是一项非常适合王朝统治的政策。古代中国的百姓或许不喜欢"重农抑商"政策，因为"重农"，所以国家的很多负担实际上都转移给了农民。但王朝统治者非常喜欢上述政策，因为"抑商"，国家打击了"私商"发展了"官商"，增强了国家统一力量。鉴于制度或政策的"路径依赖"特点，早在战国时期就已形成的"重农抑商"政策，深深影响到后代的王朝政权而很少发生改变。这项制度或许是古代农业文明辉煌的前提条件，但也是近现代中国迟迟无法推进工业化的重要原因。

（一）"重农抑商"政策之"得"

1. "重农抑商"思想是农业社会的必然选择。在传统社会发展中，以男耕女织为主要内容的小农经济始终占有非常重要的地位，它提供了王朝政权所需的财政收入、兵役来源等。小农经济形成于春秋战国之际，自耕农、租佃农、依附农等是其主要主体。中国古代的小农经济是一种小土地经营，是

---

① 张守军：《中国历史上的重本抑末思想》，《社会科学战线》1985 年第 2 期。

一种不完全的自给自足经营，也是一种脆弱的经济结构。"重农抑商"思想形成于春秋战国时期，具体原因有三点：（1）"重农抑商"政策是发展小农经济的必然要求。春秋战国时期，小农经济逐渐成为封建经济的基础。但由于小农经济的脆弱性，需要政府支持保护小农经济，目的是把自耕农固定在土地上，向国家稳定输出各项赋税徭役。但商品经济的萌芽与发展，势必与农业争夺劳动力资源，造成对小农经济的冲击，保护小农经济只能从抑制商业入手。（2）"重农抑商"政策是争霸战争的需要。孟子云："得道者多助，失道者寡助。"[1] 得民心者得天下，诸侯争霸需要得到农民的支持与拥护。为了获得农民的支持，诸侯国大都通过"重征商税"等政策限制工商业发展，从而保护孱弱的小农经济。如商鞅主张"事本而禁末"[2]，"欲农富其国者，境内之食必贵，而不农之征必多，市利之租必重。"[3]（3）"重农抑商"政策是土地所有制发展的必然结果。战国末期，在小农经济形成的同时，地主土地所有制也得到迅猛发展，向农民收取地租日益成为地主阶层获取收益的主要方式。而商业的发展必然破坏小农经济，从维护政权的角度出发，王朝统治者会通过各种手段抑制商业的发展及商人阶层的壮大。"重农抑商"政策不仅符合统治者的利益诉求，也在很大程度上保护了农民阶级的利益。农民与国家需要相互支持。农民需要稳定的发展环境，而国家需要农民提供稳定的产出。"重农抑商"政策则充当了两者之间的联系纽带。从这个角度上讲，"重农抑商"政策具有历史进步性。

2."重农抑商"政策推动了农业经济发展。农业是古代世界决定性的生产部门，农业经济的状况直接关系到国家的经济状况、财政状况和盛衰存亡。王朝统治者在统治实践中对农业农民的重要性形成了明确清晰的认识。通过从思想到政策的演进，王朝统治者把发展农业作为国家大事来抓，采取鼓励农业和抑制民间私营工商业的措施，将尽可能多的劳动力固定在土地上，最大限度地实现劳动力与土地的直接结合，来切实稳固和推动农业生产的发展，并从根本上维护国家统治。正如西汉贾谊所言："今驱民而归之

---

[1] 《孟子·公孙丑下》。

[2] 《商君书·壹言》。

[3] 《商君书·外内》。

农，皆著于本，使天下各食其力，末技游食之民转而缘南亩，则蓄积足而人乐其所矣。"①"重农抑商"政策，保证国家的经济政策向有利于农业的方向倾斜，保障农业生产的主导性地位，显然有其合理性。刘玉峰对此有精彩论述。"重农抑商"政策，还有着调整社会经济结构并使之优化的一定合理性。古代社会，农业在社会经济结构中是最为基础和最为重要的，对民间私营工商业采取抑制政策和措施，来保障农业在社会经济结构中的主导地位，强调以农业为主导为重要，以工商业为辅助为次要，保障农业和工商业之间的主次重轻关系，是符合当时社会经济运行结构要求和运行规律的。抑商政策不是灭商政策，不是在社会经济结构中完全取缔民间私营工商业，而是主张民间私营工商业的发展不能危及农业在社会经济结构中的主导地位，不能击垮农民而危及国家赋役来源和政权稳定。民间私营工商业在社会经济结构中不可或缺，但它的发展能损害农业根本和国家统治稳定，必须将民间私营工商业的发展水平限制在一定的范围之内，不能完全没有，也不能发展过高。对民间私营工商业"抑"而不"灭"，是一个政策原则，是一种控制策略。②的确，在前工业社会里，农业是世界上任何国家或民族赖以生存的根本，"重农抑商"是一项根本性的政策选择，也是一项符合经济发展规律的制度安排。

3. "重农抑商"政策保持了传统社会稳定。一是"重农抑商"政策符合统治阶级利益。傅筑夫曾指出："中国从春秋末年到战国时期，是中国古代商品经济和与之相辅而行的货币经济开始大量发展的时期，尤以商业的发展为突出。正是在这一时期，整个社会经济从生产方式到社会关系，都发生了巨大变化……所有这些变化和变化所造成的严重后果，都直接动摇了封建制度赖以存在的基础，特别是直接威胁着封建统治阶级的生存，而变化本身的激烈迅猛又使他们感到惊慌失措。他们为了巩固自己的统治地位，不得不认真考虑对策，采取必要措施，设法从根本上消弭动乱的根源，来堵塞住正在溃决之中的狂澜，并使被打乱了的封建秩序再恢复稳定。抑商政策就是在认

---

① 《汉书·食货志上》。

② 刘玉峰：《中国传统重农抑商政策评议》，《江汉论坛》2008 年第 5 期。

清了祸源之后，适应着封建统治阶级的最高利益而提出来的。简单说，抑商就是企图从根本上消灭引起变化的总根源。即使不能完全消灭商人和商业，使社会再退回到没有变化以前的静止状态，至少可以通过抑商政策的贯彻，以限制商人和商业资本的活动，缩小商业营运的范围，便可以把它们的消极影响和造成的社会动乱减少到最低程度。"[1] 二是"重农抑商"政策保证了王朝政权的经济基础。在很长的历史时期内，王朝政府的税收主要来自于农业及农业税，而不是工商业及工商税。"重农抑商"政策能够稳定税源、保证兵源，对于王朝政权的运转具有重要意义。顾炎武总结说："人聚于乡而治，聚于城而乱。聚于乡则土地辟，田野治，欲民之无恒心不可得也。聚于城则徭役繁，狱讼多，欲民之有恒心不可得也。"[2] 三是"重农抑商"政策推动了小农经济的繁荣。历代政府出台了系列"重农"措施，包括劝民农桑、奖励垦荒、"抑兼并"、兴修水利等，造成了古代中国间或出现的小农经济繁荣。可以说，中国历史上的"文景之治""贞观之治""开元盛世""康乾盛世"等，大都是"重农"政策实施和小农经济发展的结果。

（二）"重农抑商"政策之"失"

"重农"政策源远流长，不仅让中华文明成为世界农业文明的最杰出代表，也使中华文明得以生生不息，并为后世转向工业文明创造了历史条件。"抑商"政策同样历史悠久。这项政策虽也支撑了中华文明发展，但也存在诸多弊端。由于"抑商"政策，导致自然经济占主导，商品经济无法充分发展；农村经济兴旺发达，城市经济则萎靡不振；地主占有大量土地，农民则少地或无地等情形。结果就是农业经济愈发强大，商业经济甚至工业经济得不到应有发展。因"重农抑商"政策导致的产业结构诸多弊端，在从农业社会向工业社会转型之时，表现得尤为明显，近代西方国家用相对较少的时间实现了转型，而中国转型的时间则要漫长很多。

1. "重农抑商"政策阻碍了商品经济发展。"重农抑商"政策使小农经

---

① 傅筑夫：《中国经济史论丛》，三联书店 1980 年版，第 613—615 页。

② 《日知录》卷一。

济获得了广泛的存在，但却压制了商品经济的发展空间。一是"贱商"意识抑制了财富增加。经过统治者的大力宣传，商业成为令人生厌的"末业"，商人成为社会地位低下的阶层，人们逐渐形成了"贱商"意识。这种认识使商业无法吸收优秀人才，不仅阻碍了商人素质的提高，也影响了商品经济的发展，最终抑制了社会财富的增加。二是"重农抑商"政策阻碍了商业资本向工业资本的转化。在工商业不受待见的历史条件下，传统商人会把有限的工商业利润用于购买土地、放高利贷、个人消费、扩大再生产等。在上述利润流向中，扩大再生产是最后的选择，也是比例最小的流向。如明清时期，商人阶层崛起。他们通过经营食盐、茶叶、当铺、放印子钱等，获得巨额工商业利润。但这些大商人不是将利润用于扩大再生产，而是用来购买土地和放高利贷。如《三国识略》一书中说到，清朝新安程、汪二氏"以贾起家，积财巨万"，然后"以重利权子母，持筹握算，锱铢必较。"这是商业资本转为高利贷资本的典型事例。[1]

2."重农抑商"政策加剧了土地兼并行为。古代社会虽然推行"重农抑商"政策，商人没有应有的政治权利，但商业经营确实能使人致富，"用贫求富，农不如工，工不如商，刺绣文不如倚市门"[2]。商人如何既能致富又能提高社会地位呢？司马迁云："以末致财，用本守之。"[3] 商人用经商的钱财购买土地，把自己的商人身份转变为地主身份，于是财富得到合法保护，政治地位也得以提升。高利贷者同样可进行类似操作。地主通过土地经营获得大量财富，也可进行商业经营或发放高利贷。于是我们看到了地主商人高利贷者的三位一体，历史上的地主必定同时也是一个商人或者高利贷者，商人或高利贷者必定同时也是一个地主。由于土地占有受到保护，而且能够获得稳定的地租，所以吸引上述主体涌入土地交易市场，而且他们属于强势主体，很多农民会在各种条件下失去土地，从而产生社会不稳定因素。富商大贾和封建地主的共同掠夺，使农民的生活日益贫困，两极分化日趋严重。西

---

[1] 裘是：《重农抑商思想和政策的演变及对中国历史发展的影响》，《金融管理与研究》1993 年第1期。

[2] 《史记·货殖列传》。

[3] 《史记·货殖列传》。

汉董仲舒曾言："富者田连阡陌，贫者无立锥之地。"① 贫富过分悬殊，造成"太贫不知耻，太富不可使，贫者为盗，富者为暴"，政治危机不断加深。不仅被统治者极力追求土地占有，很多统治者也是如此，如各级官吏总是想方设法占有土地。正因为社会各阶层对土地的极度渴求，使得土地成为中国经济史中最重要的研究主题。从某种意义上讲，这种渴求是同"重农抑商"政策有密切关系的。古代社会各阶层对土地的极度渴求，虽说符合农业社会发展的基本规律，但他们对土地等不动产的高度关注与争论，似乎也能从今天人们对待房地产的态度中看出一些端倪。

3."重农抑商"政策抑制了近代科学的产生。我们在探讨近代中国没有发生工业革命之原因时，经常把近代科学作为一个重要的考虑因素。很多学者认为中国传统科学没有转变为以数学、可控实验等为特点的近代科学，因而中国没有发生工业革命。② "重农抑商"政策是阻碍传统科学向近代科学转化的重要原因之一。这种政策宣传使得知识分子以当官为己任，使人才主要为入仕而忙碌，这种价值观改变了人才流向，从事科学探索的知识分子少之又少。"重农抑商"政策也强化了土地的价值，使得资金大量用于购买土地，用于科学探索的资金也是极其稀少。因为缺乏进行科学探索的人才和资金条件，所以古代中国虽然很漫长也曾出现四大发明，但就近代以来的科技发展而言，古代中国的农业、手工业技术进步是有限的，社会各阶层不关心技术进步、不愿采用新技术，不论个人还是国家，都没有动力进行科学探索。比如"重农抑商"政策不允许农民大量离开土地，如果从事手工业只能兼营。这使得手工业的发展与小农经济更加紧密地结合在一起，从业者不会为了增加销售而扩大手工业生产规模，手工业的发展也没有技术创新的需求，从而失去推动科学探索的可能性。③

4."重农抑商"政策限制了城市经济发展。"重农抑商"政策不利于商业经营，也不利于城市发展，因而古代中国的城市大多是政治或军事中心，很少有经济中心。即便这些政治或军事中心存在一定的贸易活动，但这些市

---

① 《汉书·食货志上》。

② 林毅夫：《解读中国经济》，北京大学出版社 2012 年版，第 55 页。

③ 樊哲银：《"重农抑商"如何抑制了近代科学的产生》，《产业与科技论坛》2008 年第 8 期。

场交易主要是封建政府、贵族、官僚、士绅（以及他们的匠役、奴仆、士兵）用他们的货币收入购买消费品的活动，是生产者（包括农产品提供者、手工产品提供者）与消费者（主要是城市居民）之间的商品交换，而不是生产者之间的劳动交换。这些城市缺乏生产性的生产活动，而大多是消费性的生产活动。如同商业存在于农业的汪洋大海中一样，古代中国的城市也存在于农村之中，城市经济也被农村经济广泛包围和渗透。从某种意义上讲，生产者之间的相互交换是城市经济发展的基础，仅仅依靠农村向城市的单向农产品输入，是远不能导致城市繁荣的。而且城市居民用于购买商品的货币，可能来源于俸禄、利润等，但从根本上讲，这些收入都来源于农业经营，来源于封建地租的分配和再分配，而不是出卖自有商品的收入。所以，即使古代城市经济偶有繁荣，更多反映了小农经济的成长以及地租量的增加，而不是工商业的发展及利润的增加。[①]"重农抑商"政策虽可能带来较多的农产品供给，但却无法增益工商业，所以也抑制了城市经济发展，中国历史上的政治军事城市或因农而兴或因农而废。

（三）历史借鉴

中国历史上的"重农抑商"政策，既有小农经济长期支撑王朝统治的成功经验，也有私营工商业得不到充分发展的失败教训。适当总结这些经验教训，不仅能够认清古代中国经济发达的主要原因，而且有助于后世正确处理农工商关系。

1. "重农抑商"政策具有明显的变通性。"重农抑商"是历代政府的基本国策，但运用起来，却十分微妙。历代统治者对"重农"均具有共识，但对待"抑商"的态度却各不相同。他们因国家政治经济形势的不同，有的认真执行"抑商"政策，有的只在名义上执行，有的真正执行"重商"政策。中国历史上的"重农抑商"政策并非铁板一块，而是具有明显的变通性。以西汉为例。汉文帝、汉景帝虽然也推行"重农抑商"政策，但他们并不允许西汉政府直接从事商业活动。汉武帝时期，因为文治武功的需要，才真正建

[①]   韩朝华：《略论"重农抑商"政策在中国封建社会中的作用》，《经济科学》1988 年第 6 期。

立起"重农抑商"制度。有学者认为"重农抑商"和"官商合一"实质上是同一的。① 王朝政权对财政汲取力的"无限渴望",会导致政府以强力介入私营工商业。在限制、打压私营工商业的同时,官营商业、商人从政、官员经商等各种"经济生态"就会层出不穷。与此同时,正是因为对财政汲取力的充分预期,才使带有强烈政治色彩的"行政效率"替代以私营工商业自由发展为特征的"经济效率",使"重农抑商"成为历代中央政府的首选政策,甚至这项政策被儒家正统赋予了强烈的意识形态色彩。

2. 传统"重农抑商"政策具有历史暂时性。② 王朝政权推行"重农抑商"政策,限制打压私营工商业,这是与社会经济发展要求相矛盾的。只要社会在进步,经济在发展,私营工商业就有广阔的社会需求。"重农抑商"政策与私营工商业之间的矛盾,属于国家政权与经济法则之间的冲突。这种矛盾注定了"抑商"政策的历史暂时性,随着社会经济发展,必然会突破政治权力的超经济强制。明清时期,随着社会生产力的发展和商品经济的活跃,私营工商业得到较快发展,江南地区出现了资本主义萌芽。蒋以化在《西台漫记》中记载了当时江南地区纺织业的资本主义萌芽情形:"大户张机为生,小户趁织为活。每晨起,小户数百人,嗷嗷相聚玄庙口,听大户呼织,日取分金饔飧计。大户一日之机不织则束手,小户一日不就人织则腹枵,两者相资为生久矣。"面对蓬勃发展的私营工商业,统治者依然坚持"重农抑商"政策,从而违背了经济发展规律的要求,造成社会进步与政治强权之间的尖锐对立。有学者认为,到了封建社会后期,中西封建国家的商业政策已经迥然不同,并导致不同的发展道路。明清时期的中国政府依然推行"抑商"政策,鸦片战争后封建经济开始瓦解,并逐渐步入半殖民地半封建社会。而西欧专制主义国家却执行了促进商业发展的重商主义政策,封建经济快速瓦解,并顺利地过渡到资本主义经济。③ 我们不必过分解读明清时期的资本主义萌芽,但"重农抑商"政策却实实在在延缓了中国前进步伐,在近代西方

① 邓宏图:《历史上的"官商":一个经济学分析》,《经济学》(季刊)2003年第3期。
② 刘玉峰:《中国传统重农抑商政策评议》,《江汉论坛》2008年第5期。
③ 萧国亮:《封建社会后期中西专制主义国家商业政策的比较研究》,载于《中国社会经济史研究》,北京大学出版社2005年版,第288页。

列强的侵略下，逐渐步入半殖民地半封建社会。

3. 重商是传统经济发展的必然趋势。"抑商"政策晚于"重农"政策出现，它适应了地主经济的变化要求，并为巩固地主经济作出了重要贡献。从唐朝中期开始，传统的"抑商"政策开始松动。两宋时期，传统"抑商"政策的影响力大为削弱，"官商分利"政策广为流行。明朝统治者对农、商关系的认识进一步深化。张居正明确指出："商不得通有无以利农，则农病；农不得力本穑以资商，则商病。故商农之势，常若权衡。"那么，国家如何保持农业商业的均衡发展呢？他认为："欲物力不屈，则莫若省征发，以厚农而资商；欲民用不困，则莫若轻关市，以厚商而利农。"[1]从某种意义上讲，张居正的经济政策可以称之为"利农资商"政策。从北宋开始，传统"抑商"政策被悄悄放弃，本质上是商品经济随着社会生产力的发展而提高到新水平的结果。国家政策转向"利农资商"，反过来又促进社会生产力的发展。到17世纪中叶为止，中国社会经济的发展水平并没落后于世界，这是举世公认的事实。[2]

4. 官商与私商具有不同的历史命运。官营工商业和私营工商业是古代中国影响较大的两种商业经营方式，它们都以经营商品买卖为内容，以贱买贵卖赚取利润为目的。但两者又有明显不同。官营工商业的代表——官商代表政府，行使商业和行政的双重职能，在面广利厚的国计民生行业中，具有明显的垄断优势。私营工商业的代表——私商由于受到政府的限制打压，只能从事一般商品买卖经营，他们不能进入最有经营前途和利润丰厚的部门领域，故私商活动余地极其有限。中国历史上的私商总是处于艰难境地，不仅由于商品经济的不发达，很多时候是由官商的打压掠夺所致。元朝马端临说，"古人之立法，恶商贾之趋末而欲抑之，后人之立法，妒商贾之获利而欲分之"[3]，即指此而言。《元史·食货一》云："以汉唐宋观之，当其立国之初，亦颇有成法。及数传之后，骄侈生焉。往往取之无度、用之无节，于是汉有告缗、算舟车之令，唐有借商、税间架之法，宋有经、总制二钱，皆掊

---

[1] 《张文忠公全集·赠水部周汉浦榷竣还朝序》。

[2] 郑韶：《重农抑商是"固定国策"吗？》，《上海经济研究》1984年第12期。

[3] 《文献通考》卷二十，《市籴考一》。

民以充国，卒之民困而国亡。"私营工商业只能在专制王权的缝隙中艰难地成长。经济上，统治者希望私营工商业活跃经济提供税收；政治上，统治者限制私营工商业发展以维护政治稳定。但有时统治者并不能精准施策，私营工商业就会迅速发展，进而触犯统治者的政策红线。王朝政权认为有必要用一些偏激的政策予以压制，这就是历史上"抑商"政策的根由。私商要想取得成功，免除官商的各种束缚，只能走"官商结合"的路子，如清朝胡雪岩、盛宣怀等人的做法。①

三、"重农抑商"思想的时代转化

"三农"问题事关国家稳定大局。古代统治者无论处于何种目的，都非常重视"三农"问题，但最终并没有解决"三农"问题。中国历史上的王朝政权更迭，从某种意义上讲，就是"三农"问题的反复发作。改革开放40多年来，中国社会正发生着重大转型，即从农业社会快速迈向工业社会。在这个重要关口，第二产业、第三产业都已确立了自己的主导地位，作为第一产业的农业何去何从？党和国家高度重视"三农"问题。2018年中共中央、国务院出台《关于实施乡村振兴战略的意见》，历史上第一次明确提出解决"三农"问题的时间表：到2020年，乡村振兴取得重要进展，制度框架和政策体系基本形成。到2035年，乡村振兴取得决定性进展，农业农村现代化基本实现。到2050年，乡村全面振兴，农业强、农村美、农民富全面实现。②在全面实施乡村振兴战略过程中，我们必须充分吸取传统"重农抑商"政策的经验教训，将"重农抑商"政策中的某些内容进行时代转化，从而为真正解决"三农"问题提供历史智慧。

（一）农民收入持续增加

农村改革应有效提高农民收入水平。我们必须重新审视历代农民负担

---

① 陈小葵：《中国古代"抑商"政策考辨》，《求索》2008年第4期。

② 中共中央国务院：《关于实施乡村振兴战略的意见》，《人民日报》2018年2月5日。

问题，采取降费减税等措施，实现农民收入可持续增长。农民问题既是一个政治问题，也是一个经济问题。农民安，农村安，国家安；农民乱，农村乱，国家乱。可以说，中国历史上的王朝统治者没有很好解决农民问题，我们看到的是封建王朝在一次次农民战争中倒下，然后新的王朝又会重蹈覆辙。不解决农民收入问题，王朝的长治久安就不会实现。历史上的"文景之治""开元盛世""康乾盛世"等时代，都是较好解决农民收入问题的时期。当代农民收入问题实际是一个增收减负的物质利益问题。在农民负担方面，中国历史上的农民承担了诸如田赋、劳役、摊派、地租、高利贷等很多负担。中华人民共和国成立后，农民除缴纳农业税外，还要承担"三提五统"。进入21世纪以来，农村税费改革不断推进，农民负担不断减轻，直至2006年全面取消农业税和"三提五统"，农民第一次实现了"无税"的梦想。可以说，现在是中国历史上农民最美好的时代。在农民增收方面，古代统治者曾劝课农桑扶持农业发展，但因负担太重，农民收入无法实现可持续增长。中华人民共和国成立后，国家实行工农产品"剪刀差"政策，人为压低各种农产品价格，所以农民收入始终处在较低水平。进入21世纪以来，解决农民增收问题，主要有农民转移、农业规模化经营、增加农村公共产品供给等思路。如通过农民转移实现农民收入可持续增长。农民转移包括两个方面，一是农民工作岗位的变化，二是农民居住方式的转化。农民工作岗位从农村转移到城市，包括进城务工、海外务工、边疆移民等。发达的城市经济、经济全球化、亟待开发的边疆经济等，都可满足上述需求，这也是农民增收的最直接方式。农民居住方式的转化，包括新型城镇化等，实现农民集中居住，在土地置换中实现增收目标。无论哪种方式的转移，都需要城市经济的高度发展。只要城市能够容纳更多的农民，城市经济能够吸纳更多的涉农经济，农民收入增长问题就一定会解决。农民转移可以实现生产要素的节约，规模化经营可以提高生产效率，增加供给可以实现农业的可持续发展，这一切都为农民增收和农村现代化提供了较好机遇。历史经验告诉我们，要想彻底实现农村现代化，必须把农民增收与文化素养提高结合起来，必须坚持物质文明、精神文明、制度文明一起抓，在努力提高农民收入的同时，还应提高农民文化素养，焕发乡风文明新气象，加强农村基层制度建设，构建乡村治理新体系。

（二）全面完成扶贫

农村改革应通过局部扶贫实现全面发展。我们必须认真汲取古代扶贫经验，通过扶贫相关机制体制，真正实现扶贫与发展的双重目标。中国古代不仅有完备的救助扶贫理论，还有丰富的救助扶贫实践。基于小农经济对王朝统治的重要性，救助扶贫多以政府为主导，同时辅之以民间力量。当面临自然灾害或生产难以为继时，政府会贷给农民种子、农具、耕牛等，尽量把农民固定在土地上，从而保证王朝政权的赋税徭役。如《周礼》强调发生灾荒时，政府要实行救荒政策，提出包括散利（贷种食）、薄征、弛力（减徭役）等十二条"救荒"措施。明朝丘濬认为，"古之善为治者，恒备于未荒之先，救之已患之后者，策斯下矣"。他提出的救荒主张如"鬻爵用于其他不可，用于救荒则可"；鼓励富人放债，"许其取息，待熟之后，官为追偿"；禁止穷人抢夺富人财产，"谕之不从，痛惩首恶，以警余众"[①]等。在扶贫方式上，古人主张对不同程度的贫困者给予不同的救济扶助，如明朝林希元《荒政丛言》提出"极贫之民便赈米，次贫之民便赈钱，稍贫之民便转贷"。扶贫在坚持政府主导的同时，也注重调动民间力量。宋朝以前，救助贫困人口一般以政府为主，如汉律规定国家需向"贫不能自存者"提供救助。到了宋朝，国家开始注重采用经济手段、调动民间力量参与扶贫救助，如采用招商赈济、以工代赈等方式。除此之外，宋朝还鼓励民间互助，动员富户救助贫户，并设立"纳粟补官"制度，对参与扶贫的富户奖以荣誉称号。在扶贫思路上，古人在注重临时性救助的同时，也注重系统性扶持。如北宋政府除了在自然灾害之后开展临时性救助，还从百姓日常生产生活实际出发，制定系统性扶持办法，从财政、民政乃至军政多个层面对贫困人口进行帮扶。[②]古代扶贫的政策思想与实践经验可为当代的扶贫工作提供有益借鉴。改革开放 40 多年来，我国扶贫工作取得巨大进展。从大规模有针对性扶贫计划的

---

① 《大学衍义补》卷十六。

② 孙竞、张文：《中国古代扶贫实践及其当代价值》，《人民日报》2016 年 2 月 25 日。

展开，到《农村扶贫开发纲要》的实施，再到当今的精准扶贫，直到2020年消灭绝对贫困。这些贫困地区或贫困人口，大都无法通过自己的努力来脱贫致富，所以当代扶贫工作必须以国家为主导。据国家统计局测算，按现行扶贫标准衡量，1978年至2018年底，我国农村绝对贫困人口从7.7亿人减少到1660万人，贫困发生率降至1.7%。从2014年开始，国家将每年的10月17日设立为"扶贫日"，从2017年起，我国贫困县数量实现首次减少。2020年，我国全面完成脱贫攻坚任务，同时全面建成小康社会。改革开放40多年来的扶贫工作，基本上吸收了古代扶贫的基本经验，即以政府为主导，不仅仅是临时救济，更多的是扶贫开发。实际上，扶贫工作在政府主导的前提下，应充分发挥民间资本的积极作用，形成国家与私人扶贫的合力。同时，在做好单项扶贫工作的同时，更应做好系统性扶贫工作。在小康社会即将全面建成之际，尽早摆脱农民贫困状态，从而实现消灭贫困与农民增收的双重目标。

（三）保证农业基础地位

农村改革应实现农业可持续发展。我们必须充分吸取古代"重农"经验，认真总结传统农业的历史变迁，实现农业的可持续发展。历史上，中国经济经历了从农业社会到工业社会的重大转变，农业的产业地位也经历了从主导产业到基础产业的历史转变。在农业社会中，农业是主导产业，是对经济发展贡献最大的产业部门。在工业社会和知识社会中，农业转变为基础产业部门，虽然没有工业、新兴产业的贡献大，但依然发挥着重要作用。不同的历史时代，应具有不同的产业结构。在"重农抑商"政策中，抑商政策早已失去其历史意义，但重农政策在当今仍然具有重要的现实意义。[①] 农业曾是农业社会的主导产业部门，也是工业社会和信息社会的基础产业部门。农业现代化是经济现代化的重要组成部分。农业现代化实现之日，也是中国经济现代化实现之时。从2004年《关于促进农民增收若干政策的意见》至2020年《关于抓好"三农"领域重点工作确保如期实现全面小康的意见》，

---

① 刘玉峰：《中国传统重农抑商政策评议》，《江汉论坛》2008年第5期。

中共中央连续 17 年发布以"三农"为主题的"中央一号文件"。这些文件不仅是中共中央重视农村问题的体现，更是中国历史上"重农"传统的延续，诸如 2006 年全面取消农业税、2018 年出台乡村振兴战略等，都是极好例证。农业现代化的发展方向是农业产业化，而农业产业化已将农业和工商业融为一体，成为复合运营的现代产业经济。相比之下，传统"抑商"政策明显与现代经济运行不相适应，必须予以彻底清除。早在计划经济时期，工商业基本纳入国营范畴，私营经济几乎绝迹，"短缺经济""票证经济"成为那个时期的代名词。改革开放以来，随着社会主义市场经济体制的建立，我国逐渐形成以公有制为主体多种所有制共同发展的所有制格局，私营工商业得到迅猛发展，中国正式步入"重商"时代。私营工商业或私营经济正在为中国经济发展作出巨大贡献，它们提供了全国大部分就业岗位，在全国 GDP 中占有重要比例。鼓励扶持私营工商业已成为我国一项基本政策。

（四）保证粮食安全

粮食安全是国家整体安全观的重要内容。粮食安全、能源安全和金融安全并称当今经济发展的"三大安全"问题，世界各国对此无不高度重视。历代统治者都提倡以农为本的思想和政策，"重农"思想和农本观念成为古代社会发展经济、治国安邦的选择。西汉贾谊认为粮食储备是"天下之大命"①，晁错认为"粟者，王者大用，政之本务"②。司马迁曾言，"知天之天者，王事可成；不知天之天者，王事不可成。王者以民人为天，而民人以食为天。"③ 为了保证粮食安全，王朝统治者除坚持"重农"政策外，还采取了其他措施，如历代施行的常平仓制度等。常平仓是古代政府为调节粮价、储粮备荒以供应官需民食而设置的粮仓，属于官仓。除此之外，官仓还包括有太仓、正仓等。常平源于战国时李悝在魏国所行的平籴政策。西汉时期，耿寿昌"遂白令边郡皆筑仓，以谷贱时增其贾而籴，以利农，谷贵时减贾而

---

① 《汉书·食货志上》。

② 《汉书·食货志上》。

③ 《史记·郦生陆贾列传》。

粜，名曰常平仓"①。耿寿昌的常平仓制度，是平籴、平粜制度发展到成熟阶段的产物，是中国古代平籴、平粜思想的总结。此后常平仓制度在中国全面建立，其稳定经济的功能在历史上发挥了巨大作用。有研究表明：中国古代存在粮食宏观安全与微观不安全并存的局面，王朝统治者也深知粮食安全重要性，并采取有效措施提高粮食安全系数。从宏观粮食安全看，除了在春秋战国时期和明清以后粮食的总供应量和总需求量不平衡，出现供需紧张的状况以外，在其他大部分历史时期则供求相对平衡，甚至经常出现供大于求的状况。但是农业生产的波动性所带来的粮食在时间上的不均衡，地区差异引起的粮食在空间上的分布不均衡，以及封建社会不同阶层民众粮食分配不公等三个因素，直接制约着个人和家庭粮食的获取能力，影响着古代粮食的微观安全。可以说，粮食的宏观安全和粮食的微观不安全并存于古代社会，而正是粮食微观上的不安全，导致了粮食问题成为影响古代中国社会发展、稳定、变迁的最为重要的、直接的要素。②十八大以来，国家逐渐构建了粮食安全战略。十八届三中全会首次明确了国家粮食安全战略："切实保障国家粮食安全。必须实施以我为主、立足国内、确保产能、适度进口、科技支撑的国家粮食安全战略。要依靠自己保口粮，集中国内资源保重点，做到谷物基本自给、口粮绝对安全。更加注重农产品质量和食品安全，转变农业发展方式，抓好粮食安全保障能力建设。"2014 年中央一号文件《关于全面深化农村改革加快推进农业现代化的若干意见》明确指出：抓紧构建新形势下的国家粮食安全战略。把饭碗牢牢端在自己手上，是治国理政必须长期坚持的基本方针。农业现代化是经济现代化的重要组成部分，而粮食安全是农业现代化的终极目标。要想实现农业现代化，我们必须在有限的条件下，依靠科技支撑，发展现代农业，生产出更多的粮食。③同时，为保证粮食安全，中国政府还出台了很多粮食宏观调控措施，如成立中国储备粮管理总公司、加

---

① 《汉书·食货志上》。

② 吴宾、党晓虹：《论中国古代粮食安全问题及其影响因素》，《中国农史》2008 年第 1 期。

③ 张正斌、徐萍、段子渊：《粮食安全应成为中国农业现代化发展的终极目标》，《中国生态农业学报》2015 年第 10 期。

强粮食进出口贸易、实施粮食财政补贴、建立农村金融保险等措施。①

（五）全面提升乡村面貌

农村改革应全面提升乡村面貌。我们必须重新审视历史上的乡村治理，继续实施乡村振兴战略。据国家统计局测算，2018 年中国大陆总人口 139538 万人，其中乡村常住人口 56401 万人，占比 40.4%，与 1978 年的占比相比，中国的农民迅速减少，城市化率迅速提高，但 56401 万的农民人口，对世界其他国家来说都是一个天文数字。农村是农民的主要活动空间，也是农业的主要生产空间。中国目前大部分农民还是居住在农村中，大部分农业生产还是安排在农村中。中国历史上的王朝政权十分重视农村问题，因为农村问题事关国家稳定大局，不仅古代这样，今天依然如此。进入 21 世纪以来，中国政府提出了解决"三农"问题的诸多战略，如十六届五中全会提出社会主义新农村建设战略、十九大提出"乡村振兴"战略。在"三农"工作中，除农民增收、农业现代化外，最重要的就是农村基础设施建设，即增加农村公共产品供给。中国政府已在基础设施、文化教育、医疗卫生、社会保障等农村公共产品供给方面作出了很大努力，并取得很大成效。但国家财政资金向城市的投资仍然大于对农村的投资，造成农村公共产品供给远远落后于城市。这种落后状况既阻碍了城市对农村带动作用的发挥，又限制了农村的可持续发展。农村公共产品供给可以多元化，既可以实行完全的政府供给或者完全的私人供给，也可实行私人与政府的联合供给。实行私人供给需要明晰农村公共产品产权，只有走民建、民有、民营的私人供给之路，才能够充分发挥民营资本的供给作用。因为这种竞争在带来效率的同时，也为农村的可持续发展注入了活力。在积极发展私人供给的同时，国家也应加大财政支持力度，实现农村可持续发展。有学者指出，农村医疗是公共产业，是人们公平地参与社会经济生活的一个基本条件，所以也是政府最应该提供的公共产品。政府必须在制度环境、生态环境以及市场环境的建设等方面发

---

① 邓大才：《粮食宏观调控的运行机制研究》，《经济问题》2005 年第 5 期。

挥应有的作用，以促进农村的全面、和谐、可持续发展。[1] 我们应该坚持经济效率标准，积极探索各种农村公共产品供给形式。从长远看来，侧重点应是鼓励、支持发展私人供给，走私人与政府联合供给这条道路。[2]

① 邹建锋：《农村医疗寻求政策支持》《中国经济时报》2002 年 8 月 14 日。
② 陈新岗：《可持续发展下的农村公共产品供给主体研究》，《社会科学家》2007 年第 1 期。

第八章 中国历史上的"崇俭黜奢"思想与当代消费社会建设

"崇俭黜奢"思想是传统经济思想的四大支柱之一。资源短缺始终是人类社会面临的一个难题，因此如何处理生产与消费的关系便成为一个重大的理论和现实问题。在保证农业生产稳定增长的同时，古代统治者也非常重视消费问题。如何满足人们的合理需求和有序消费，进而求得社会的稳定，是统治者必须要探讨的问题。处理此问题的恰当与否，同样事关国家的长治久安。"崇俭黜奢"是传统消费思想的核心，它在历朝历代有不同的表述形式，这种消费思想在近代经过一定程度的资本主义化改造后，呈现出"去俭尚奢"之转化。中华人民共和国成立以来，传统消费思想对社会主义经济建设产生了重要影响。居民较高的储蓄率不仅支撑了计划经济时期国家各项资金需求，也给市场经济发展提供了原始资金来源。中国社会主义市场经济日益跨越卖方市场阶段，逐渐走向买方市场阶段。而当市场经济进入买方市场之时，各类市场主体的消费行为迅速成为影响经济增长的重要因素，"消费时代""消费社会"诸种称呼迎面而来。消费、投资与外贸成为推动中国经济增长的"三驾马车"。在消费社会背景下，我们必须正确对待社会主要矛盾的转化，即从"人民日益增长的物质文化需要同落后的社会生产之间的矛盾"转化为"人民日益增长的美好生活需要和不平衡不充分的发展之间的矛盾"。我们必须充分认识传统消费思想的现代价值，并积极进行时代转化，从而让传统消费思想更好地服务于当今消费社会建设。

一、消费思想的历史演进与主要特点

在古代中国，最早提到"消费"两字的人，是东汉思想家王符。他在《潜夫论》中言，奢侈品生产者"既不助长农工女，无益于世，而座食嘉谷，消费白日……"① 大意是说：在东都洛阳之中，存在着一批专为王公贵族生产高档品的浮食者，他们所做工作不仅对国民经济发展无益，而且浪费粮食，增加了社会的不稳定性。当时的"消费"当为"浪费"之意。在古代，人们一般用"靡""养""养生""食""穿衣吃饭"等词来表达消费之意。可见，消费思想在这个词出现以前就有了。大体而言，古代思想家对消费问题的论述，可以从纵、横两方面来加以把握。纵的方面就是将消费置于社会再生产的各个环节之中来考察；横的方面就是研究消费过程中不同要素之间的内部联系。这两个方面考察的结果，便形成消费思想体系。

（一）消费思想的历史演进

人们的消费观念及行为随着历史的发展而多有变化。有的朝代盛行厚葬，有的朝代则流行薄葬；有的朝代大力宣扬节俭节用，有的朝代则主张奢靡消费。古代人先有收入才能消费，而现代人可以先消费后有收入。由于消费观念及行为的时代性，消费思想在历史演进中也呈现出时代性、多样性等特点。

1.远古社会的消费习俗。原始社会先民的生活非常艰难。他们在耕、衣、食、住、行等方面的消费水平极为低下。在长期的生产和消费活动中，原始先民也形成了一些消费习俗或者消费规范，主要有以下几个方面：共同生产的消费原则、按需分配的消费习俗、原始崇拜的消费习俗、简单交换的消费习俗等。

2.先秦时期的消费思想。先秦时期"尚俭"成为消费思想的核心内容，并发展为历代消费思想的渊源。商周时期，伊尹曾对刚继位的太甲提出建

---

① 《潜夫论·浮侈》。

议:"慎乃俭德,惟怀永图。"到了西周,周公总结商纣奢靡败国的历史教训,担心周成王"有所淫佚,乃作《多士》《无逸》",告诫周成王要杜骄奢,绝淫侈。春秋战国时期,思想界学派林立,百家争鸣,"尚俭"是各学派共有的伦理主张,但它们又表现出不同的内容和特点。

孔子主张按照等级进行消费。由于不同等级的人占有财富的状况不同,他们的生活消费水平也是不同的。孔子认为未取得爵禄的士人应该像颜回一样"饭疏食,饮水,曲肱而枕之",生活贫苦但"乐在其中",消费水平与其身份地位相适应;等取得爵禄,消费水平便随之改变。在符合基本等级消费标准的前提下,孔子主张"节用""宁俭"①。所谓"奢则不孙,俭则固。与其不孙也,宁固"②,奢侈会刺激人过度消费的欲望,动摇礼制对等级规范的约束力。孔子主张薄葬,对富有的贵族规定了丧葬的最高限度,即"四寸之棺,五寸之撑。因丘陵为坟,不封不树"③,并把这一节俭的规定在鲁国推行。对国家而言,孔子提出事关国计民生的礼仪和外交必须要铺张,其他非国计民生的事项则要节用。在财政开支方面,孔子主张"量入为出",对百姓轻赋薄敛,为此他提出"节用而爱人",把"爱人"与节用联系起来,即一方面要施惠于民,一方面要减轻人民的负担。

荀子的节用思想又不同于孔子。其主要观点有:第一,主张节用。荀子虽然指责墨子的节俭思想,但他同样反对奢侈性消费,认为齐桓公所以不足以称道,原因之一就是奢侈。"般乐奢汰,以齐之分,奉之而不足","伤国者……其于声色、台榭、园圃也。"④ 所以荀子并不反对一般性节俭,节俭仍是其经济思想的基本原则。第二,节用裕民。荀子认为增加国家财政收入,必须通过节俭藏富于民。"足国之道,节用裕民,而善藏其余。"第三,裕民以政。荀子希望通过"节用裕民""节用以礼"实现所谓"裕民以政",即统治者勤政爱民,省徭役,薄税敛,人民得以温饱且有节余,从而增加扩大再生产能力,因为人民富裕,投入土地肥料便充足,土地肥沃,产量便能多

---

① 《论语·八佾》。

② 《论语·述而》。

③ 《孔子家语·相鲁》。

④ 《荀子·王霸》。

倍增加。如果国君再"节用以礼"对百姓进行示范教化，于是百姓亦能以"礼"节制消费．这样财富便能无限增长，而使收获物"余若丘山"。第四，开源节流。他说："上好功则国贫，上好利则国贫，士大夫众则国贫，工商众则国贫，无制数度量则国贫。"① "上好功"则加重向农民征用力役，"上好利"则加重对农民厚赋厚敛，自然要造成农民的贫困。而士大夫众，工商众，则增多非劳动生产者人数，而增加寄生阶层，农民劳动力减少，生产自然要下降。而从农民身上榨取时又没有制数度量，农民自然要破产，这就是国家贫穷的根源之一。

道家学派代表人物老子则主张返璞归真，去奢从俭，提倡清心寡欲，俭朴自持和知足常乐。老子以"俭"为宝。老子说"我恒有三宝，持而宝之，一曰慈，二曰俭，三曰不敢为天下先。夫慈，故能勇，俭，故能广，不敢为天下先，故能为成事长。"② 俭，即节俭、简朴。他把"俭"看作治国、养生的宝物。"夫物或行或随，或歔或吹，或强或羸，或载或隳。是以圣人去甚、去奢、去泰"③，世间万物特性不同，却又井然有序和谐共生，人们合乎自然法则才能得以养生，具体做法就是摒弃极端、去奢存俭："是以大丈夫处其厚，不居其薄；居其实，不居其华，故去彼取此"④。在治国问题上，统治者同样需要选择实实在在切实可行的政策，而不要那些浮华之辞造成浪费。道家学派另一代表人物庄子同样主张节俭和节葬。"不侈于后世，不靡于万物"⑤，"庄子将死，弟子欲厚葬之。庄子曰：'吾以天地为棺椁，以日月为连璧，星辰为珠玑，万物为赍送。吾葬具岂不备邪？何以加此！'"⑥。

墨家代表人物墨子把俭约和淫奢提升到关乎国家存亡的高度："俭节则昌，淫佚则亡。"节用是墨家学说的一个重要内容。墨子针对社会上出现的骄奢淫逸的腐化现象，主张"节用""节葬"。他为统治者制定了"节用之

① 《荀子·富国》。
② 《老子》第二七章。
③ 《老子》第二九章。
④ 《老子》第三八章。
⑤ 《庄子·天下》。
⑥ 《庄子·列御寇》。

法""饮食之法""衣服之法""节葬之法""宫室之法"。墨子把节用看作是关乎国家富强、存亡的大事，主张"去无用之费，圣王之道，天下之大利也"。同时，墨子奉行苦行主义的节俭思想。根据《庄子·天下》的记载，墨家"多以裘褐为衣，以跂蹻为服，日夜不休，以自苦为极"，"不能如此，非禹之道也，不足谓墨"。墨子以大禹为榜样，穿粗布衣服，配木屐，日夜劳作，以自苦为准则。做不到的，不配为墨者。作为墨家"巨子"的墨子以身作则，躬行节俭。

法家代表人物韩非子也主张节用，对勤劳致富的人要褒扬，对懒惰贫困的人要斥责。他把"修治苦窳之器，聚沸靡之财"的"商工之民"视为"五蠹"之一。其思想主要有：第一，"侈而惰者贫，力而俭者富。"[①] 第二，俭于财用，节于饮食。韩非子对各级官吏也提出了节俭的要求，这就是"俭于财用，节于饮食，官室器械周于资用，不事玩好。"这个要求可以归纳为六个字：俭、节、资用、不事。就是说，财用开支，要贯彻"俭"的原则；衣食生活用度，要贯彻"节"的原则；宫廷用器具，要贯彻"资用"原则；对珍宝玩好一类奢侈性活动，要贯彻"不事"的原则。

崇尚节俭、反对奢侈几乎是先秦思想家共同的消费观，而《管子》的消费思想却独树一帜，创立了俭侈并重的消费现，这也是其经济思想中最具特色和最为闪光的理论精华之一。《管子》推崇正常年景下的节俭。有关斥奢崇俭的论述散见于书中许多篇目。如《法法》篇曰："明君制宗庙，足以设宾祀，不求其美；为宫室台榭，足以避燥湿寒暑，不求其大……故曰，俭其道乎？"把俭看成是"道"的内容。同时，《管子》全书又贯穿着重视消费的思想。《管子·侈靡》认识到消费对刺激经济、宏观管理以及道德提升具有重要的意义。"饮食者也，侈乐者也，民之所愿也。足其所欲，赡其所愿，则能用之耳。今使衣皮而冠角，食野草，饮野水，孰能用之？伤心者不可以致功。故尝至味而，罢至乐而。雕卵然后瀹之，雕橑然后爨之。丹砂之穴不塞，则商贾不处。富者靡之，贫者为之，此百姓之怠生，百振而食。"消费水平的提高，有助于提高人民的劳动积极性。富人的侈靡可以增加穷人的谋

_____
① 《韩非子·显学》。

生机会，即所谓"富者靡之，贫者为之"，故而《管子》把"侈靡"作为刺激生产发展和增加劳动就业的一条重要途径来看待。"巨瘗堵，所以使贫民也。美垄墓，所以使文萌也。巨棺椁，所以起木工也。多衣衾，所以起女工也。作此相食，然后民相利，守战之备合矣。"消费可以促进生产，繁荣经济。面对灾荒，统治者不必急于开仓放粮，而只需要通过促进消费以增加贫民收入来解决。"如以予人财者，不如毋夺时；如以予人食者，不如毋夺其事，此谓无外内之患。"因此，在特殊情况下，特别是在灾荒之年，应提倡奢靡消费，即"兴时化，若何？曰，莫善于侈靡。"《管子》是先秦时期唯一能辩证对待俭奢问题的著作，重视消费、俭侈并重。"俭则伤事，侈则伤货"，"侈则金贵，金贵则货贱，故伤货"，"俭则金贱，金贱则事不成，故伤事"，"俭"与"奢"各有长短，需要辩证对待。

　　3. 秦汉时期的消费思想。秦汉是中国消费思想发展的重要时期，"崇俭黜奢""以俭治国"等消费思想有了充分实践的沃土。秦朝因其奢侈的消费政策而亡，因此在两汉思想家的大力论证和宣扬下，西汉初期统治者极力以俭治国。如汉文帝以崇俭闻名，成为历代统治者节俭的典范。"朕闻盖天下万物萌生，靡不有死。死者天地之理，物之自然者，奚可甚哀……以重吾不德也，谓天下何！"[1] 陆贾通过《新语》表达了崇俭思想。"故君之御下民，奢侈者应之以俭，骄淫者则统之以理。"[2] 贾谊在《新书》中界定了节俭和奢侈的含义，并主张节俭反对侈靡。"广较自敛谓之俭，反俭为侈；费弗过适谓之节，反节谓之靡。"[3] 如果放任侈靡之风，就必然导致天下出现"亡饥""亡寒""残贼公行"等可怕局面。消费是整个社会生产过程的一个重要组成部分，它直接关系着生产、交换、分配的最终实现问题。适当的消费思想和政策，有利于社会经济的发展，不切实际的消费思想和政策，则不利于国计民生。两汉思想家的消费思想基本上适合两汉生产力水平实际状况。尤其是他们尚俭节用的消费思想，更符合古代社会生产力水平低下的情况。

---

① 《史记·孝文本纪》。

② 《新语·无为》。

③ 《新书·道术》。

　　尚俭思想并不是秦汉消费思想的全部，也有一些思想家提出奢侈性消费和自由消费的思想，从而丰富了两汉消费思想。桑弘羊继承和发展了《管子》的侈靡消费思想。在西汉中期的"盐铁会议"上，桑弘羊"尚奢"舌战贤良文学们的"黜奢崇俭"。桑弘羊采用《管子》的消费理论，称"昔孙叔敖相楚，妻不衣帛，马不秣粟。孔子曰：'不可，大俭极下。'此《蟋蟀》所为作也。管子曰：'不饰宫室，则材木不可胜用，不充庖厨，则禽兽不损其寿。无末利，则本业无所出，无黼黻，则女工不施'。"他指出消费是生产的前提，如果一味节俭限制消费，资源得不到利用，生产也就得不到发展。桑弘羊提出"节奢刺俭"的口号，意为既要对奢加以适当限制，也要反对过分节俭。可以说，两汉思想家的消费思想上承先秦，下启后世，在中国消费经济思想史上占有重要地位。

　　4. 魏晋隋唐时期的消费思想。这一时期出现了大量提倡节俭的书籍。如《颜氏家训》体现了南北朝时期儒释道融合之下士大夫阶层立身行事的准则，其《止足》篇中提到："人生衣趣以覆寒露，食趣以塞饥乏耳。形骸之内，尚不得奢靡，己身之外，而欲穷骄泰邪?"就是告诫儿孙要节俭、勤劳治家。此外桓范《政要论》讲"俭者节欲，奢者放情。放情者危，节欲者安"；《贞观政要》讲"奢侈为戒，节俭为师"；著名诗人李商隐也说"历览前贤国与家，成由勤俭败由奢"。另外，这一时期以俭治国的事迹通过政治家的言行广泛传播，丰富了消费思想的内涵，强化了"俭"思想的治国意义。唐太宗是中国历史上一个很有作为的皇帝，他常以隋炀帝纵情放逸、奢侈糜烂，最后亡国的历史教训提醒自己。"人君之患，不自外来，常由身出。夫欲盛则费广，费广则赋重，赋重则民怨，民怨则国危，国危则君丧矣。"①唐太宗身体力行，躬行节俭，注重身教，志在俭葬。"贞观之治"局面之所以出现，与唐太宗崇尚节俭、力戒奢侈密不可分。这一时期消费思想进一步完善成熟。

　　5. 宋元时期的消费思想。由于理学的兴起，传统消费思想进一步完善、定型。这个时期的消费思想仍以尚俭为主要内容，但由于理学的出现，尚

---

① 《资治通鉴》卷一九二。

俭又有了新的内涵。如理学代表人物朱熹给节俭和奢侈下了定义："俭谓节制……只是不放肆，常收敛之意。"即满足人的正常消费需要，属于俭，属于天理自然。"奢非止谓僭礼犯上之事，只是有夸张侈大之意。"① 即超过人的正常消费需要属于奢，属于人欲。"存天理，灭人欲"就是崇俭黜奢。"问：饥食渴饮，冬裘夏葛，何以谓之天职？曰：这是天教我如此，饥便食，渴便饮，只得顺他，穷口腹之欲便不是，盖天只教我饥则食，渴则饮，何曾教我穷口腹之欲。"② "饥则食""渴则饮"等属于俭和天理，"穷口腹之欲"则属于奢和人欲。此外，以叶适为代表的功利学派消费思想、以邓牧为代表的异端消费思想，都表现出不同于传统的特点。

6. 明清时期的消费思想。这一时期是传统消费思想僵化、反传统消费思想不断涌现的时期。黄宗羲在《明夷待访录》中说："治天下者既轻其赋敛矣，而民间之欲未去，蛊惑不除，奢侈不革，则民仍不可使富矣。"他主张革除"奢侈"行为。"奢侈"是指人的日常生活中的豪华侈靡生活方式，"倡优之费，一夕而中人之产；酒肆之费，一顿而经年之食；机坊之费，一衣而十夫之暖"。王夫之对中国历史上的"崇俭黜奢"传统做了辩证性的批判继承，主张"俭勤者，美行也"③；"俭以恭己，非俭以守财也"④；"奢俭俱失中，而奢之害大"⑤。他既肯定勤劳俭朴的道德价值，又倡导正当而合理的消费，并对社会上层奢侈浪费和假俭朴真聚敛的行为给予深刻揭露和批判。顾炎武也主张节俭，反对奢侈。他在《日知录》一书中，表达出对汉朝公孙弘、光武帝等人"俭德之风"的向往。他从改变国民经济贫困状况出发，主张节约不必要的消费，腾出物质资料和劳动力，从事农业生产以及山泽资源等的开发。但这一时期由于商品经济的发展，消费思想也表现出一些新特点：奢侈消费言论和行为不断涌现，家训中的节俭思想多元化、系统化，君主消费遭到越来越多的抨击，人口与消费关系愈发受到关注。

---

① 《朱子语类》卷三四。
② 《朱子语类》卷九六。
③ 《宋论·真宗六》。
④ 《宋论·真宗六》。
⑤ 《四书训义·论语·述而》。

7. 传统消费思想的近代转型。伴随近代中国经济的发展和西方消费文化的巨大冲击，人们的消费观念发生了较大的变化。在近代工业和商业贸易最发达的地区，人们开始对节俭的消费行为和传统消费观念发出质疑，激进的社会舆论公开反对崇俭，倡导勇于消费，这无疑是一种重要的变化。以梁启超、谭嗣同、严复等人为代表，近代学者对传统"黜奢崇俭"消费观进行反思和批判，这反映了资产阶级工商业者的心声。虽然他们的呼吁、呐喊难以引起社会各方的共鸣，且在实践领域也尚存缺憾，但这对近代中国资本主义经济发展有一定的催化作用，也在一定程度上加速了封建经济的解体。

以梁启超为例，他厘清了消费与生产之间的逻辑关系，认识到消费对生产的反作用。他大力批评"崇俭"者为"癖钱之奴"，这些人把金钱"窖而藏之"，阻碍了社会再生产的进行，是"世界之蟊贼，天下之罪人也。"[①]在梁启超看来，富人们消费会加速财富的流通，进而刺激生产，有利于整个社会与国家。如果富人将财富转化为产业资本投资办厂，将会对社会经济起更大的积极作用，"如兴一机器织布之厂，费本二十万，而造机器之人得其若干；种棉花之人得其若干，修房之人得其若干……而且因为买机器也，而炼铁之人得其若干，开矿之人得其若干；因卖棉花也，而赁地种植之人得其若干……因修房屋也，而木厂得其若干，窑厂得其若干，推而上之，炼铁开矿以至窑厂等人，其货物又有其所自出，彼之所自出也，又复有其所自出，如是互相牵摄，沾其益者，至不可纪极。"[②] 总之，梁启超更多地强调消费具有无限的生命力，是整个社会再生产顺利进行的源泉。

严复用"奢""俭"等传统范畴来表现自己对积累和消费关系的看法，并且仍然接受传统经济思想中的"崇俭"提法。他也认为：俭是美德，是"宝"，因而应当"贵俭""崇俭"。但是，他把"俭"分为两种：一种是"有所养""有所生"的俭，也就是能够引起财富增殖的俭；另一种是"不养不生"的俭，也就是单纯对消费的节省或扣除，而不把这种节省、扣除用于扩大生产，增殖财富。严复指出："崇俭""贵俭"的原则只能适用于前一种

---

① 梁启超：《〈史记·货殖列传〉今义》，《饮冰室合集》，中华书局 1989 年版。

② 梁启超：《〈史记·货殖列传〉今义》，《饮冰室合集》，中华书局 1989 年版。

"有所养""有所生"的俭；至于后一种"不养不生"的俭，那只是"财之蟊贼"，只应加以反对，是根本谈不上"崇"和"贵"的。严复作为西方古典经济学的信从者，他所说的第一种"俭"是资本主义性质的"节俭"。资本家为了获得更多的利润，会把已获得的收入用作资本积累，以不断进行扩大再生产获得更多的剩余价值，而不是把它全部消费掉；封建地主凭借对土地的占有获得剩余价值，因为属于寄生性收入，所以并不会把收入用于改良土地或再生产，而是尽量用于寄生性消费，消费以外的剩余，则继续兼并土地、放高利贷或窖藏起来。地主的"节俭"代表落后阶级的经济行为，不再顺应时代的发展，因此，严复就把"崇俭"从维护封建主义生产方式的理论改造成了宣扬资本主义生产方式的理论。①

谭嗣同与梁启超的思想相近，认识到生产与消费的相互依赖关系，提出"私天下者尚俭，公天下者尚奢"②的观点。谭嗣同认为个人的奢侈对整个社会是有好处的。他说："夫岂不知奢之为害烈也，然害止于一身家，而利十百矣。锦绣珠玉栋宇车马歌舞宴会之所集，是固农工商贾从而取赢，而转移执事者所奔走而趋附也。"③在他看来，各种奢侈性生活消费可能对个人不利，却能够带来巨大的社会效益，使各行各业都受益。从这个角度，谭嗣同提出"尚奢"者是"公天下者"。谭嗣同从发展资本主义的角度出发，公开反对几千年来形成的封建节俭消费观，认为"奢"可富国利民，能受益于天下。因此他提倡"开源"，鼓励消费，提倡发展生产，使"财均以流"，促进人们物质需要之满足。④

（二）消费思想的主要特点

在以农业生产为主的社会条件下，统治者大都把"崇俭"作为消费领域的指导思想，并把奢靡消费等视为异端消费思想。农业生产是消费资料的

---

① 赵靖：《中国经济思想史述要》（下册），北京大学出版社 1998 年版，第 728 页。

② 《谭嗣同全集·仁学》。

③ 《谭嗣同全集·仁学》。

④ 王慧：《明清及近代鼓励消费的经济思想研究》，硕士学位论文，山西财经大学，2010 年，第 30 页。

主要来源，统治者主张增加农业人口来实现消费资料的增长。生产决定分配和消费，在产出有限的约束下，国家和百姓都应注重积蓄，同时统治者把等级消费作为主要消费原则。此外，以祭天祀祖为主要内容的礼教消费受到历代统治者的普遍重视和执行，宗教消费则有明显起伏。上述消费思想或原则，深刻影响了社会各阶层的消费行为。

1."崇俭黜奢"是古代主流消费思想，奢靡消费则被看作异端。在古代社会，"崇俭黜奢"的消费思想频繁出现于帝王的谕旨朱批、官员的奏折公文、学者的讲章论著、平民的家诫家训等文献典籍之中。"崇俭黜奢"自古被普遍认同，称为主流消费思想，适应于生产力发展水平相对落后的小农经济社会。到宋明时期，随着商品经济的发展，主张"崇奢黜俭"的思想越来越多，成为封建社会后期非主流的消费思想与行为，被称之为异端消费思想。

主张"崇奢黜俭"思想的分析思路是：富人的奢侈消费，提供给穷人更多的就业机会，从而刺激经济发展实现共同富裕。北宋的范仲淹率先运用了这一理论，将奢侈消费用于救荒，在解决旱灾问题中取得了良好的效果。北宋仁宗皇祐二年（1050）范仲淹以户部侍郎任杭州知府。这年两浙（浙东、浙西）发生严重灾荒，饿死人无数。范仲淹就鼓励人们在西湖竞渡，自己每天带一批人在湖上饮酒作乐，"自春至夏，居民空巷出游"；又动员各佛寺大兴土木之役，并更新粮仓吏舍，每天参加修建的工匠达千余。他的举措受到了上司的弹劾，批评他"不恤荒政，嬉游不节，及公私兴造，伤耗民力"。范仲淹据理力争，解释其所作所为说："所以宴游及兴造，皆欲以发有余之财，以惠贫者。贸易饮食工技服力之人，仰食于公私者，日无虑数万人。荒政之施，莫此为大。"[1] 北宋思想家沈括对范仲淹的做法很钦佩，对此做了记述："是岁，两浙唯杭州晏然，民不流徙，皆文正之惠也。岁饥发司农之粟，募民兴利，近岁遂著为令。既已恤饥，此先王之美泽也。"[2]

明朝陆辑所著《论崇侈黜俭》是中国经济思想史上罕见的反传统经济思想的篇章。他认为江南苏杭等经济发达地区，正是奢侈才以富有闻名于天

---

[1] 沈括：《梦溪笔谈·官政》。

[2] 沈括：《梦溪笔谈·官政》。

下。富人奢侈恰为贫者谋生提供了机会。"余每博观天下之势，大抵其地奢则其民必易为生，其地俭则其民不易为生者也。何者？势使然也。"奢靡能够有效解决就业问题，"不知所谓奢者，不过富商大贾豪家巨族，自侈其宫室、车马、饮食、衣服之奉而已。彼以粱肉奢，则耕者、庖者分其利；彼以纨绮奢，则鬻者、织者分其利"。富商大贾在衣食住行方面讲究排场显示奢华，在客观上为生产这些产品的农人、厨师、小商人、织缎者增加谋生手段，并可以从中分得一部分利益。"吾未见奢之足以贫天下也。自一人言之，一人俭则一人或可免于贫；自一家言之，则一家或可免于贫。至于统论天下之势则不然。治天下者，将欲使一家一人富乎？抑亦欲均天下而富之乎？"陆辑据此提出，扩大消费对社会经济发展具有积极作用，国家应制定崇奢的消费政策。

明朝李豫亨和清朝法式善、魏世傚、郭子章也持相似观点。李豫亨认为，传统的崇俭黜奢后果是"富者益富，贫者愈贫"，"富商大贾、豪家巨室，自侈其宫室车马饮食衣服之奉，正使以力食人者，得以分其利，得以均其不平"。后来清人法式善将李豫亨的话记入《陶庐杂录》，进一步扩大了影响。魏世傚则否定一味惜财节俭的行为，肯定部分人提高消费对繁荣经济的作用。他说："奢者之靡其财也，害在身；啬者之积其财也，害在财。害在身者无损于天下之财，害在财，则财尽而民穷矣……是故一人小积则受其贫者百家，一人大积则受其贫者万家。"同样肯定富人的奢侈消费有利于穷人的谋生。明清时期，随着商品经济和资本主义萌芽发展，社会上出现的崇奢思潮，实际是扩大社会需求，进一步发展工商业、服务业的反映，其出现是时代的产物。郭子章提出"俭奢皆非"的观点。他说："今之谈奢俭者……大都右俭左奢，人人言之矣。夫道何奢俭之有哉？奢者过，俭者不及。奢之为害也巨，俭之为害也亦巨。""奢者过，俭者不及"，意思是说过奢与过俭都是不对的，过奢是指国家财政不该开支的开支了，或该少开支的多开了；过俭是指该开支的不开支，或该多开支的少开支了。他认为传统的"崇俭黜奢"观实质上是要求百姓过分节俭而统治者过分奢侈，这是一种"财聚则民散，财散则民聚"的做法，即"俭奢皆非"的做法，对百姓生活和经济发展会造成非常大的损害，所以"福祸之际不可不省也"。

从总体上讲，在古代以农业为主导的经济结构下，侈靡消费的影响是有限的，对经济的带动作用也是有限的，所以节俭依然是主流，崇奢思想被淹埋于崇俭黜奢为主流的历史长河中。

2. 消费资料增长在很大程度上由人口规模扩大所导致。在古代中国，人口增加是社会不断发展进步的主要原动力之一。由于农业技术水平没有大的变革，于是增加劳动力投入便成为增加农业产出的一个极为重要的途径。我们有理由相信，持续不断的农业劳动力供给是中华文明得以延续不断的重要原因之一。早在先秦时期，人们就注意到人口增长与消费资料之间的关系。秦汉至明清，人们仍不时讨论这个问题。古代思想家一般的看法是：人作为生产者，作为生产要素，其数量的增长与消费资料的增长是一致的。每一个具有正常体力和智力的人，在一定的生产条件下，总可以生产一定的剩余产品，因此人口增长是社会财富增长的前提条件。特别是自然经济时代，农业人口的增加，使大量的土地被开发，耕种面积扩大，因而农作物产量随着人口增加而递增。可以说，墨子的早婚、非攻、对现有人力资源的保护以及轻徭薄赋等主张，代表了古代思想家对人口与消费问题的认识水平。在资源丰富、有待增加人口去开发利用的情况下，在劳动生产率增长还主要靠人口数量增加而不是人口质量提高的情况下，在消费资料主要还是粟帛，主要来源还是农业产品的情况下，中国古代那种最普遍的主张是具有最普遍意义的，它的历史合理性不容否认。古代人口增长，总的来说，对农业生产和经济发展起着刺激促进作用。这种作用在王朝建立初期表现得尤为明显，人口增长快的地区，一般经济恢复也较快。同样，人口锐减，也会导致社会经济衰退。历史上很多战争时期，不仅是人口锐减时期，也是社会经济严重衰退时期。但也应注意一个事实，即历代王朝最为兴旺发达的时期，往往不是人口最多时期。[①] 如唐朝经济最发达时期为唐太宗贞观初年到唐玄宗天宝中期这120年，"米斗四五钱，外户不闭者，数月，马牛被野，人行数千里不赍粮，民物蕃息"[②]。人口最多时期则是天宝末年，此时人口已接近5300万。[③]

① 周建民：《中国古代人口发展特点初探》，《广西师范大学学报》1990年第3期。

② 《新唐书·食货一》。

③ 《通典·食货七·历代盛衰户口》。

　　3.长期的高储蓄率与短期的高消费率并存。在以农业为主要经济部门的古代中国，政府时常遭受财用匮乏的困扰，而广大百姓更是经常在贫困线上挣扎，所以正确处理积蓄与消费的关系，解决好现期消费与未来消费的关系，对国家和百姓来说都非常重要。在很多古代思想家看来，积蓄或积贮是国家的命脉，如西汉的贾谊认为："夫积贮者，天下之大命也。苟粟多而财有余，何向而不济？以攻则取，以守则固，以战则胜，怀柔附远，何招而不至？"[①] 他们认为绝不能把当年的生产物消耗殆尽或任意浪费。古代积蓄与消费的合理比率通常约定为"耕三余一"。但这种高积蓄低消费思想或政策，不但不能保证农民安度凶年，而且无意中成为历代政府横征暴敛的借口，成为政府维持军事、行政需要的借口。

　　4.等级消费是统治者倡导的主要消费原则。在生产力水平比较低下的社会形态中，由于消费品有限及等级制度的存在，人们不可能进行平等地消费。先秦思想家如荀子很清楚这一点，所以他说："势位齐，而欲恶同，物不能澹则必争，争则必乱，乱则穷矣。先王恶其乱也，故制礼义以分之，使有贫富、贵贱之等，足以相兼临者，是养天下之本也。"[②] 在相当长的历史时期内，统治者都不可避免地要实行等级消费以"养天下之本"。超过消费标准便是奢侈，合乎消费标准便是节俭，所以"崇俭黜奢""重义贱利"便成为当时统治阶级的呼吁口号。在确立等级消费原则的前提下，还要考虑生产总量和消费总量是否相适应的问题。古代思想家认为统治阶级对奢侈品的需求减少了投入必需品生产中的劳动力，因此普遍主张禁止奢侈品的生产和流

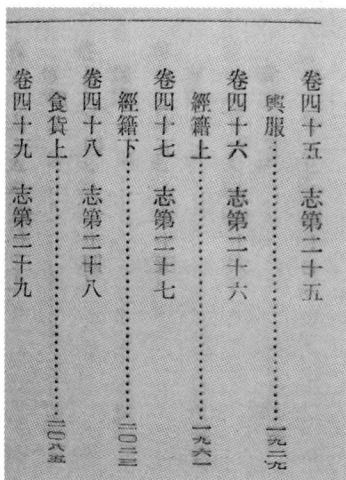

历代正史大都有《舆服志》，如《旧唐书·舆服志》等，《舆服志》主要通过服饰来显示权力和规则，是古代中国等级消费的重要内容

① 《汉书·食货志上》。
② 《荀子·王制》。

通。战国时期所说的"禁末"就是指禁止奢侈品生产和游食之民，而不是指禁止工商业。以工商为末是西汉流行起来的，这便是古代的"重农抑末"思想。以工商为末以后，禁止奢侈品生产和流通的思想仍经久不衰。当然，禁止奢侈品生产主要是针对广大民众而言的，统治者自有其特殊的消费标准。而且随着社会生产力的进步，奢侈品和必需品的标准也会发生变化。①

5. 礼教消费在社会总消费中占有重要地位。中国传统社会是一个礼治社会，因而人们关于礼仪教化方面的消费也是古代消费领域的一个重要方面。这里的礼教消费不是指佛教、道教等宗教消费，而是指人们为了强化礼治而发生的各种祭祀、婚丧、嫁娶等开支。佛教、道教等消费一开始就遭到人们的攻击，它的必要性一直都有人怀疑、否定，虽然在事实上，它们的消费也是按一般宗教消费理论进行的，消费的质量和规模甚至超过礼教。但是，只有礼教消费在中国思想史上得到普遍赞同。中国古代思想家非常重视礼教消费。如孔孟都认为礼教开支不应该节俭。孔子欲用羊行告朔之礼，子贡不舍，孔子不客气地说"赐也，尔爱其羊，我爱其礼。"《孟子·滕文公下》记载，"汤居亳，与葛为邻，葛伯放而不祀……汤使遗之牛羊，葛伯食之，又不以祀……"葛伯没有祭祀，汤于是起兵杀了葛伯，孟子认为葛伯咎由自取。孟子提出"君子不以天下俭其亲"②，君子不能因为所谓天下大事而节省应该用在父母身上的钱财。像墨子那样一葬了事，孟子责其为"无父无亲"者。孟子进而要求礼教开支不仅要大方，而且当事人的行为要严肃。父母在世，儿子必行三年之孝，穿粗布衣裳，吃稀薄之粥，否则为"不知务"。中国历代祭祀、丧葬礼节之隆重，足以说明孟子这一思想对后世的深远影响。

礼教消费不同于世俗消费。如世俗消费遵循节约原则，而礼教消费必须铺张浪费。世俗消费随便简单，随收入变动而变动，消费是收入的函数。而礼教消费是一个常数，与收入无关，所谓"祭，丰年不奢，凶年不俭"③。礼教消费的重要性远超世俗消费，消费标准也高于世俗消费，所以"庶羞不

---

① 陈新岗：《古代中国消费思想史》，兵器工业出版社2005年版，第17页。

② 《孟子·公孙丑下》。

③ 《礼记·王制》。

逾牲，燕衣不逾祭服，寝不逾庙"①。礼教消费具有神圣不可侵犯的特点，即使贫穷，也不能变卖祭器，即使寒冷，也不能穿祭服。当然，这种奢侈性的礼教消费不仅流行于社会上层，而且对社会下层有深远的"示范效应"。比如，汉朝厚葬风气甚浓，家境并不富裕的平民纷纷效仿权贵富豪"葬死殚家，遣女满车，富者欲过，贫者欲及"，成为一时风气。如东汉后期著名思想家崔寔的父亲去世，崔寔为厚葬父亲资产竭尽，只好"以酤酿贩鬻为业"②。由于礼教消费采取不同于世俗消费的特殊原则，因此不仅在理论上损害了中国古代节俭思想的一贯性和彻底性，而且在实践意义上冲淡了这种思想可能产生的积极的经济意义。

传统消费思想深刻影响着社会各阶层的消费行为。中国古代思想家总是将节俭归之于德，将奢侈归之于恶，所谓"夫君子之行，静以修身，俭以养德，非淡泊无以明志，非宁静无以致远"③。生产决定消费，在物质产品不丰富的条件下，选择节俭的消费思想原则，有其历史必然性。

二、消费思想的"得"与"失"

节俭是中华民族的传统美德，这种美德又与古代的"崇俭黜奢"思想密不可分。"崇俭黜奢"是传统消费思想的核心，也是历代统治者重点宣传之所在。"崇俭黜奢"得到王朝统治者的大力宣传。因为崇尚节俭禁止奢侈，能够最大程度减少老百姓的消费基金，从而增加统治者的消费基金（统治者并不会把这部分减少的消费基金用于生产建设）。古代中国的节俭政策，尤其是普通民众的节约行为，增加了社会资本，也有助于古代文明创造。古代中国之所以能够持续成功，在很大程度上是实施节俭政策的结果。虽有部分思想家主张奢靡消费，但总得不到统治者的支持和百姓的认可，即使此项政策虽然在拉动经济增长方面具有突出作用，但在古代中国仍没有实施空间。近现代以来，出于发展经济的需要，节俭仍是基本要求，但在社会总供给大

---

① 《礼记·王制》。
② 《后汉书·崔寔列传》。
③ 诸葛亮：《诫子书》。

于社会总需求的背景下，国家大多时候主张加大消费，促进消费升级，从而带动经济增长。

（一）消费思想之"得"

1. "崇俭黜奢"思想适应了古代治国需要。古代思想家对奢俭概念一般是从宏观上进行定义，如前文西汉贾谊、南宋朱熹等人的论述。明朝郭子章直截了当地认为奢俭是指国家财政不该开支的开支了，或该少开支的多开了，就是奢；该开支的不开支，或该多开支的少开支了，就是俭。无论奢还是俭，都为害巨大，所谓"奢之为害也巨，俭之为害也亦巨"。古代很多思想家认为节俭事关国家治理。如墨子主张"俭节则昌，淫佚则亡"①。他把"俭节"看作"昌"的必要条件，把"淫佚"看作"亡"的充分条件。在墨子看来，"俭节则富，淫佚则贫"；"俭节则庶，淫佚则寡"；"俭节则治，淫佚则乱"。墨子认为节俭事关国家的长治久安，事关兴天下之利，除天下之害。西汉思想家刘向主张"以俭得之，以奢失之"。他认为，要富国足民就要爱惜民力、民财，为此他极力反对骄奢淫逸，提倡爱民节财，并强调从最高统治者自己做起。从这一角度出发，刘向把"俭"与"奢"提到关系"得国"还是"失国"的高度来认识。"秦穆公闲问由余曰：'古者，明王圣帝得国失国者何也？'由余曰：'臣闻之，当以俭得之，以奢失之。'"② 明朝张居正主张"治国之道，节用为先"③。他十分赞同侈靡导致国穷的观点，把节用看作是比生产和流通更为重要的富国富民之道。因为消费具有示范效应，所以统治阶级的消费行为不断受到思想家的告诫和监督。历代思想家对统治阶级消费行为的批评、劝诫等记载不绝于书，我们不再赘述。

2. 适度消费有利于社会经济发展。适度消费是指消费要符合社会生产力发展水平和社会伦理道德规范，既不放纵物欲、一味超前消费，也不"自苦"禁欲。孔孟把"礼"和"道"作为判断消费是否正当的标准，在人们的

---

① 《墨子·辞过》。
② 《说苑·反质》。
③ 《张太岳集·请停止内工疏》。

各种消费活动中，违"礼"和"道"的行为都不足取。孔子赞扬大禹在个人生活上非常节俭，但对待祭祀、水利等能给人民带来幸福的活动则尽心尽力。《管子》所说"饮食者也，侈乐者也，民之所愿也。足其所欲，赡其所愿，则能用之耳。"① 过度的节制消费，会打击人们的生产热情，必须满足人们适当的消费欲望。"富者靡之，贫者为之"，富人的侈靡生活可以为穷人提供更多的工作机会，从而解决社会经济萧条的局面。庄子虽然赞同"不侈于后世，不靡于万物"，但他认为墨家的"自苦"并不可取。"其生也勤，其死也薄，其道大觳。使人忧，使人悲，其行难为也。恐其不可以为圣人之道，反天下之心。天下不堪。墨子虽独能任，奈天下何！离于天下，其去王也远矣。"让人民生前勤苦，死后薄葬，违背了人的本性。虽然墨子可以遵循这种苛刻的自苦原则，而且理想崇高，但最终无法普遍推行付诸实践。因此，庄子主张"不累于俗，不饰于物，不苟于人，不忮于众，愿天下之安宁以活民命，人我之养，毕足而止"，也就是不苛求自苦，不为俗世所牵累，生活安宁而且够用就可以，和孔子"君子惠而不费"的中庸思想异曲同工。可见从本质上讲，适度消费富含辩证法。

3. 生态消费是古人对"天人关系"的深层次认识。李约瑟说："古代中国人在整个自然界寻求秩序和谐，并将此视为一切人类关系的理想。"古代思想家主张人对自然的消费活动也要符合"天人合一"的原则，即顺应天时地利、与自然资源规模相适应，因此我们称为生态消费思想。古人们已经发现了人与自然和谐共生的重要意义。黄帝"顺天地之纪，幽明之占，死生之说，存亡之难，时播百谷草木，淳化鸟兽虫蛾，劳动心力耳目，节用水火材物。"② 人类对自然资源的利用应该"节用水火材物"。适度利用资源，保护自然资源和生态环境的思想屡屡见于各类典籍。商汤"网开三面"、《逸周书》所记"春三月，山林不登斧，以成草木之长，夏三月，川泽不入网罟，以成鱼鳖之长"③，都表明古人要求对大自然的索取要适可而止，顺应万物自然生长变化的客观规律，保护生态资源。墨子"爱众众世与爱寡世相若。兼

---

① 《管子·侈靡》。

② 《史记·五帝本纪》。

③ 《逸周书·大聚解》。

爱之有相若。爱尚世与爱后世，一若今之世人也。"① 意指关爱世间的少数人，与关爱世间的多数人是一样的。爱上世之人与爱后世之人，都要与爱现在世上的人一样。墨子从可持续发展的角度说明要为后世子孙设想，不能为了眼前利益而牺牲后世子孙的长远利益，不可过度消费。西汉董仲舒提出了"人副天数"理论。他认为"人有三百六十节，偶天之数也；形体骨肉，偶地之厚也；上有耳目聪明，日月之象也；体有空窍理脉，川谷之象也；心有哀乐喜怒，神气之类也；观人之体，一何高物之甚，而类于天也。"② 人的形体、身躯、脏腑都是仿效天，人仿佛是天的投影，所以天人感应，人的行为必定会得到"天"的反应，人处天地之间，就要顺应自然，不可恣意攫取以满足自己的私欲，做到"敬天保民"从而"天人合一"、人与自然平等和谐。

4. 古代思想家主张通过扩大生产来提高消费水平。如荀子主张"使欲必不穷乎物，物必不屈于欲，两者相持而长"③。这就是说，消费要与物质资料保持平衡。唐朝陆贽认为"夫地力之生物有大数，人力之成物有大限。取之有度，用之有节，则常足；取之无度，用之无节，则常不足。生物之丰败由天，用物之多少由人。"④ 大自然和人力所创造的资源是有限的，消费水平不能超越生产水平。人们按时按量有节制地使用，自然资源就不会枯竭。"夫财之所生，必因人力，工而能勤则丰富，拙而兼惰则窭（贫）空。"只有扩大生产，才会产生更多消费品。明朝李贽主张"奢俭俱非"。他认为一味地倡导"黜奢崇俭"消费观，无益于生产的发展和消费品的增加，所以反对节俭而鼓励生财。他像荀子一样，对财富生产充满信心。"所费乎长国家者，隐天地之利而生之有道耳。且《大学》之教明言生财有大道矣。又言生之众而为之疾，不专以节用言也。若以节用言，则必衣皂绨之衣，惜露台之费，而后可以有天下而为天下也。"⑤ 李贽提出生产是提高和改善人们生活的关键，所以不必专事节俭，无疑比较全面地认识了生产与消费的相互关系。

---

① 《墨子·大取》。
② 《春秋繁露·人副天数》。
③ 《荀子·礼论》。
④ 《陆宣公集》。
⑤ 《藏书》卷三四。

5. 古代中国非常注重娱乐消费。娱乐消费属于精神消费范畴，是在满足物质消费基础上产生的，受文化环境和社会文化意识的影响很大。它既是一种有形的习惯，更是一种无形的信仰。比如战国到秦汉时期，文化或精神消费内容已经相当丰富。汉朝壁画、画像石、画像砖上对此有着较为详细的描绘，乐舞百戏成为消费主流。这些消费内容都有其复杂的社会经济文化因素，深刻影响着世人的消费观念和消费方式。① 两宋是中国历史上一个承前启后的重要时代，政治经济社会文化乃至社会习俗心理和意识形态等各方面均发生了巨大的变化，文化消费也在这种变革大潮中得到快速发展，成为社会消费领域中的重要组成部分。两宋文化消费的繁荣发展是当时经济社会发展的一个具体表现方面。换句话说，两宋经济社会的发展奠定了文化消费的基础。比如北宋政府大力推行"右文"政策导致文化昌盛，商品经济得到空前发展，市民阶层也异军突起等。这些因素的共同融合发展促进了宋朝文化消费的勃兴。文化消费促进生产发展：促进了文化类产品和服务的生产与供给，带动了与文化类产品和服务相关行业的生产与供给，解决了一部分人的就业问题，扩大了再生产。总之，宋朝的文化消费推动了行业分工，优化了消费结构，增加了社会流动。②

6. 异端消费思想具有积极意义。不管是《管子》等人的"侈靡"消费观，还是陆辑等人的"崇奢黜俭"消费观、郭子章等人的"奢俭皆非"消费观，他们的共性在于反对正统的崇俭黜奢消费观，否认节俭的社会作用，突出奢侈性消费在经济发展中的重要作用。通过奢侈性消费而带动经济增长的消费思想放在今天是没有问题的，但在农业产出水平非常有限的条件下，这种消费思想确实有点超前，因而不能被主流经济思想家所接受，于是便成为异端消费思想。

异端消费既秉承了古代中国消费行为的诸多特点，比如注重消费伦理、进行等级消费等，但又有自己鲜明的特点：第一，异端消费有特定的社会经济背景。《管子》侈靡消费思想是由战国时期诸侯争霸、强者生存的特定时

---

① 温乐平：《战国秦汉文化消费结构的基本特征探析》，《江西师范大学学报》2013 年第 5 期。

② 秦开凤：《宋代文化消费与经济社会发展》，《浙江学刊》2017 年第 3 期。

代条件所决定的。在《管子》看来，国家必须大力提倡侈靡消费，才能消耗富人的财富，增加"贫者为之"的就业机会，从而促进社会生产的发展进而增加国家的赋税收入，才能巩固新兴政权。又比如陆楫、郭子章等异端消费思想的提出是在明清时期，此时，随着城镇就业增加和一般收入水平的提高，奢侈之风不限于富贾及上层社会，并及于市井小民。纵观明后期文献，可以说奢侈之风有令不行，屡禁不止。有些地方对奢侈现象索性采取听之任之的态度，"风俗奢僭……官府习于见闻，通无禁约，间有一二贤明之官，欲行禁约，议者多谓奢僭之人，自费其财，无害于治，反讥禁者之不达人情"。在浙江，"灯市绮靡，甲于天下，人情习为固然。当官者不闻禁止，且有悦其侈丽，以炫耳目之观，纵宴游之乐者"。到了清朝，赵翼在广州做地方官时也明确表示反对禁奢，"此风由来已久。每船十余人恃以衣食，一旦绝其生计，令此七、八万人何处得食？且缠头皆出富人，亦哀多益寡之一道也"。这充分证明商品经济强有力地改变了人们固有的消费观念，一种与传统的生活方式迥然不同的消费风气已经形成，因而出现为奢侈行为辩护的理论也就成为自然。

第二，异端消费与消费者的自身社会经济地位甚至性格有密切关系。战国秦汉时期侈靡消费的主体一般是商人，比如管仲、桑弘羊。在生活消费上，他们极力追求过王公贵族、诸侯一样的奢侈生活，《史记·管晏列传》载："管仲富拟于宫室，有三归、反坫，齐人不以为侈。"明清陆楫、郭子章等多为江南人士，正如《姑苏志》所载："吴下号为繁盛，四郊无旷土，其俗多奢少俭，有陆海之饶，商贾并凑，精饮馔，鲜衣服，丽栋宇，婚丧嫁娶，下至燕集，务以华缛相高，女工织作，雕镂涂添，心婵精巧，信鬼神，好淫祀，此其所谓轻心者乎？"陆楫出身于上海"长于理财，积致千金"的富商家庭，他目睹当时当地工商业的发展和资本主义萌芽的出现，以及需要从事服务行业谋生的"闲民"的大量出现，因而对富人的奢侈行为极为赞许。

第三，异端消费最终实现了与正统消费的统一。古代中国的各种异端消费思想都表现为与主流消费思想的对立、渗透和交织，因而"主俭"与"主侈"都有存在的可能。一方面，"主俭"主要是因为农业是国民经济主导部门。在农业生产力发展缓慢的古代社会，通过节约来提高人们的生活水平是合理的选择，所以《管子》作者认为"国侈则用费，用费则民贫。"在这种国困民贫的情况下，一旦国家有急，则国家必亡，所以倡导全社会都要节俭，以防不测。另一方面，在"主俭"的前提下，应适当消费乃至侈靡。侈靡并不等同于挥霍浪费。异端消费思想家们以其敏锐的眼光洞察到了生产与消费的辩证关系，并认为"适度消费"乃至"侈靡"，不仅无害于社会，反而会促进社会经济发展。所以说"节俭"与"侈靡"看起来矛盾对立的思想，但在异端的消费思想家们那里，两者走向了统一，成为发展经济、稳定社会的治国方略。[①]

（二）消费思想之"失"

1.. 自由消费始终没有成为主流消费思想。古代思想家普遍提倡按等级消费。他们把安分守己、按等级消费视为合理消费格局，对僭奢现象极为愤慨，总是不厌其烦地劝说统治者用等级制度去匡正奢侈之风。如孔子是中国历史上第一个对等级消费进行完整论述的思想家，他提出"贵贱有序，贫富有差，消费有别"的等级消费观。古代也有思想家主张自由消费，如西汉的司马迁。他基于人性考虑，提出"善因论"，主张自由消费。自由消费的含义是：在打破等级消费的前提下，承认人的消费欲望，积极引导人们自由消费，尤其是工商阶层的自由消费。很明显，这种打破常规的消费思想及方式，不利于王朝政府的政治集权和财政收入，因而在等级森严的古代社会里是难以实行的。

2. 古代中国没有处理好积累与消费的关系。在以农业为主要经济部门的古代中国，政府时常遭受财用匮乏的困扰，而广大百姓更是经常在贫困线上挣扎。所以正确处理积累和消费的关系，解决好现期消费与未来消费的问题对王朝统治至关重要。在古代中国，人们形成了一种克制现期消费的积蓄思想，如西汉贾谊的"积贮"论。古代思想家认为绝不能把当年的粮食产品消耗殆尽或任意浪费。为了防止随时可能发生的天灾人祸，必须无条

---

① 陈新岗、张秀娈：《古代中国异端消费思想与行为的历史学和经济学解读》，《社会科学论坛》2008 年第 6 期。

件克制现期消费，进行有效积蓄，积蓄与消费的合理比率通常定为"耕三余一"，即合理消费率为 66.6%，合理积蓄率为 33.3%，这个比率最晚已在《礼记·王制》中确立起来。但这种高积累低消费政策，并未确保农民安度凶年，而且无意中成为历代政府横征暴敛的借口。百姓省吃俭用，到头来却因政府的强制税收或自己的集中消费而迅速贫穷。王安石在一定程度上解释了积蓄与消费的关系："君子制俗以俭，其弊为奢，奢而不制，弊将若之何？夫如是，则有殚极财力僭渎拟伦以追时好者矣。且天地之生财也有时，人之为力也有限，而日夜之费无穷，以有时之财，有限之力，以给无穷之费，若不为制，所谓积之涓涓而泄之浩浩，如之何使斯民不贫且滥也？"[①]"积之涓涓而泄之浩浩"这句话形象概述了古代积蓄与消费的关系特征，它尤其适用于一般百姓。通过长时间的节俭增加了有限的生产财富或资本存量，为了个人享受或国家税收却在短期内迅速转移消失，于是古代百姓就长期处于节俭—浪费—贫穷—节俭的恶性循环之中。

（三）历史借鉴

1.优秀传统消费思想有利于社会主义精神文明建设。中华民族生生不息，中华文明源远流长。中华民族的历史既追求物质文明又追求精神文明。古代如此，今天也不例外。虽然我们已经"站起来""富起来"，但仍没有"强起来"，较高的道德文化水准是"强起来"的重要标志。改革开放以来，人民的收入水平有了极大提高，有的人片面接受西方"节俭悖论"的影响，认为高边际消费倾向有利于促进经济发展，对传统消费思想精髓中的"崇俭黜奢"消费观，如"克俭于家""淡泊物欲""俭以养德"等传统精神，漠视甚至嗤之以鼻。有的人将名利物欲的极大满足作为人生目标和道德标准，不注意节约自然资源、肆意妄为。事实上，传统消费思想中"节俭"并非单纯减少物质追求，而是蕴含俭以修身、俭以养德、安贫乐道等丰富内容。孔子虽然提到"食不厌精，脍不厌细"并不排斥物质追求，他同时又提到"士志于道，而耻恶衣恶食者，未足于议也"，可见他更注重精神层面的追求。清

---

① 《王临川集·风俗》。

《随园食单》既是饮食专著，更是文化专著，蕴含着深刻的饮食文化理论，展示了饮食生活的实际功能与特色

人袁枚著《随园食单》反映的是当时上流社会追求美食精馔的风气，以食为学，是划时代的饮食文化大作。其中《戒目食》《戒暴殄》批判了浮华浪费的饮食作风。"暴者不恤人功，殄者不惜物力"①，可见，物质资源丰富的上流社会，也是以反对暴殄珍物为主流。当前我国全面建成小康社会取得决定性进展和历史性成就，脱贫攻坚成果举世瞩目，5575 万农村贫困人口实现脱贫，人们生活水平节节提高，在面对消费的问题上尤其需要中国传统文化的回归，倡导适度消费、生态消费、提高自身的道德修养，真正实现自我价值，促进社会主义精神文明建设。

2. 传统消费思想有利于促进社会经济健康发展。崇尚节俭的传统消费观在生产力发展水平低下的古代社会，在不同历史时期发挥了重要作用。"开源"又"节用"是中国古代社会富国裕民的重要途径。传统消费思想中作为"火花"出现的"侈靡"思想与实践则是古代人在特定历史阶段对消费拉动经济作用的最初认识，也起到了重要的历史作用。应该说，在短缺经济时代，崇尚节俭，增加资本积累，有助于成就一个国家的竞争优势。而在生产力高速发展的今天，消费对经济增长的拉动作用越来越明显。2020 年5 月 14 日，中共中央政治局常委会会议首次提出"深化供给侧结构性改革，充分发挥我国超大规模市场优势和内需潜力，构建国内国际双循环相互促进的新发展格局"。十九届五中全会明确提出"要畅通国内大循环，促进国内国际双循环，全面促进消费"。可见，古代思想家认为在物质丰裕时代，通过适度消费刺激经济发展，对今天社会主义市场建设具有重要的借鉴意义。

3. 优秀传统消费思想有利于社会稳定。生活改善，刺激消费，并不是

---

① 袁枚：《随园食单·戒单》。

主张奢侈浪费。在中华民族的发展历程中，"成由勤俭败由奢"是重要的经验总结，也是中华民族治国平天下的重要法宝。弘扬节俭、建设节约型社会，动员和激励全社会节约和高效利用各种资源，以尽可能少的资源消耗支撑全社会较高福利水平，是可持续发展的社会发展模式。墨子的"爱尚（上）世与后世，一若今之世"，就是要求我们在进行消费时，不应该仅仅基于我们这一代人的需要和考虑，还应该考虑到我们的子孙后代。另外，市场竞争导致贫富分化，政府利用好传统节俭文化，在提高低收入者收入水平的同时，遏制高收入者的炫富行为，这也将有利于社会稳定，从而有助于和谐社会的构建。

4. 优秀传统消费思想有利于现代生态文明建设。十八大提出包括生态文明建设在内的中国特色社会主义"五位一体"总布局，以实现全面协调可持续的发展。十九届五中全会进一步明确提出，推动绿色发展，促进人与自然和谐共生。坚持绿水青山就是金山银山理念，坚持尊重自然、顺应自然、保护自然，坚持节约优先、保护优先、自然恢复为主，守住自然生态安全边界。深入实施可持续发展战略，完善生态文明领域统筹协调机制，构建生态文明体系，促进经济社会发展全面绿色转型，建设人与自然和谐共生的现代化。要加快推动绿色低碳发展，持续改善环境质量，提升生态系统质量和稳定性，全面提高资源利用效率。[1] 生态文明建设被提到前所未有的高度，这不仅是对发达国家处理经济发展与环境治理关系的有益借鉴，也是对中国传统天人合一消费理念的历史传承。古人认为"取之有度，用之有节，则常足；取之无度，用之无节，则常不足。"[2] 面对大自然的馈赠，我们要有限度、有节制地取用，这样才能常保富足。这是中华民族的优秀文化传统，也是现代生态文明建设的真谛。北宋张载说："与天地合其德，与日月合其明，与四时合其序。"习近平总书记说："自然是生命之母，人与自然是生命共同体，人类必须敬畏自然、尊重自然、顺应自然、保护自然。"[3] 对大自然的敬

---

[1] 《中国共产党第十九届中央委员会第五次全体会议公报》，《人民日报》2020年10月30日。

[2] 陆贽：《陆宣公集》。

[3] 中共中央宣传部：《习近平新时代中国特色社会主义思想学习纲要》，人民出版社2019年版，第167—168页。

畏与保护是探索、构建可持续发展的生态文明模式的前提。我们建设现代化目的就是要可持续地创造出更多、更优质的物质财富和精神财富以满足人民日益增长的美好生活需要。所以，在人民生活水平显著提高的今天，我们每一个人需要从传统消费思想中吸取营养，在思想深处接受尊重自然、爱护自然的绿色价值观念，自觉拒绝奢侈浪费和不合理消费，追求简约适度、绿色低碳的生活方式，传承好中华民族悠久深厚的人文情怀。我们力图建设的消费社会，不应是一个消费至上的社会，也不是一个凸显消费拉动作用的社会，应是一个以人民为中心的社会，是一个通过消费来满足人们对美好生活需要的社会。

三、"崇俭黜奢"思想的时代转化

因为消费是整个社会生产过程的一个重要组成部分，它直接关系着生产、交换及分配的最终实现问题。尚俭是古代思想家论述消费问题的中心内容。自西汉董仲舒提出"罢黜百家，独尊儒术"后，儒家的"崇俭黜奢"思想便成为传统经济思想的四大支柱之一。把古代思想家的消费思想放在历史长河中，我们会发现其消费主张基本适应了古代社会生产水平实际状况，尤其是他们尚俭节用的消费思想更符合古代社会生产力水平低下的情况。但尚俭思想并不是全部，也有一些思想家提出奢侈消费和自由消费的主张，从而丰富了中国消费思想史。近代资产阶级力图改造传统的"崇俭黜奢"思想，但很遗憾最终没有成功。深入研究中国历史上的消费思想，适时转化为市场经济条件下的现代消费观，对于当代消费社会建设具有重要意义和价值。

（一）建立适度消费观

现代社会应形成适度消费观。我们必须深入探索传统消费观转化为现代消费观的有效途径，将中国历史上的"崇俭黜奢"思想同社会经济建设实践有机结合，并推动解决社会主要矛盾。中华人民共和国成立之前，中国共产党在中央苏区曾开展了一场声势浩大的节俭运动，克服根据地物质经费极度短缺的困难，形成中国共产党人厉行节约、反对浪费的优良传统。中华人民共和国成立后，"崇俭黜奢"消费观转化为社会主义节约观，传统消费观同社会主义经济建设实现了有机结合。这种结合适应了短缺经济时代要求，不仅解决了个人温饱问题，还积累了大量企业利润，更给国家经济建设提供了大量资金。1956年中共八大提出国内的主要矛盾是人民对于建立先进的工业国的要求同落后的农业国的现实之间的矛盾，是人民对于经济文化迅速发展的需要同当前经济文化不能满足人民需要的状况之间的矛盾。为解决这一矛盾，国家确立了勤俭建国、勤俭持家的方针。"'勤'就是要多方面增产。凡家庭成员中稍有时间的就必须让他们参加一定的劳动，大的如参加农业生产，小的如搞副业生产，饲养家畜、家禽，以及搞必要的家务劳动等。'俭'就是要多方面节约。在衣、食、住、行以及日用等方面，无论是现金和物资，凡是可以不花的，就尽量不花；凡是可以少用的，就尽量少用，节省下来的现金和物资，都应当储蓄起来。这样日积月累，就是一个很大的数目。俗话说得好：'一天省一把，十年买匹马'。"① 经过40多年的改革开放，我国已从短缺经济时代逐步迈向物质丰裕时代。经济建设取得巨大成就，人民生活实现了由贫困到温饱，再由温饱到全面小康的历史性跨越，社会主要矛盾发生了新的转化。1981年十一届六中全会提出我国的主要矛盾是"人民日益增长的物质文化需要同落后的社会生产之间的矛盾"。相应地，国家实施节俭和适度消费政策，发展差异化和多样化消费，优化消费结构，不断提高生产和消费水平，最终解决了"人民日益增长的物质文化需要同落后的社会生产之间的矛盾"这一社会主要矛盾。在由传统节约观转化为适度消费观的过程中，出现过两种消费的极端：一是过度节俭。节俭是指约束过度消费的行为，在物质财富积累中发挥着重要作用。但是，对节俭与消费之间的"度"要有正确的认识，消费不等于浪费，所谓"新三年，旧三年，缝缝补补又三年"就是过度节俭的行为。过度节俭带来过度储蓄，既阻碍经济发展，又不利于人的全面发展。二是过度消费。经济快速发展给人们带来物质生活巨大改善，有些人片面追求满足个人的消费欲望，出现了过度消费。过度消费不仅表现为个人的非理性消费，也体现为企业与政府的贪污浪费等。

① 朱德：《朱德选集》，人民出版社1983年版，第369页。

无论过度节俭，还是过度消费，都是传统节约观向适度消费观转化过程中的必然现象，这些极端消费行为最终都会随着经济现代化进程而趋于理性消费。

（二）强调公共消费

古代思想家都十分重视公共消费的经济功能。前有《管子》所述，后有范仲淹之实践。王安石所说"因天下之力以生天下之财，取天下之财以供天下之费"。这是说，财政收入要用来"供天下之费"。明朝思想家陆楫、郭子章都认为"治国之道，不可尚俭"，主张通过增加国家消费来均贫富，"散府库之积财换天下太平"。他们都认为国家消费政策可以带来个人家庭财富的增加，这就使得天下贫富差距不会太大。他们的思想实际就是认为增加公共消费也会对经济产生刺激作用。公共消费应成为国家干预经济的重要抓手。我们必须深入挖掘中国传统消费思想中的公共消费等内容，推动解决"人民对美好生活的需要与不平衡不充分的发展之间的矛盾"。公共消费不仅具有规模广、数量大、受众多的特点，还具有降低区域经济发展差距的功能。目前，中国已进入社会主义新时代，社会主要矛盾已转变为"人民对美好生活的需要同不平衡不充分的发展之间的矛盾"，我们应充分挖掘中国历史上重视公共消费的特点，为最终解决这一矛盾提供历史智慧。2020 年新冠肺炎疫情给国内外消费带来冲击，习近平总书记主持召开中共中央政治局会议时明确提出，"要释放消费潜力，做好复工复产、复商复市，扩大居民消费，适当增加公共消费"①。公共消费是以政府购买与转移支付为主要内容的消费支出，是消费需求的重要组成部分。公共消费有助于消除消费差距问题，推动城乡公共服务均等化，实现公平和效率的有机结合。② 当然，如果地方财政收支压力加大，就不能盲目增加公共消费，而是要培育新增长点，形成新动能，完善促进消费的体制机能。所以，合理并适当地增加公共消费，将对居民消费产生积极的带动作用。

---

① 《人民日报》2020 年 4 月 18 日。

② 曾薇：《中国化马克思主义消费思想的历史演进》，《东北大学学报》2015 年第 1 期。

（三）升级个人消费

个人消费对消费社会建设具有显著的带动作用。我们必须深入总结中国历史上消费带动经济增长的成功经验，将传统消费观积极融入当代消费社会建设。现代社会中，正确处理积累与消费的关系极为重要。尤其是在总供给大于总需求的基本背景下，大多数国家都把消费作为调控宏观经济的一个重要变量。合理的消费与积累政策，有助于经济发展和综合国力的增强；反之，亦然。在生产力水平比较落后、供给水平有限的古代中国，如果要做到"经邦济世""经世济民"，就必须正确处理节俭与奢侈的关系。节俭可以兴国，奢侈可以亡国。所以消费的合理与否，事关国计民生，因而成为一个古代思想家非常关注的治国问题。做好节能、节地、节水、节材工作前提下，如果社会存在多余的生产能力，鼓励富人多消费甚至一定程度上的奢侈消费。十八大以来，中央政府大力引导消费转型升级，但同时反对奢侈浪费和不合理消费，加快建立绿色生产和消费的法律制度和政策导向。在疫情防控常态化形势下，更应该强调消费的拉动作用，做强国内市场，促进国内市场消费。

（四）大力发展精神消费

现代社会应充分发挥精神消费的重要作用。我们必须充分借鉴古人注重精神消费的特点，将传统消费观积极融入当代文化产业发展进程。中国之所以被称为世界四大文明古国之一，不仅是由其经济发展所决定，更是由其文化发达所决定。古代中国不仅创造了辉煌灿烂的文化，而且通过不同方式消费这些文化产品，像音乐舞蹈百戏教育绘画雕刻古玩等。古代社会的文化生产、消费，与古代经济发展之间存在某种程度的互动。我们虽然不能夸大古代社会文化消费对经济发展的带动作用，但也不能一味强调物质消费的作用而忽视文化消费的作用。鼓励消费并不能片面地概括为鼓励奢侈消费，鼓励物质层面的消费，还应该鼓励人们在精神文化层次上的消费。从个人角度来讲，大力发展精神文化消费，能够克服对物质消费的片面追求，能够满足人们对美好生活的需要，并最终努力实现人的全面发展。从社会角度而言，大力发展精神文化消费，能够促进经济发展方式转变，能够更好满足知识经济时代要求，并最终实现世界强国的发展目标。如果要实现上述目标，就必须大力发展精神文化产业，包括文化教育科技等产业。加大文化教育科技等产业的投入或消费，实际上也就是加快人力资本形成过程，而人力资本正是现代经济增长的重要源泉。近年来的文化产业大发展，在形成人力资本的同时，也逐渐改变了我们的消费结构，优化了产业结构，转变了经济发展方式。文化产业发展或文化产品消费正日益成为经济增长的新动力，成为人们追求美好生活的最重要途径之一。正如美国著名经济学家加尔布雷斯指出的："经过一个较长时期，艺术和反映艺术成就的产品，在经济发展中将越来越占到重要的地位，这一转变将大大变更经济体系的性质和结构。"同时，文化产业是一个民族文化立足世界文化之林的重要物质基础，也是传播各自民族文化、提高其文化竞争力的重要手段。我们应该大力发展文化产业，通过渗透我国优秀消费文化含义的消费品特别是文化消费品，积极参与国际市场竞争。

（五）适度扩张消费信用

现代社会应适度扩张各类消费信用。我们必须充分挖掘历史上重视消费信用的做法，将传统消费观积极融入当今消费信用建设。传统消费观非常重视消费信用问题，"借债还钱"是其经典表现。如《周礼》中关于国家信用"赊贷"的定义："赊"是针对个人消费开支而言，不收利息；"贷"是针对产业经营开支而言，需付利息。"赊"主要用于婚丧嫁娶等日常消费，属于消费信用；"贷"主要用于购买工具种子等生产消费，属于生产信用。古代社会的消费信用非常发达，放款主体包括国家、地主、商人等，如西汉的"子钱家"，南北朝的"质库"，隋朝的"公廨钱"，明清时期的"当铺"等。古代消费信用之所以发达，部分原因是百姓的守约意识强烈，部分原因是国家法律对于失信行为的严厉惩罚，所以人们无论遇到什么情况都会还清债务。儒家把"信"等同于"仁义礼智"，是五常之一，因而历代都把"信"作为立国之根本。国家法律对于失信行为的严厉惩罚，如《唐律疏议》对失信行为的规定。"诸负债违契不偿一疋以上，违二十日笞二十、二十日加一等、罪止杖六十，三十疋加二等。百疋又加三等，各令备偿。"《唐律疏议》

又规定："百日不偿，合徒一年……更若延日，及经恩不偿者，皆依判断及恩后之日科罪如初。"唐朝法律对于违约情况，不仅会处以笞刑，还有徒刑。同时，古代法律还规定，当事人无法还钱时，必须"保人代偿""父债子还"等。如《唐令拾遗·杂令》"公私以资产出举"条中规定："如负债者逃，保人代偿。"《唐令拾遗·唐显庆五年天山县张利富举钱契》记载："若身东西不在，一仰妻儿及保人等代。"也即是说，父债子还，夫债妻还，保人也要帮着还。古代人对消费信用问题的重视，可以为当今的消费信用建设提供有益借鉴。市场经济即为信用经济，消费信用的适度扩张有助于实现人民对美好生活的追求。消费信用是企业、银行和其他金融机构向消费者个人提供的、直接用于生活消费的信用。在现代经济生活中，消费信用可以促进消费商品的生产和销售，从而带动经济的增长。如果有充分的生产，较高的收入及完备的法律，消费信用就会起到促进经济增长的良好效果。目前，我们仍需推进消费信用建设。人们虽然发展了房贷、车贷、信用卡等消费信用方式，但这还远远不够，只要与人们日常生活消费有关，如教育贷、旅游贷等消费信用方式都大有可为。我们要鼓励人们转变观念，从思想上接受社会不断进步而带来的新的消费方式，并在自己能够合理负担的前提下进行消费。

（六）积极发展生态消费

现代社会应建立生态消费理念。我们必须大力发扬历史上重视生态消费的优良传统，将传统消费观积极融入生态文明建设进程。古代思想家非常重视生态消费，对自然万物应"取之有时""取之有度"。如孔子说："子钓而不纲，弋不射宿。"[①]《吕氏春秋》中说："竭泽而渔，岂不获得？而明年无鱼；焚薮而田，岂不获得？而明年无兽。"[②] 在古代农业社会，技术水平低下，人类对自然资源的利用率远不及今日，但先贤们依然未雨绸缪，提出生态消费观。工业革命后，人类的经济活动对自然资源的消耗达到空前水平，对生态系统的破坏也无以复加。所以在今天资源紧张的时代，先贤们的论述更显

---

① 《论语·述而》。

② 《吕氏春秋·义赏》。

珍贵。十八大以来，我国已全面展开生态文明建设，全面推进资源节约和环境保护。十八届五中全会又提出"创新、协调、绿色、开放、共享"发展新理念，生态文明建设上升为绿色发展理念，其中"绿水青山就是金山银山"成为引领我国生产力进步的灵魂主线和夯实经济社会持续发展基础的核心思想。十九大报告也提到，"忽视生态环境保护的状况明显改变，生态文明制度体系加快形成，主体功能区制度逐渐健全"。"生态文明制度体系"的提法，体现了国家重视资源节约、可持续发展的原则，这与古代生态消费思想是相通的。中央政府通过强化生态文明宣传，增强全民的节约意识、环保意识和生态意识，形成合理消费的社会风尚，营造爱护生态环境的良好风气。

第九章　中国历史上的"轻重"思想与当代宏观调控

在宏观经济管理问题上，中国历史上的政策或主张大体可归为国家干预和自由放任两种。"国家干预"论者主张政府对经济进行干预和介入，实行国家调控，其中以管仲的"轻重论"最具代表性。管仲主张"通轻重之权，徼山海之业"，即国家利用货币、价格和市场等手段来调控经济。"自由放任"论者主张政府不要干预百姓经济生活，任由百姓自由发展经济，其中以司马迁的"善因论"最具代表性。司马迁主张"善者因之，其次利道之，其次教诲之，其次整齐之，最下者与其争"。即对国家经济最好的政策是听其自然，顺应百姓的经济行为，其次是用利益引导人民，其次是对人民教育劝说，再其次是通过法规限制人民，最差的做法是国家直接经营商业，与民争利。"轻重论"与"善因论"是中国古代商品经济产生和发展早期存在的两种截然不同的国家经济管理思路，对古代中国经济思想史影响相当大。在经济实践上占据主导地位的是"轻重论"，"善因论"只是有限的时间和区域内发生作用。中国历史上王朝政权更替以及大的战乱等社会重大变革发生时，或者社会各种经济冲突和矛盾严重时，国家干预经济的思想或政策都会占据着上风，改革会以国家手段介入，使问题丛生的经济摆脱困境。

一、"轻重"思想的含义与构成

"轻重"一词起源甚早，是中国传统经济思想中一个特有的范畴。春秋末年单旗反对周景王铸大钱时说："古者，天灾降戾，于是乎量资币，权轻重，以振救民……今王废轻而作重，民失其资，能无匮乎?"① 此时"轻""重"是指货币实际分量的轻重。随着金属货币的大量使用，"轻""重"逐渐被用来表示货币购买力的大小，以及其他商品价格的贵贱。管仲将之引申为治国之策，所谓"设轻重鱼盐之利，以赡贫穷，禄贤能，齐人皆悦"②，"管仲既任政齐相……贵轻重，慎权衡"③，"齐桓公用管仲之谋，通轻重之权，徼山海之业，以朝诸侯，用区区之齐，显成霸名"④。"轻重"一词含义的扩展表明古代国家对商品货币经济认识的深化。自此，"轻重论"逐渐成为封建王朝通过货币、物价操纵市场、管理和调节国民经济的指导理论。"轻重论"主要由三个部分构成，即轻重之势、轻重之学和轻重之术。轻重之势是关于封建国家在社会经济生活中取得举足轻重地位，即支配地位的问题；轻重之学是关于轻重问题的一些学理和规律性认识；轻重之术则是关于实施轻重论的技术或方法的问题。⑤

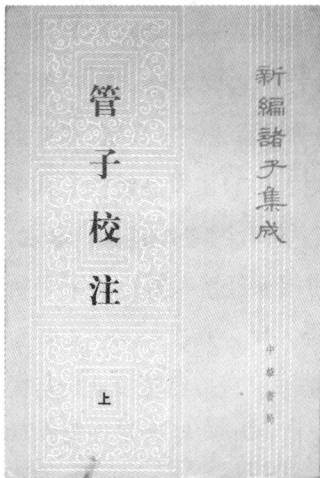

新编诸子集成

管子校注

上

中华书局

《管子》是中国古代经济思想最为丰富的一本著作，全书富含宏观调控思想，后人将其总结为"轻重论"，主要包括"轻重之势……轻重之学""轻重之术"等

（一）"轻重之势"

"轻重之势"是指在社会经济生活中起支配作用的地位和威势。《管子》一书多次提到"势"，王朝统治者能否实现自己的统治意图，主要取决于"势"。《揆度》中提到"乘天势以隘制天下""治权则势重""大夫失二五者亡其势"；《轻重甲》中提到"厌宜（合宜）乘势，事之利得也""王者乘势，圣人乘幼，与物皆宜"。这种"势"，能够实现君主"以轻重御天

① 《国语·周语下》。

② 《史记·齐太公世家》。

③ 《史记·管晏列传》。

④ 《史记·平准书》。

⑤ 赵靖：《中国经济思想史述要》（上册），北京大学出版社 1998 年版，第 212 页。

下",并且不需直接的暴力强制,就可以达到"善为天下者,毋曰使之,使不得不使;毋曰用之,用(使)不得不用"的境界,即君主不用直接说出驱使和利用的意图,全国百姓就听凭驱使。因此,"轻重之势"即是主张国家完全掌握整个社会经济的控制权,这也是"轻重论"的核心及理论的出发点。

(二)"轻重之学"

"轻重之学"可以理解为得以实现轻重之势的原则或规律。《管子·轻重甲》载:"地非有广狭,国非有贫富也,通于发号出令,审于轻重之数然。"国土不在广狭,国家不在贫富,国家要取得轻重之势,关键在于"轻重之数"。此处"数"指"道数或方法"之意。《管子·揆度》曰:"燧人以来,未有不以轻重为天下也。"《管子·国蓄》载:"凡将为国,不通于轻重,不可为笼以守民"。因此,我们把"轻重之数"称之为"轻重之学"。作为实现"轻重之势"的原则或规律,"轻重之学"可分政治、经济两个方面,一是君主把握国家政权,二是君主把社会财富集中在自己手中。

在政治上,"轻重论"强调"民重则君轻,民轻则君重"。"民富不可以禄使也,贫则不可以罚威也","万乘之国必有万金之贾,千乘之国必有千金之贾,百乘之国必有百金之贾,非君之所赖也",因此统治者必须做到"调通民利""贫富有度"来得到人民拥护。同时,依法严惩尸位素餐不称职的官员,减少吹嘘自己以骗取禄位的现象,来提高统治阶层的执政效率。《管子·揆度》载:"轻重之法曰:'自言能为司马不能为司马者,杀其身以衅其鼓;自言能治田土不能治田土者,杀其身以衅其社;自言能为官不能为官者,劓以为门父。'故无敢奸能诬禄至于君者矣。故相任寅为官都,重门击柝不能去,亦随之以法。"

在经济上,"轻重之势"的原则是做到"予之在君,夺之在君,贫之在君,富之在君",君主拥有绝对权威。采取的方式尽量隐蔽、不易察觉:"民予则喜,夺则怒,民情皆然。先王知其然,故见予之形,不见夺之理。故民爱可洽于上也","夺然后予,高然后下,喜然后怒,天下可举",即先夺取而后给予,先提高物价而后降低,先使百姓不满然后再使之喜悦,天下事就好办了。《管子》认为"善制其通货以御其司命，故民力可尽也"，于是《管子》将粮食、货币和万物之间存在三种比价关系，即"粟重而黄金轻，黄金重而粟轻""币重而万物轻，币轻而万物重""谷重万物轻，谷轻而万物重"作为获取"轻重之势"的重要规律，从而对商品行情变化和人们相应行动进行预测。"有余则轻，不足则重"（或"多则贱，寡则贵"）。"重"和"轻"指商品价格的高低贵贱，而"有余""不足"（或"多""寡"）则指商品的供求，供过于求为有余，供不应求则为不足。"重则见射，轻则见泄"。"射"指某种商品成了人们争购的目标，"泄"则指某种商品成了人们抛售的对象。"重则见射，轻则见泄"，意思是当某种商品的价格看涨时，人们就会争相购买；反之，对价格看跌的商品，人们就会纷纷抛出。对外贸易方面的轻重之学同样适用，如"斗国相泄"，意思是互相斗争着的国家争夺重要物资，通过"守"和"泄"而掌握、垄断了重要物资的国家，就能在经济上并进而在政治上支配别的国家，取得对别国的"轻重之势"。"因天下以制天下"，实际上是借助于货币和谷物破坏别国经济从而在政治上控制、支配别国的经济战。

（三）"轻重之术"

"轻重之术"是获取"轻重之势"的具体手段。齐桓公曾经问管仲，"轻重有数乎？"管仲回答说："轻重无数，物发而应之，闻声而乘之。故为国不能来天下之财，致天下之民，则国不可成。"按照管仲的回答，轻重的手段没有定数。只要能够吸引天下的财富，招引天下的人民，国家就可以富强。"轻重之术"主要"官山海"，国家垄断货币铸造权、实行盐铁专卖、控制物价以及国与国之间经济战谋略等。

在调控国家经济的措施上，《管子·轻重乙》提出"善者不如与民，量其重，计其赢，民得其十，君得其三。有杂之以轻重，守之以高下。若此，则民疾作而为上虏矣。"把经济活动交给民间经营，根据产值计算赢利，由百姓分利七成，君主分利三成。国君再用价格政策作为轻重之术加以掌握，百姓乐于奋力劳动并且听从君主命令。可见，控制物价的价格政策是实现"轻重之势"的重要工具。《管子·轻重乙》载："昔者纪氏之国强本节用者，其五谷丰满而不能理也，四流而归于天下。若是，则纪氏其强本节用，适足以使其民谷尽而不能理，为天下虏。是以其国亡而身无所处。"纪国加强农业节约开支，粮食丰富但不进行价格管理，结果百姓和粮食外流净尽而亡国。所以《管子》提出："故善为国者，天下下，我高；天下轻，我重；天下多，我寡。然后可以朝天下。"善于治国的君主，总是在各国物价降低时，我则使它提高；各国轻视此种商品时，我则重视；各国市场供过于求时，我则通过囤积使之供不应求，然后就可以统率天下。

《管子》认为国家宏观调控的最重要商品是谷物和货币，"五谷食米，民之司命也；黄金刀币，民之通施也"[①]。谷物是广大人民维持生命所必需的，货币则是广大人民普遍接受的流通手段，因而它们在整个商品世界中是两种起决定作用的商品。谷物不仅关系着百姓的死活，也关系着社会的稳定，统治者必须掌握充足的粮食进而控制粮食市场。[②]齐桓公问管仲"何谓致天下之民？"管仲提出在每个州设主管存粮的官吏，对纳不起税、无力埋葬死者的穷苦人家给予救济，天下人就会像流水一样归附。桓公想抚恤战死者后代，管仲建议采取平价强征的方式收购"迁封、食邑、富商、蓄贾、积余、藏羡、跱蓄之家"的"五谷菽粟"[③]。《管子》中有强征、货币购买、贮藏等多种手段来控制粮食。在管仲看来，国君拿出粮食来赈济孤儿寡妇，可以鼓舞士兵气势，使他们愿意在战场上英勇杀敌，为国牺牲，"士非好战而轻死，轻重之分使然也"。《管子》还把粮食贮藏作为国家的一项基本任务。君主应该每年储蓄粮食十分之三"王者岁守十分之参，三年与少半成岁"，"藏三之一不足以伤民，而农夫敬事力作。""此守时以待天权之道也"[④]。《山至数》中提出山区和低洼多水地区要贮备三分之一产量的粮食，山陵平原对开的地区贮备十分之三的粮食，常年溢水地区贮备十分之二的粮食。国内粮食如果算作三分，有二分应掌握在国家手里。国家对粮食采取"敛积之以轻，散行之以重"，当民间粮食有余价格较

①　《管子·国蓄》。

②　张建军：《〈管子·轻重〉的以利治民思想》，《聊城大学学报》2006 年第 2 期。

③　《管子·轻重甲》。

④　《管子·山权数》。

低（即供过于求）时，以高价把市场上的粮食收购起来，做到"人君敛之以轻"；当民间粮食不足价格较高（即供不应求）时，以低价把国库中的粮食抛出，做到"人君散之以重"。国家通过对粮食的买进和卖出，有效地调节市场供需矛盾，保证粮价和市场的稳定。"重之相因，时之化举，无不为国策"，国家利用粮食的"积""散""轻""重"有效地掌控国家宏观经济。

"轻重之术"还包括货币铸造权的垄断。君主应该垄断货币铸造权，"人君铸钱立币，民庶之通施也"①。一国还应保持足够的货币储蓄，与国家政策号令的进退相结合，"万乘之国，不可以无万金之蓄饰；千乘之国，不可以无千金之蓄饰；百乘之国，不可以无百金之蓄饰。"②

《管子》认为货币同各种商品、货币同谷物、谷物同其他商品，彼此都是贵贱相反的，都是"相为轻重"，所以"币重而万物轻，币轻而万物重"③、"粟重黄金轻，黄金重而粟轻"④、"谷重而万物轻，谷轻而万物重"⑤。国家既可以以低廉价格买进重要商品（等涨价时出售），又可稳定物价，防止大商人投机牟利，"谷贱则以币予食，布帛贱则以币予衣"⑥。《管子》"执其通施，以御其司命"⑦，就是以货币为手段来控制、操纵谷物的价格及供求，并进而运用货币和谷物这两个工具来取得多方面的轻重之势。

"轻重之术"在国与国征服中发挥得淋漓尽致。《管子·轻重戊》中记载了齐国与鲁梁、莱莒、楚国、代国、衡山国之间的经济战。如齐国对鲁梁之战中，通过鼓励鲁、梁两国全民织绨而放弃农业，待到"鲁、梁郭中之民，道路扬尘，十步不相见，继绨而踵相随，车毂齺骑连伍而行"之时，齐国封闭关卡，与鲁、梁断绝经济往来。鲁、梁因缺粮三年后即归顺齐国。还有齐国对楚国"重金求鹿"等事例，都是通过"天下轻我重，天下多我寡"的轻

---

① 《管子·国蓄》。
② 《管子·山权数》。
③ 《管子·山至数》。
④ 《管子·轻重甲》。
⑤ 《管子·乘马数》。
⑥ 《管子·国蓄》。
⑦ 《管子·国蓄》。

重理论，在对外贸易中削弱
他国。管仲经济战的逻辑：
某个敌对国有某种特产，管
仲建议齐桓公利用这种特
产，用特别高的价格敞开进
行收购，在利益的诱使下，
该国的人力、物力都被吸引
到这种特产的生产上，从而
抛弃了农业生产，该国很快
变成了只生产这种特产、粮
食需要进口的单一经济。这
时，管仲认为时机已到，突

锦阳关战国齐长城，位于山东莱芜，是齐国与
鲁国、吴国、楚国等国的分界线，历史上著名的长
勺之战、艾陵之战、赢之战均发生于锦阳关一带

然停止收购该种特产，这样没有多长时间，这个国家就不得不臣服。① 从今
天视角来看，就是想办法让对手陷于"自然禀赋陷阱"，而自己则抓紧时间
发展核心生产力。

由此，"轻重之术"的特点是：封建国家既作为商品生产者和商品流
通的当事人直接出现在市场上，从事经营工商业的活动；又利用它凌驾于
社会之上的权力，运用经济手段和行政手段来影响、干预和控制社会经济
活动。②

二、"轻重"思想的政策实践

作为传统轻重论最为典型的一本著作，《管子》认为王朝统治者"圣人
理之以徐疾，守之以决塞，夺之以轻重，行之以仁义，故与天壤同数，此王
者之大辔也"③，只有掌握了"轻重之术"，国君的经济大权才不会旁落。这

---

① 阎焕利：《〈管子〉轻重论中的对外贸易思想及其现实意义》，《科学·经济·社会》2013
年第 4 期。
② 赵靖：《中国经济思想史述要》（上册），北京大学出版社 1998 年版，第 227 页。
③ 《管子·山至数》。

也从侧面说明，古代思想家及统治者非常重视宏观调控。中国古代历史长河中共有五次对"轻重"理论的重要实践：第一次是春秋时期齐国的经济改革，代表人物是管仲；第二次在西汉时期汉武帝的经济改革，代表人物是桑弘羊；第三次是新朝王莽改革时所推行的以"六管"为代表的系列政策；第四次是唐朝中期的经济改革，代表人物是刘晏；第五次是北宋中期的经济改革，代表人物是王安石。

（一）先秦时期的宏观调控思想

1.计然的"平粜"及实践。春秋越王勾践时期，计然和范蠡提出粮食"平粜"思想。计然认为粮食价格应该在一定合理区间内波动，"夫粜，二十病农，九十病末。末病则财不出，农病则草不辟矣"①，粮食价格太低会损害农民的利益，使得他们放弃从事农业生产；粮食价格太高，则会损害工商业者的利益，使得他们放弃从事商业活动。基于此，粮食价格"上不过八十，下不减三十，则农末俱利。平粜齐物，关市不乏，治国之道也"②。范蠡将计然的"平粜"思想运用到越国经济治理中，并取得很好效果。史载："修之十年，国富，厚赂战士，士赴矢石，如渴得饮，遂报强吴，观兵中国，称号'五霸'。"③

2.齐国管仲的宏观调控思想实践。春秋时期，管仲辅佐齐桓公成为春秋五霸之首。管仲相齐 40 年，坚持国家全面干预经济理念，实行"以农为本、本末并举"的产业政策，"四民分业定居"的职业分工，"均田分力"的土地制度，"相地衰征"的赋税政策，"官山海"的官营政策，"关市讥而不征"的工商业政策以及发展内外贸易等措施，最终实现"兵强、民足、国富"的目标。《管子》与管仲二者关系密切。《管子》虽不是管仲的著作，但记载了诸多管仲遗言和管仲事迹，是一部多人论著汇集一起托名《管子》而形成的百科全书式学术著作。《管子》一书及管仲的宏观调控思想主要包括：

（1）运用国家权力调控宏观经济运行。管仲十分注重运用国家权力，

---

① 《史记·货殖列传》。

② 《史记·货值列传》。

③ 《史记·货值列传》。

《史记·管晏列传》称管仲"贵轻重，慎权衡"，其对经济的宏观调控范围覆盖多个领域。因听任市场物价的大起大落，暴涨暴跌，会导致直接损害生产者和消费者的利益，破坏社会稳定，因此，管仲把国家直接干预市场作为必要的手段，由封建国家直接进入商品流通领域以至部分商品的生产领域，经营工商业，并用经济手段和行政手段控制工商业，继而影响和控制整个国民经济，最终在社会经济生活中取得举足轻重的支配地位。

（2）实施可行的财政政策。马克思曾经指出："国家存在的经济体现就是捐税。"① 因此，财政收入是国家的重要职能之一。没有丰裕的财政收入，国家就不会富强；不征收赋税，国家的各项职能就无法实现。同样，必要的财政支出也是国家履行职能的物质基础。管仲的财政思想与实践，是其宏观经济思想的重要组成部分。

《管子》在财政收入方面提出三项措施。一是"相地而衰征"。"桓公曰：'伍鄙若何？'管子对曰：'相地而衰征，则民不移；政不旅旧，则民不偷；山泽各致其时，则民不苟；陆、阜、陵、墐，井田畴均，则民不憾；无夺民时，则百姓富；牺牲不略，则牛羊遂。'"② 按韦昭的注释："相，视也；衰，等差也；征，征取也。"意思就是说，按照土地肥瘠的不同，征收不等额的租税。实质上是以实物地租取代劳役地租。二是"薄征敛，轻征赋"③，应遵循的原则是"取于民有度，用之有止"④。生产是财政收入唯一源泉，但财政不可能征收全部产品，从宏观的角度考察国家的"需"和百姓的"供"，存在非常尖锐的矛盾。如何处理这个矛盾？《管子》指出："地之生财有时，民之用力有倦，而人君之欲无穷。以有时与有倦养无穷之君，而度量不生于其间，则上下相疾也。是以臣有杀其君，子有杀其父者矣。故取于民有度，用之有止，国虽小必安。取于民无度，用之不止，国虽大必危。"⑤ 取民有度是《管子》的财政征收原则，也是进行宏观调控的重要指导思想。既考虑国家的需

① 《马克思恩格斯全集》第4卷，人民出版社1958年版，第342页。
② 《国语·齐语》
③ 《管子·五辅》。
④ 《管子·权修》。
⑤ 《管子·权修》。

要，又处理好国家与百姓的关系，使国家政权稳固且日益繁荣。三是"官山海"①"官天财"②，通过国营工商业增加经济收入。古代社会，人民在生产和生活中对盐铁的需求弹性极低，盐铁利润极为丰厚，同时盐铁还可以用来作为控制人民的重要手段，因此管仲坚决主张垄断盐铁。

　　管仲主张在国家财富得到充分积累的情况下可以适当"侈靡"，鼓励和调动整个统治集团和富人的消费，以刺激经济。《管子》在财政支出方面也提出三项措施。其措施主要有：一是增加农业、工商业的各项支出。号召百姓兴办"辟田畴，利壈宅，修树艺，劝士民，勉稼穑，修墙屋"③。同时，国家要"发伏利，输墦积，修道途，便关市，慎将宿"④，为商人创造更好的经商条件，促进商业的发展。二是用消费刺激生产。节俭是在一般情况下应实行的，而奢靡是在特殊条件下为达到特殊目的而采取的手段。具体来说，就是用消费刺激生产。《管子》这种通过奢靡消费来刺激生产、救济百姓的思想，是其宏观调控思想的重要组成部分。当然，这种消费必须在有充足积蓄的条件下，才能发挥其刺激生产的作用，做到"立余食而侈，美车马而驰，多酒醴而靡"。如果不顾实际情况而过度消费，则会造成"侈则伤货"的恶果。三是创造性救济。《管子》认为，国家的救济性费用，一方面要对百姓进行"衣冻寒，食饥渴，资乏绝"等纯粹的救济；另一方面"若岁凶旱水溢，民失其本，则修宫室台榭，以前无狗后无彘者为庸。故修宫室台榭，非丽其乐也，以平国策也"⑤。在自然灾害面前，对于有劳动能力者，应该给他们提供劳动机会，如"修宫室台榭"。所谓"富者靡之，贫者为之，此百姓之怠生，百振而食"⑥，这是一种创造性的救济，可谓一举两得。管仲自己很好地实践了"侈靡"原则，"管仲富拟于公室，有三归、反坫，齐人不以为侈。管仲卒，齐国遵其政，常强于诸侯"⑦。

---

① 《管子·海王》。
② 《管子·山国轨》。
③ 《管子·五辅》。
④ 《管子·五辅》。
⑤ 《管子·乘马数》。
⑥ 《管子·侈靡》。
⑦ 《史记·管晏列传》。

（3）"因天下以制天下"。《轻重丁》中记录管仲在对外贸易中倡行"可因者因之，可乘者乘之，此因天下以制天下"原则，正是寻找各种机会利用他国资源和物资为本国谋利，取得"以轻重御天下之道"。实践的结果，"善因祸而为福，转败而为功"，"诸侯由是归齐。故曰：'知与之为取，政之宝也。'"①。在国与国之间贸易时，管仲争夺粮食等重要物资，想办法让别国物资外流，增强本国的经济实力。具体办法就是"谨守重流"，即保持本国粮食和重要物资的高价位，"彼诸侯之谷十，使吾国谷二十，则诸侯谷归吾国矣"，造成"天下下我高，天下轻我重，天下多我寡"的状况。

3. 魏国李悝的"平籴"思想实践。我国古代最早将平抑物价思想付诸实践的是李悝。战国初期魏文侯相李悝，为了"尽地力之教"，提出"平籴法"的改革措施。他认为粮食价格过高与过低都有社会危害性，"籴甚贵伤民，甚贱伤农。民伤则离散，农伤则国贫，故甚贵与甚贱，其伤一也。善为国者，使民毋伤而农益劝"。他主张"平籴"，封建国家"谨观岁有上、中、下孰"，根据不同年份农业收成的情况进行粮食收购，在青黄不接的时候以低于市场的价格出售粮食，"上孰其收自四，余四百石；中孰自三，余三百石；下孰自倍，余百石。小饥则收百石，中饥七十石，大饥三十石，故大孰则上籴三而舍一，中孰则籴二，下孰则籴一，使民适足，贾平则止。小饥则发小孰之所敛、中饥则发中孰之所敛、大饥则发大孰之所敛而粜之"②，这样一来，粮食价格趋于稳定，社会经济生活正常。李悝"平籴"实践效果非常明显，"取有余以补不足"，"虽遇饥馑水旱"，也能做到"籴不贵而民不散"，"行之魏国，国以富强"。

（二）两汉时期的国家干预与经济自由

两汉时期，出于政治、经济的需要，王朝统治者在充满争议中逐渐接受《管子》"轻重"学说，代表性的实践集中在汉武帝时期桑弘羊改革以及新朝王莽改革，他们先后推出了一系列财政经济政策，体现出对《管子》

---

① 《史记·管晏列传》。
② 《汉书·食货志上》。

"轻重"理论的继承与发展。

1. 桑弘羊的国家干预政策

秦汉时期，"大一统"政体为王朝统治者实施国家干预和控制提供了可能，国家对社会经济生活的干预成为一种常态。从西汉初期到汉武帝时期，王朝统治者逐渐建立了较为全面的国家干预经济体系。西汉初期，盐、铁由民间自由经营，"文帝之时，纵民得铸钱、冶铁、煮盐"。① 此时私营工商业者虽然拥有巨大的经济实力，但并不支持政权，在国家急需财政支援时袖手旁观，《史记·平准书》记载他们"财或累万金，而不佐国家之急"。汉武帝即位后，内外兴作，耗费巨大，发生严重财政困难，但富商大贾仍然不予支援，并且与国家争夺经济控制权，成为政权巩固和发展的主要威胁。因此，汉武帝对其采取了毁灭性的打击，建立了一系列适应专制集权的官营工商业机构。在汉武帝建立全面干预体系的过程中，桑弘羊起到了重要作用。桑弘羊以《管子·轻重》诸篇作为其财经改革的理论基础，推出了盐铁专卖、酒榷、均输、平准、垄断货币发行权、统一币制等政策"组合拳"，很快就使国民经济得到快速发展，为汉武帝平息内乱和远征匈奴提供了强有力的经济支持。② 当时国家干预经济的措施主要有：

建立盐铁官营制度和酒榷政策。元狩六年（前117），西汉政府始行盐铁专卖。史载："使孔仅、东郭咸阳乘传举行天下盐铁，作官府，除故盐铁家富者为吏。"③ 天汉三年（前98），西汉政府"初榷酒酤"④。东汉应劭注曰："县官自酤榷卖酒，小民不复得酤也。"比之盐铁专卖，

"齐铁官丞"封泥是西汉冶铁官营的重要实证，此外还有"齐铁官印""齐铁官长""临淄铁丞"等封泥

---

① 《盐铁论·错币》。

② 王萍、李仙娥：《中国古代国家干预主义的全面实践：以桑弘羊的财经改革为中心的探讨》，《理论学刊》2013年第12期。

③ 《史记·平准书》。

④ 《史记·武帝纪》。

酒专卖的规模不大，收入亦少。

相继实施均输、平准政策。元鼎二年（前115），西汉政府实行均输政策。桑弘羊说："往者郡国诸侯各以其物贡输，往来烦杂，物多苦恶，或不偿其费。故郡置输官以相给运，而便远方之贡，故曰均输。"① 各郡国应交的贡品，筛选出特优者依旧运送京师，其他一般贡品按当地市场价格折合成当地丰产质优的土特产品，由均输官运送到其他价高地区销售。这样，既可免除京师不需物资的浪费，又可使国家财政增加收入。同时，创办了平准制度。"置平准于京师，都受天下委输。召工官治车诸器，皆仰给大农。大农之诸官尽笼天下之货物，贵即卖之，贱则买之。如此，富商大贾无所牟大利，则反本，而万物不得腾踊。故抑天下物，名曰平准。"② 平准制度是平抑物价的政策，在主要城市设立平准官，当重要物资，尤其是粮食价格大涨或大落时，平准机构就会伺机卖出或买进，使市场价格稳定于一定水平上，不会谷贱伤农，也不会物价腾跃，国家财政还可以获得一定收入。

统一货币铸造权。元鼎四年（前113）诏曰："悉禁郡国毋铸钱，专令上林三官铸。钱既多，而令天下非三官钱不得行；诸郡国前所铸钱皆废销之，输入其铜三官。"③ 此时专铸之五铢，史称为"上林三官钱"。此钱为专司铸造，故币质上乘，钱文挺秀，郭圆周正，式样划一，币重如其文，且不易被盗磨，故"上林三官钱"铸行后，"而民之铸钱益少，计其费不能相当，唯真工大奸乃盗为之"。因此，汉兴以来私铸、盗铸钱币之弊一扫无遗，铸币权分散之积弊亦同时根除，汉武帝统一币制的数度改革，至此终获成功。

2. "盐铁会议"关于国家干预与经济自由的争论

"盐铁会议"由著名政治家霍光组织，于西汉昭帝始元六年（前81）召开，主要围绕汉武帝时期的盐铁经营政策展开。会议结束后，西汉政府取消了酒类专卖和部分地区的铁器专卖，其他各项政策仍维持不变。汉宣帝时，桓宽根据当时会议的记录，整理为《盐铁论》。《盐铁论》可能是最早记载轻重政策争议的文献。桑弘羊在会议上舌战群儒，为盐铁官营、均输、平准和

① 《盐铁论·本议》。
② 《史记·平准书》。
③ 《汉书·食货志》。

统一铸币权等政策进行了辩解，与会的贤良文学则站在对立面，对这些政策提出批评。桑弘羊以《管子》轻重思想为切入点，提出"王者塞天财，禁关市，执准守时，以轻重御民"，统治者要把自然资源掌控在自己手中，把握价格涨落的时机，来对宏观经济进行掌控。"交币通施，民事不及，物有所并也。计本量委，民有饥者，谷有所藏也。智者有百人之功，愚者有不更本之事。人君不调，民有相万之富也。此其所以或储百年之余，或不厌糟糠也。"① 所谓"民大富，则不可以禄使也；大强，则不可以威罚也。非散聚均利者不齐。故人主积其食，守其用，制其有余，调其不足，禁溢羡，厄利涂，然后百姓可家给人足也"，"均输之物，府库之财，非所以贾万民而专奉兵师之用，亦所以赈困乏而备水旱之灾也"。他反对政府不干预百姓经济，因为如果任由市场发挥作用，势必造成社会群体中贫富悬殊，导致政府政策失灵。贤良文学则列举了官营工商业的种种弊端，比如"大器""不给民用""善恶无所择""远市田器""吏恣留难"等等，主张废除盐铁官营。同时，贤良文学还揭露均输平准法的弊病所在，"行奸卖平，农民重苦，女工再税，未见输之均也。县官猥发，阖门擅市，则万物并收。万物并收，则物腾跃。腾跃，则商贾牟利。自市，则吏容奸。豪吏富商积货储物以待其急，轻贾奸吏收贱以取贵，未见准之平也"，官员的徇私舞弊，让老百姓苦不堪言。这场辩论会虽然议题广泛，但其实质就是要不要实行以政府为主导的宏观调控。

3. 耿寿昌的常平仓制度

耿寿昌是桑弘羊之后又一位将轻重学说付诸理财实践并取得成效的官员。汉宣帝时，大司农中丞耿寿昌以"善为算能商功利"宠幸于皇上。五凤年间，他向汉宣帝建议："'故事，岁漕关东谷四百万斛以给京师，用卒六万人。宜籴三辅、弘农、河东、上党、太原郡谷，足供京师，可以省关东漕卒过半。'……漕事果便，寿昌遂白令边郡皆筑仓，以谷贱时增其贾而籴，以利农，谷贵时减贾而粜，名曰常平仓。"② 常平仓制度针对谷物而设，当百姓

---

① 《盐铁论·错币》。

② 《汉书·食货志上》。

的谷物有余时，国家以适当的高价敛之；当百姓的谷物不足时，国家以适当的低价售之。① 这是以"敛之以轻""散之以重"等为特点的轻重理论的又一次实践，而且国家可以在轻重之间获取部分收入。耿寿昌建立的常平仓制度，是对春秋战国时期"平粜""平籴"的进一步发展。常平仓调节粮食供求关系、稳定粮价、防止"谷贱伤农"、保护工商业者利益，同时还是国家战略粮食储备、维护边疆稳定的重要途径。因此，常平仓制度在中国续存了2000余年，影响极为深远。1944 年美国副总统华莱士访问中国期间，多次谈到中国常平仓思想对他的影响，如他担任美国农业部长时在 1938 年农业调整法中采纳过中国常平仓思想。在现代重要战略物资的储备制度中，我们都可以或多或少地看到常平仓的影子。

4. 王莽新朝的"轻重"政策实施。西汉末年王莽改制可谓"轻重"理论的又一次实践。西汉后期，社会阶级矛盾极为尖锐，一方面大量自耕农流离失所，另一方面地主土地和财富兼并日益严重，贫富对立达到"富者田连阡陌，贫者亡立锥之地"② 的程度。土地兼并使劳动力和土地相分离，严重威胁王朝政权的巩固、社会的稳定，以及王朝政府的财政收入。王莽颁布王田制，实行土地国有，同时实行"六莞（管）"政策。所谓六管，是指由国家经营盐、铁、酒、铸钱、五均赊货等五业，加上国家全面管制名山大泽，总共六项管制，其实质就是对农业生产以外的一切生产、流通活动都实行封建的国家垄断。③ 王莽认为，"夫盐，食肴之将；酒，百药之长，嘉会之好；铁，田农之本；名山大泽，饶衍之藏；五均赊贷，百姓所取平，仰以给澹；铁布铜冶，通行有无，备民用也。此六者，非编户齐民所能家作，必仰于市，虽贵数倍，不得不买。豪民富贾，即要贫弱。先圣知其然也，故斡（管）之。"六管所涉及的行业属于关系国计民生的重大事业，民间无力经营，国家经营才能抑兼并，均贫富。王莽以国家权力平衡工商业以及物价，起到"今开赊贷，张五均，设诸斡者，所以齐众庶，抑并兼也"的作用，是

① 耿振东：《轻重学说在汉武帝时的实践和发展》，《阴山学刊》2011 年第 5 期。

② 《汉书·食货志上》。

③ 赵靖：《中国经济思想史上的一个怪胎：王莽经济思想试剖》，《北京大学学报》1983 年第 4 期。

《管子》轻重思想的一次实践。但是，王莽的王田制和六管政策，触犯了大官僚、大地主、大商人的既得利益，又没有得到人民的支持，反而成为王莽政权最后崩溃的诱因。"他既打击了兼并势力，又加强了对人民的搜刮。他通过国有或国营措施剥夺大地主大商人的兼并利益，又通过各项无孔不入的赋税政策加重了对平民百姓的榨取，并通过接二连三的货币贬值对社会进行普遍洗劫。这种夺天下之利归于一己的所谓改制，使王莽政权既成了大官僚大地主大商人的对立面，又为广大平民百姓所反对，从社会中彻底孤立起来，成为名副其实的孤家寡人政权，从而失去了自己存在的社会基础。"①

5. 两汉的经济自由思想

两汉虽是盛行国家干预主张的时代，但这一时期的经济自由思想也有很大发展，并成为后世经济自由思想的先声。以国家干预为主要特点的轻重思想在两汉时期与经济自由思想第一次发生正面冲突。两汉的经济自由思想不仅体现在人性论、分工论、重商论等方面，而且体现在其所提倡的经济自由论上。陆贾的经济自由论主要体现在"无为而治"与休养生息两方面。在《新语》一书中，首先他强调人主必须无为。"道莫大于无为，行莫大于谨敬。……昔虞舜治天下，弹五弦之琴，歌南风之诗，寂若无治国之意，漠若无忧民之心，然天下治。"②周公"师旅不设，刑格法悬，而四海之内，奉供来臻"，就是因为实行经济自由政策而天下大治。而秦始皇却"举措暴众而用刑太极"，结果"事逾烦天下逾乱，法逾滋而天下逾炽"，最终导致灭亡。因此，他建议刘邦应"无为而治"。他的无为用现代经济学语言来说就是实行经济自由主义，减少政府对经济活动的不必要干预。其次陆贾在无为的基础上强调崇俭、轻徭薄赋的休养生息政策。他把骄奢纵欲看作是亡国的一大原因。"秦始皇骄奢靡丽，好作高台榭，广宫室"；"楚平王奢侈纵恣……增驾百马而行，欲令天下人饶财富利"③；鲁庄公更是"一年之中，以三时兴筑作之役，规虞山林草泽之利，与民争田渔薪菜之饶"④。秦始皇、楚平王、鲁

---

① 张守军：《论王莽的财政经济改革》，《东北财经大学学报》2007 年第 4 期。

② 《新语·无为》。

③ 《新语·无为》。

④ 《新语·至德》。

庄公等都是由于与民争利、敛财过度而亡。陆贾认为，治理这一弊政的办法，就是"应之以俭"①，做到"不兴无事之功"，"不藏无用之器"，就可以"稀力役而省贡献也"②。陆贾的经济自由论起到国家不干涉民间生产、听任民间经济发展的作用，开启了西汉前期经济自由主义政策的实施。

《淮南子》在"无为"的基础上提出"省事"和"节欲"。"省事"和"节欲"的主旨是政府不干预民间经济自由发展。《主术训》篇："清静无为，则天与之时；廉俭守节，则地生之财。"《诠言训》篇："天有明，不忧民之晦也，百姓穿户凿牖，自取照焉。地有财，不忧民之贫也，百姓伐木芟草，自取富焉。"《谬称训》篇："勿惊勿骇，万物将自理，勿挠勿撄，万物将自清。"这些观点都是说明允许百姓自明、自富。为了贯彻"无为""省事"的方针，防止君主干预人们经济生活，《淮南子》提出"尸祝政治"，即君王事事不必亲自动手，听凭"祝宰"安排，自己只是受人祭奉即可，所以君王不必有才能，但负责具体事务的官员却必须有各项业务才能。③

董仲舒坚决主张"不与民争利"④。主要表现在两个方面：第一，"盐铁皆归于民"。他主张国家必须脱离直接经营的工商业活动，不应"颛（专）川泽之利，管山林之饶"⑤。他认为国家直接从事这样一些最易赢利的行业，既违背了"义"与"礼"，又侵害了人民的谋生之路，因此提出"盐铁皆归于民"⑥。第二，"薄赋敛，省徭役"。董仲舒认为繁重的赋税徭役负担使人民无法忍受，违背了以"义"化民的伦理主张。他称赞"古者税民不过什一，其求易供；使民不过三日，其力易足"，而汉继秦之后"循而未改"的制度导致力役之征"三十倍于古"，各种征税"二十倍于古"⑦。因而他明确提出自己的仁政主张："劝农事，无夺民时，使民岁不过三日，行十一之税。"⑧"薄

① 《新语·无为》。

② 《新语·本行》。

③ 陈新岗：《试论汉代诸子的经济自由思想》，《山东大学学报》2005 年第 5 期。

④ 《汉书·董仲舒传》。

⑤ 《汉书·食货志上》。

⑥ 《汉书·食货志上》。

⑦ 《汉书·食货志上》。

⑧ 《春秋繁露·五行顺逆》。

赋敛，省徭役，以宽民力。"①

　　司马迁的经济自由论，集中体现为"善因说"。"故善者因之，其次利道之，其次教诲之，其次整齐之，最下者与之争。"② 这里的"因"是顺应、听任的意思。"善者因之"就是说封建国家最好的经济政策是顺应经济发展的自然，听任私人进行生产、贸易等活动，而不必加以干预和抑制。在他看来，从事营利性的生产贸易活动是私人的事，国家政权及官吏从事这些活动是与民争利，是最坏的政策。政府对经济活动的过分干预，是不必要的。司马迁将这一"善者因之"的政策作为他全部经济学说的脊梁，成了中国经济思想史上主张经济自由主义的集中体现。当然，司马迁也并非主张绝对的放任。他认为在一定的情况下，政府对社会经济发展的适度干预是必要的。"民倍本多巧，奸宄弄法，善人不能化，唯一切严削为能齐之。"③ 即对于"民倍本多巧，奸宄弄法"之徒必须"严削"以齐之。可见，"善因说"实际上是一种以经济自由主义为主，必要时辅以国家干预的一种国民经济管理政策。④

　　"盐铁会议"上，针对桑弘羊的国家干预政策，贤良文学坚持经济自由政策，反对政府的过多干预。贤良文学认为："昔文帝之时，无盐铁之利而民自富，今有之而百姓困乏，未见利之所利也，而见其害也。"他们认为当时民众处境艰难的根源，就是国家控制资源，实行管制："今郡国有盐铁、酒榷、均输，与民争利。散敦厚之朴，成贪鄙之化。"所以统治者应该做到"天子不言多少，诸侯不言利害，大夫不言得丧"。⑤ 意思是说，政府不应该与民争利，应听任民间经济自由发展。汉代诸子的经济自由论极其丰富，像轻徭薄赋、不与民争利、反对官营工商业等思想对当时的经济政策制定产生了不小的影响。尤其是司马迁的"善因说"，更成为古代中国经济自由思想之绝唱。他们均有一定程度的经济自由倾向，即主张顺应自然，尽量减少政

---

① 《汉书·食货志上》。

② 《史记·货殖列传》。

③ 《史记·太史公自序》。

④ 陈新岗：《试论汉代诸子的经济自由思想》，《山东大学学报》2005 年第 5 期。

⑤ 《盐铁论·非鞅》。

府干预。

（三）唐朝的"轻重"理论与实践

唐朝统治者在"轻重"理论指导下，对社会经济采取了诸多干预措施。"安史之乱"以后，唐朝政府启用理财家第五琦、刘晏实行榷盐改革。第五琦对榷盐法实行"直接专卖法"，即民产、官收、官销。政府垄断了绝大部分利润，因此生产者和销售者缺乏积极性，改革收效甚微。刘晏改良第五琦的榷盐法实行"间接专卖法"，灵活运用轻重之术，引进商人机制，即民产、官收、商销制。从第五琦到刘晏，商人化身为推行轻重政策的助手，与政府分享盐利。刘晏设置常平仓平抑粮食物价，"以常平去，丰则贵取，饥则贱与，率诸州米尝储三百万斛"①。刘晏还借鉴了桑弘羊的平准法，"斡山海，排商贾，制万物低昂，常操天下赢货，以佐军兴"②。官商分利、引进商人机制，正是在古代轻重理论基础上发展而来的国家干预经济措施。与汉武帝一味官营不同，唐朝政府在商品经济领域，通过制定一系列市场交易规则，为民营经济留出喘息之机。唐朝中期因解决财政问题而灵活运用"轻重之术"，变僵硬的官府全面控制为间接控制的做法，为后来王朝统治者所继承并发挥运用。随着唐朝中期两税法的改革、北宋"不立田制、不抑兼并"的确立，唐宋之际商品经济在相对宽松的环境下获得较大发展。③

唐朝多数思想家对"轻重"政策持肯定态度。如刘秩上奏说："古者以珠玉为上币，黄金为中币，刀币为下币。管仲曰：'夫三币，握之则非有补于暖也，舍之则非有损于饱也。先王以守财物，以御人事，而平天下也。'是以命之曰衡。衡者，使物一高一下，不得有常。故与之在君，夺之在君，贫之在君，富之在君。是以人戴君如日月，亲君如父母，用此术也，是为人主之权。""夫物贱则伤农，钱轻则伤贾。故善为国者，观物之贵贱，钱之轻重。夫物重则钱轻，钱轻由乎钱多，多则作法收之使少；少则重，重则作法

---

① 《新唐书·刘晏传》。

② 《新唐书·食货四》。

③ 宋娟：《轻重论：古代政府干预商品经济的思想根源》，《广西社会科学》2014 年第 8 期。

布之使轻。轻重之本，必由乎是，奈何而假于人?"① 刘秩主张利用货币作为政府干预经济的主要手段。德宗贞元十年（794），陆贽在《均节赋税恤百姓六条》中提出唐朝典型的货币数量论，主张国家通过货币实施"轻重"，"先王惧物之贵贱失平，而人之交易难准，又立货泉之法，以节轻重之宜。敛散弛张，比由于是……物贱由乎钱少，少则重，重则加铸而散之使轻。物贵由乎钱多，多则轻，轻则作法而敛之使重。是乃物之贵贱，系于钱之多少；钱之多少，在于官之盈缩。"白居易也是赞同管仲、李悝、耿寿昌之法，"夫天之道无常，故岁有丰必有凶；地有利有限，故物有盈必有缩。圣王知其必然，于是作钱刀布泉之货，以时交易之，以时敛散之，所以持丰济凶，用盈补缩。则衣食之费，谷帛之生，调而均之，不啻足矣。盖管氏之轻重，李悝之平籴，耿寿昌之常平者，可谓不涸之仓，不竭之府也"②。杜佑特别推崇管仲轻重论，其《食货志》大段引用《管子·轻重》，他总结说："周之兴也得太公，齐之霸也得管仲，魏之富也得李悝，秦之强也得商鞅，后周有苏绰，隋氏有高颎。此六贤者，上以成王业，兴霸图，次以富国强兵，立事可法。"③

（四）北宋的"轻重"理论与实践

两宋思想家对"轻重"政策的评判，体现为从前期的正面阐述发展到后期的激烈批评。李觏对下层人民的处境非常同情，所以他推崇《管子》的轻重之术，主张国家干预经济。他认为"管仲通轻重而桓公以霸，李悝平籴而魏国富强，耿寿昌筑常平，而民便之"④，"轻重之权，不可不察"。读李觏著作，最大的体会是他关注民生，所以在吸纳轻重之学时，他并非拘泥于教条，而是古为今用。"世俗之说者，必曰复古，古，未易复也。商鞅之除井田，非道也，而民从之，各自便也。王莽之更王田，近古也，而民怨之，夺其有也。"⑤ 因此，他一方面主张国君应将天下之财控制在手中，"天下生

① 《旧唐书·刘秩传》。
② 白居易：《白居易文集》，中华书局 2011 年版，第 1407 页。
③ 《通典·食货十二》。
④ 《李觏集·国用第十一》。
⑤ 《李觏集·常语下》。

物，而不自用，用之者人；人之有财，而不自治，治之者君"，"君不理，则权在商贾，商贾操市井之权，断民物之命。缓急，人之所时有也，虽贱不得不卖，裁其价大半可矣；虽贵不得不买，倍其本什百可矣。如此，蚩蚩之氓，何以能育？"①他主张国家应该垄断粮食购销、建立重要物资的国家储备制度、垄断货币铸造权。另一方面，与刘晏相同，李觏也认识到传统的完全由国家经营工商业的轻重之术，已不能适应社会形势的发展。他主张国家在对重要物资进行部分垄断的前提下，改官销为商销。这样做表面上看削弱了国家对盐业的垄断，但由于调动起商人的积极性，壮大了盐业经营力量，这种以商助官的方式反而更有利于国家对经济活动的调节，更有助于国家获取财政收入。可以说，这样的一种理财策略，既是对"官山海"的修正，更是对"轻重"学说的发展完善。②

王安石在改革中同样运用"轻重"论的策略。面对北宋出现的冗官、冗兵、冗费"三冗"问题，王安石力图通过加强对经济的干预，增加财政收入，摆脱经济困局。王安石变法时提出："盖聚天下之人，不可以无财；理天下之财，不可以无义。夫以义理天下之财，则转输之劳逸不可以不均，用度之多寡不可以不通，货贿之有无不可以不制，而轻重敛散之权不可以无术。"因此，新政中的均输法就是"轻重之术"，"稍收轻重敛散之权归之公上，而制其有无以便转输，省劳费，去重敛，宽农民"，使"国用可足，民财不匮"。王安石既认为政府不应与民争利，"泉府一官，先王所以摧制兼并，均济贫弱，而使利出于一孔者，以有此也……后世桑弘羊、刘晏粗合此意。自秦汉以来，学者不能推明其法，以为人主不当与百姓争利。"又认为政府利用好"轻重之术"可以增加财政收入，"市易之法起于周之司市，汉之平准。今以百万缗之钱，权物价之轻重，以通商而贯之，令民以岁入数万缗息"，"市易之法成，则货赂通流而国用饶矣"。

王安石变法引起朝野上下激烈争论和反对。苏轼和叶适等人对王安石各项变法持批评态度。宋熙宁二年（1069）王安石推行"收息二分"的青苗

---

① 《李觏集·国用第十一》。

② 耿振东：《轻重学说在宋代的接受与实践》，《北方论丛》2010 年第 3 期。

法，遭到苏轼批判。"今陛下使农民举息，与商贾争利，岂理也哉……今青苗有二分之息，而不谓之放债取利，可乎?"实际上，青苗法利息远低于高利贷，本意也是为了在青黄不接的时候救济百姓，但实际执行却不可避免受到官员舞弊的干扰，所以苏轼认为青苗法抢夺了常平仓的正常业务，对百姓经济并未有所助力。"且常平官钱，常患其少，若尽数收籴，则无借贷，若留充借贷，则所籴几何，乃知常平青苗，其势不能两立，坏彼成此，所丧愈多"，"故凡言百姓了请青苗钱，乐出助役钱者，皆不可信"。① 苏轼批判市易法把"民间生财自养之道，一切收之公上"，是与商贾争利，"昔日号为天比户者，皆为市易所破，十无一二矣，其余自小民以上，大率皆有积欠"，"富户先已残破，中民又有积欠，谁敢赊卖物货，则商贾自然不行，此酒课利所以日亏，城市房廊所以日空也"。至于均输法，"夫商贾之事，曲折难行，其买也先期而与钱，其卖也后期而取直，多方相济，委典相通，倍称之息，由此而得。今官买是物必先设官置吏，簿书廪禄，为费已厚，非良不售，非贿不行。是以官买之价，比民必贵，及其卖也，弊复如前，商贾之利，何缘而得。"有悖于市情民情，使"豪商大贾，皆疑而不敢动，以为虽不明言贩卖，然既已许之变易，变易既行，而不与商贾争利者，未之闻也"②。这些批判实质上是对轻重论的否定。

叶适关注富人与商人，所以他认为王安石和管仲的做法名为"理财"，实则"聚敛"，是政府对人民进行财政搜括，"理财与聚敛异，今之言理财者，聚敛而已矣。非独今之言理财者也。自周衰而其义失，以为取诸民而供上用，故谓之理财。而其善者，则取之巧而民不知，上有余而下不困，斯其为理财而已矣。故君子避理财之名，而小人执理财之权。夫君子不知其义而徒有仁义之意，以为理之者必取之也，是故避之而弗为。小人无仁义之意而有聚敛之资，虽非有益于己而务以多取为悦，是故当之而不辞，执之而弗置。而其上亦以君子为不能也，故举天下之大计属之小人，虽明知其负天下之不义，而莫之恤，以为是固当然而不疑也。呜呼! 使君子避理财之名，小人执理财

---

① 《苏轼文集·再上皇帝书》。
② 《苏轼文集·再上皇帝书》。

之权，而上下任用亦出于小人而无疑，民之受病，国之受谤，何时而已"①。

范仲淹则是"轻重"学说的支持者。他为政期间有过对"轻重"理论的实践运用。《梦溪笔谈》记载，皇祐二年（1050），范仲淹知任杭州，"吴中大饥"。他利用"吴人喜竞渡，好为佛事"的习俗，"纵民竞渡"，使其"日出宴于湖上"；又号召"佛寺主首""大兴土木之役""新敖仓吏舍"，以此"日役千夫"。当监司奏劾范仲淹"不恤荒政，嬉游不节，及公私兴造，伤耗民力"时，他说这样做是为了"发有余之财，以惠贫者。贸易饮食工技服力之人，仰食于公私者，日无虑数万人。荒政之施，莫此为大"。范仲淹的这一做法收到了良好实效，"是岁，两浙唯杭州晏然不流徙，皆公之惠也"。

三、"轻重"思想的"得"与"失"

"轻重"思想是古代中国进行宏观调控的重要理论总结。古代统治者运用"轻重"理论来处理诸如官营与民营的关系，农业与工商业的关系，商品与货币的关系等，从而取得较好效果。不仅如此，王朝统治者还采取均输、平准、常平仓等轻重政策进行宏观经济调控。古代宏观调控保证了国家的经济统治能力，但也形成了发达的官营工商业，并成为轻重政策的最重要实践者，从而影响了私营工商业的发展。近现代以来，国家干预或宏观调控始终是经济发展的一条主线，国有企业也成为实施宏观调控的重要抓手。

（一）"轻重"思想之"得"

1. "轻重"思想对商品货币的流通规律进行探索，并且有意识通过这些规律增加财政收入。具体措施有以下几点：一是主张国家控制关系国计民生的重要商品。轻重思想中运用最为广泛的就是盐铁官营。盐、铁都是古代社会人民生产、生活必需品，需求弹性极小，参与这些商品的买卖可以获利颇丰，增加财政收入。二是主张封建政府掌握流通手段——货币。货币是国家管理社会经济的主要工具，掌握了货币流通规律，将其作为制定经济政策的

---

① 叶适：《叶适集》，中华书局1961年版，第657—658页。

根据，可以稳定社会经济、增加财政收入。三是主张国家通过市场供求关系的变化收购或抛售商品，来平抑市场物价。高于均衡价格收购供大于求的商品，低于均衡价格销售供不应求的商品，保持市场价格的相对稳定。四是主张国家通过发布政令来调控社会经济。对于现代社会而言，这些主张都具有启发意义。在现代社会，国家有必要对关系国计民生的重要资源及行业加以控制，建立和发展国有经济，保证宏观经济的稳定发展与社会和谐。在现代经济中，中央银行掌控货币供给量来改变利率、调节物价及有效需求是一项常见的经济措施。

2. "轻重"思想非常注重实施运用财政政策。"轻重"论在财政收入的指导思想、原则、方式、方法等方面有许多值得借鉴的地方，这些主要体现为寓税于利、官山海、知所取予、养民理财、税民所急等原则。寓税于利是与薄赋敛思想并存，在财政史上产生过积极影响的财政管理思想，其实只是由国家统一经营对人民生活有重大影响的商品的生产和流通，并以对山林、川泽等自然资源进行统一管理和征税，用国营工商业利润和资源来代替其他税收，以减轻人民的税收负担。这种思想最早萌芽于西周时期，后随历史的变化，经管仲、商鞅、桑弘羊、刘晏等人的进一步发展，先后在不同的朝代取得了显著的成效，其中以西汉桑弘羊的思想最具代表性。"官山海"还主张国家垄断山泽之利，统一控制和管理对山林、川泽等自然资源的开发和利用，这种思想最早由《管子·海王》提出，建议对山林川泽等自然资源采取国有民营的办法，允许私人在纳税的条件下去开发利用。对"官山海"思想作了进一步理论探索和实践实施的是桑弘羊，他从抑制兼并和为国广开财源的角度论证了"官山海"的必要性。"知所取予"是《管子》作者和唐朝刘晏的财政管理原则。《管子》认为"夫民者亲信而死""民予则喜，夺则怒"，从人性的角度提出国家不应该直接征收税收，剥夺人民，而应该将直接征收变为间接的拿取，在此基础上提出了征税要做到"见予之形，不见夺之理"，以缓和纳税人的对抗心理，有利于巩固统治地位。唐朝刘晏将《管子》中这一思想发展成为两条相互联系的财政收入原则，一是"取人不怨"，二是"因民所急而税之"，具体手段是由国家通过盐铁专卖、常平、均输等法来控制物资和物价。养民理财是刘晏的财政管理思想，他认为培养民力是开辟财源的前提条件，因此在征税时必须首先考虑到人民生计，不赞成"竭泽而渔"的敛财办法。这些财政管理思想和原则对我国的财政有着重要的指导意义。①

3."轻重"思想非常强调政府支出和社会救济。《管子》认为当经济不景气时，民间经济主体缺乏积极性，这时必须由国家出面来扩大开支，给百姓提供一些就业机会，促进经济发展。这种思想和凯恩斯的政府用财政政策来提高有效需求的思想有着惊人的相似性。但在具体实施过程中必须高度重视这种用消费刺激生产方法应用的前提条件，也就是说这种扩张性的财政政策只运用于经济处于衰落和萧条时，而当经济处于恢复和繁荣期时，经济本身有足够的发展动力，这时政府必须退出某些经济领域，减少公共开支，采取稳健的宏观经济政策，将更多的机会和经济资源留给市场并进一步提高效率。"轻重"论中的社会救济思想同样也充满了智慧的火花，主张当经济本身和人民生活遭遇到重大的挫折和困难时，国家必须出面干预来解决燃眉之急。但是在具体的救济过程中，不能简单采取单纯性的救济，应该采取一种创造性救济，培养受灾地区和人民的生产力，尽量使其形成可持续发展能力，因为单纯救济有可能使被救济人员轻而易举得到好处从而养成侥幸心理。

（二）"轻重"思想之"失"

1.国家干预损害了私营工商业发展。古代国家干预主义主要是在认识到工商业重要性的基础上，由国家作为经济主体直接进入市场取利，范围较广，力度较大，因此这种干涉方式使市场交易虽然形式上是公平的，但其干预的本质带有垄断性，结果是损害了私营工商业的发展，市场得到扭曲，因此这只能是一种缓解经济危机和财政困难的权宜之计，发动民间力量才是经济发展的最终出路。

2.国家干预的主要目的是维持政治统治。中国古代封建社会在生产方式上以小农生产为主，在生产关系上则是君主专制，这种生产关系上的君主

---

① 王萍：《论中国古代宏观经济管理思想中的国家干涉主义》，硕士学位论文，西北大学，2005年，第36页。

专制必然要求封建统治者对经济进行干预，以维持政治上的统治。古代国家干预主义强调国家干预的目的是解决统治者当时由于各种原因所造成的财政困难，维持国家的统治，但这种干预的可取之处在于财政危机的解决是建立在确保经济发展的基础上，并不是一种简单的"竭泽而渔"的做法。国家干预经济，从而控制政治的具体做法主要体现为官营商业，国家用官营工商业的方式在市场上取利来代替税收收入，既缓和了阶级矛盾，又增加了财政收入。在官营工商业的具体实施过程中，由于其实施的范围非常广，力度非常大，因而起到了调控经济的作用。古代国家干预主义的特色在于体现了国家行为和市场行为的结合，对市场规律的认识达到了一定的程度，官营工商业一般是建立在经济规律的基础之上。

（三）历史借鉴

1.宏观调控的最佳选择是必要的国家干预与适当的自由放任相结合。千百年来，经济思想史上国家干预与经济自由一直处于此消彼长的纠结状态。在经济实践过程中，不同时期，政策的采纳方式与强度也是不同的。总的来说，高度的干预主义，对于政府短期目标的实现效果明显，但不利于个人、企业积极性与创新的发挥，反而阻碍了经济的发展；而完全的经济自由主义短期内带来经济的繁荣，可是生产过剩等市场失灵出现的必然性、对封建政府统治的挑战，又对社会稳定造成威胁。事实上，自古至今没有任何一个统一的国家真正尝试完全的经济自由主义。因此必须把干预与放任结合起来，即必要的国家干预与适当的自由放任相结合。

2.国家干预经济要统筹兼顾，突出重点。古代轻重思想主张政府调节经济时，主次有别，轻重有差异，针对不同的产品实行区别对待，对谷物、盐、铁等重要物资实行国营，对于酒、明矾等物资根据财政需要进行专卖或放开。在现代经济中，政府更是要"有所为有所不为"，对影响国计民生的重点部门和重点产业，由国家经营；而对一般性部门和产业应该按照市场规则来对待。

3.宏观调控要协调财政政策与货币政策。古代轻重思想要求统治者运用货币功能，借助于货币与谷物、货币与万物之间的关系来达到预期的经济或政策目的。所谓"人君操谷币金衡而天下可定也"①。"制其通货，御其司命"。现代经济中，在运用财政政策的同时，不能忽视货币政策的重要性，要使货币的数量适应市场经济的发展要求。

4.宏观调控是市场经济运行的重要保障。古代轻重思想认为宏观调控可以平抑物价、富国富民，所谓"故善者委施于民之所不足，操事于民之所余。敛积之以轻，散行之以重"。宏观调控可以消除贫富对立，维护社会秩序，"分地若一，强者能守；分财若一，智者能收……然而人君不能调，故民有相百倍之生也"②。因此，轻重思想的实质是要通过国家宏观调控来达到稳定社会政治与经济的作用。

四、"轻重"思想的时代转化

作为中国传统的治国之术，轻重思想大多是以国家为本位、政治为本位来考虑经济问题，对国家财富的增长具有重大影响，所以历代统治者推崇《管子》式的国家干预政策而非司马迁式的经济自由政策也就不足为奇了。

（一）适度国家干预

宏观调控是市场经济的基本要求。我们必须深化历史上关于国家干预的相关研究，积极发挥政府的宏观调控职能。国家干预不仅是传统经济智慧的结晶，更是传统经济制度的重要特征。从传统经济运行轨迹看，国家干预与宏观调控是常态，自由放任是非常态。大多数王朝统治者和思想家都坚持并施行国家干预政策。如管仲、《管子》、桑弘羊、刘晏、王安石、范仲淹等。对于国家干预与宏观调控的思路，王朝统治者与思想家是认可的，但对于干预调控的内容与范围等存在较大的争议。我们必须深化宏观调控的内容研究。如《管子》认为，宏观调控内容应包括有效掌握粮食命脉、实施正确的财税政策、利用好货币这一重要调节工具、垄断以盐铁为代表的重要资

---

① 《管子·山至数》。
② 《管子·国蓄》。

源、发动适时的贸易战争等。就当代宏观经济调控而言，我们必须保证国家粮食安全，努力发挥财税政策的经济增长功能，保持人民币币值稳定并使之国际化，有效控制国家重要战略资源，时刻做好贸易战争的准备等。例如在当今经济全球化的国际环境中，我们必须通过宏观调控保持人民币的汇率稳定并努力实现人民币国际化，因为这不仅关系到我国在世界市场中的生存与发展，更体现了世界大国的责任与担当。

（二）适时国家干预

宏观调控应符合市场经济规律。我们必须深入总结历史上政府干预的经验教训，坚持宏观调控一定要遵循经济规律。在国家干预经济的同时，一定要尊重市场经济自身的调节规律。国家一味地行政干涉，不尊重市场价值规律，会束缚市场经济的发展。西汉时期桑弘羊的经济改革，提供了一个准确掌握和熟练运用经济规律的范例。例如他对时代条件的认识，对工商业职能和商业流通规律的理解，对盐铁大规模生产经营优势的分析，以及对货币功能的精准把握和垄断货币铸造必要性的深刻论述，都极为清晰地证明了这一点。通观西汉以降历朝历代的财政改革，经济改革成功的莫不是做到了上述各个方面，失败的则都在于仅仅是学习和借鉴了桑弘羊主持财政改革的内容，但实质上却没有准确把握自身所处时代的特点和商品经济发展的具体情况，要么不遵循经济规律，要么逆时代潮流而动，最终归于失败。① 因此在每一项具体行为付诸实施时，都应仔细考察这种行为本身是否符合经济规律的要求，同时考察这种行为对经济会造成怎样的影响，以及这种影响将波及哪些方面、程度如何，并力求最大限度地减少负面效应。现代国家在管理国民经济时，一定要打好组合拳，宏观调控和市场调节两手都要抓，两手都要硬。

（三）发挥市场的决定性作用

宏观调控应保证市场在资源配置中的决定性作用。我们必须深刻总结

---

① 王萍、李仙娥：《中国古代国家干预主义的全面实践：以桑弘羊的财经改革为中心的探讨》，《理论学刊》2013 年第 12 期。

历史上商品经济的发展特点，努力发挥市场机制在资源配置中的决定性作用。国家干预与宏观调控虽是传统经济的主流特征，但市场机制仍在民营经济中发挥着重要作用。古代商人及思想家已经注意到市场机制的调节作用和市场失灵现象。范蠡提出"论其有余不足，则知贵贱；贵上极则反贱；贱下极则反贵"①，就是根据市场上商品的供求情况来判断价格变化趋势。如果供过于求，价格就会跌落；反之，价格就会上涨。范蠡主张"贵出如粪土，贱取如珠玉"，"旱则资舟，水则资车"，可以迅速积累大量商业利润。大商人白圭采用"治生之术"，同样是利用市场规律而致富。其"治生之术"的核心是"人弃我取，人取我予"②，即买进其他商人不愿问津的商品，卖出供不应求的商品，通过"人弃""人取"预测市场行情变化并据此进行经营决策。古代商人还认识到市场失灵的现象。如平粜和平籴思想。范蠡认为："夫籴二十则病农，九十则病末；末病则财不出，农疾则草不辟矣。上不过八十，下不减三十，则农末俱利。平籴齐物，关市不乏，治国之道也。"③他主张用平粜维持适中的物价。李悝进一步说："籴甚贵伤民，甚贱伤农。民伤则离散，农伤则国贫。故甚贵与甚贱其伤一也。善为国者，使民无伤而农亦劝。"④李悝站在官员的立场上主张国家干预，通过平籴方法来调整粮食价格。"虽遇饥馑水旱，籴不贵而民不散，取有余以补不足也。"后来汉朝耿寿昌建立"常平仓"，将国家利用价格杠杆调节市场失灵的措施制度化。

（四）政府与市场良性互动

市场经济需要宏观调控和自由竞争相辅相成。我们必须深入比较历史上的"轻重"思想与"自由"思想，坚持市场调节与宏观调控相结合。中国传统经济思想的发展脉络正是经济自由与国家干预相互演进的过程。所谓经济自由思想与国家干预思想是相对而言的，是人们对待市场、国家二者关系的两种思想体系。如先秦诸子已有非常丰富的经济自由思想论断，他们着重

① 《史记·货殖列传》。
② 《史记·货殖列传》。
③ 《史记·货殖列传》。
④ 《汉书·食货志上》。

从人性研究、私有财产理论、自由贸易理论及市场机制功能等方面论述了经济自由思想。[①] 再如两汉思想家大都肯定人的求利、求富本性，认为这是社会经济发展的内在动力。政府不仅要重视对这一问题的研究，顺应人的本性发展，而且要对人们的这种活动予以必要的干预。也就是说，在满足人们求利本性以求富民之效时，必须同时辅之以适度的经济干预，这或许是最好的经济发展模式。两汉思想家还基于对发展商品经济的重视，一定程度上明确了分工的标准，肯定了分工所带来的经济效率。两汉思想家虽然基于人性的考虑主张经济自由，但他们也不曾忽视政府的适度干预。单从这一点来看，他们提出的是有限度的经济自由。联系到当前的社会主义市场经济建设，就是让政府成为真正的市场经济"守夜人"，同时大力提高民营经济对国民经济的贡献度。

（五）加强全球化资源配置

宏观调控要应用好国内国外两个市场，做到国内循环与国际循环有机结合。我们必须深入总结历史上贸易战、货币战等经验教训，明确对外贸易目标，控制重要战略物资。《管子》轻重论中的对外贸易思想的目标是十分明确的，就是"制天下"。《管子·国蓄》说："三币握之则非有补于暖也，食之则非有补于饱也，先王以守财物，以御民事，而平天下也。"发展对外贸易的目标应是"御民事""平天下"。现代社会中，我们发展对外贸易同样应该放眼于"天下"，寻求国家富强与民生改善。《管子》贸易战应该给我们更多的启示。现代国家在追求高经济增长速度时，一定要加强重要物资的控制及经济基础的夯实。事实上，由于我国人口众多，人均资源占有量很低。不可再生的重要资源如果大量外流，会造成无法挽回的损失。因此，我国在国内国际双循环中，应借鉴《管子》的思想，加强对本国资源的保护，在对外贸易中调节资源的优化配置，夯实经济基础，培养核心生产能力，增强国家的经济实力。

[①]　张秀奁：《论先秦诸子的经济自由思想》，《山东经济》2007 年第 3 期。

参 考 文 献

一、古代文献

1. 邬国义等:《国语译注》,上海古籍出版社 2017 年版。

2. 程树德:《论语集释》,中华书局 2013 年版。

3. 左丘明:《左传》,中州古籍出版社 2018 年版。

4. 焦循:《孟子正义》,中华书局 1987 年版。

5. 朱谦之:《老子校释》,中华书局 2017 年版。

6. 王先谦:《荀子集解》,中华书局 1988 年版。

7. 阎振益、钟夏:《新书校注》,中华书局 2000 年版。

8. 刘文典:《淮南鸿烈集解》,中华书局 1989 年版。

9. 王立器:《盐铁论校注》,中华书局 1992 年版。

10. 汪继培:《潜夫论笺校正》,中华书局 2014 年版。

11. 司马迁:《史记》,中华书局 2013 年版。

12. 班固:《汉书》,中华书局 2017 年版。

13. 范晔:《后汉书》,中华书局 2018 年版。

14. 陈寿:《三国志》,中华书局 2011 年版。

15. 房玄龄等:《晋书》,中华书局 2000 年版。

16. 刘昫等:《旧唐书》,中华书局 2000 年版。

17. 欧阳修、宋祁:《新唐书》,中华书局 2000 年版。

18. 董诰等:《全唐文》,中华书局 1983 年版。

19. 王溥:《唐会要》,上海古籍出版社 2006 年版。

20. 杜佑:《通典》,中华书局 2016 年版。

21. 司马光等：《资治通鉴》，中华书局 2017 年版。

22. 脱脱等：《宋史》，中华书局 2000 年版。

23. 李焘：《续资治通鉴长编》，中华书局 2004 年版。

24. 黄淮、杨士齐编：《历代名臣奏议》，上海古籍出版社 2012 年版。

25. 马端临：《文献通考》，浙江古籍出版社 2000 年版。

26. 张廷玉等：《明史》，中华书局 2000 年版。

27. 丘濬：《大学衍义补》，上海书店出版社 2012 年版。

28. 宋应星：《天工开物》，岳麓书社 2002 年版。

29. 徐溥等纂修：《大明会典》，国家图书馆出版社 2009 年版。

30. 王夫之：《船山全书》，岳麓书社 2011 年版。

31. 贺长龄辑：《皇朝经世文编》，文海出版社 1972 年版。

二、今人著作

1. 中国社会科学院考古研究所：《胶县三里河》，文物出版社 1988 年版。

2. 山东大学历史系考古专业教研室：《泗水尹家城》，文物出版社 1990 年版。

3. 山东省博物馆、山东省文物考古研究所：《邹县野店》，文物出版社 1985 年版。

4. 徐基：《商代的山东》，山东文艺出版社 2004 年版。

5. 安作璋：《山东通史》（共 7 卷），山东人民出版社 1993、1994、1995 年版。

6. 周自强：《中国经济通史·先秦卷》，中国社会科学出版社 2007 年版。

7. 梁方仲：《中国历代户口、田地、田赋统计》，上海人民出版社 1980 年版。

8. 傅筑夫：《中国封建社会经济史》，人民出版社 1982 年版。

9. 王玉茹：《中国经济史》，高等教育出版社 2008 年版。

10. [美] 布莱克：《现代化的动力：一个比较史的视角》，浙江人民出版社 1989 年版。

11. 杜恂诚：《金融制度变迁史的中外比较》，上海社会科学出版社 2004 年版。

12. 诺思：《经济史中的结构与变迁》，上海三联出版社 1994 年版。

13. [英] 约翰·希克斯：《经济史理论》，商务印书馆 2009 年版。

14. 赵冈、陈钟毅：《中国经济制度史论》，新星出版社 2006 年版。

15. 齐涛主编：《中国古代经济史》，山东大学出版社 1999 年版。

16. 王毓铨主编：《中国经济通史·明代经济卷》（上），中国社会科学出版社2007年版。

17. 林毅夫：《解读中国经济》，北京大学出版社2012年版。

18. 陈新岗：《两汉诸子治国思想研究》，山东文艺出版社2009年版。

19. 刘玉峰：《唐代经济结构及其变化研究——以所有权结构为中心》，山东大学出版社2014年版。

20. 张家骧等：《中国货币思想史》（上），湖北人民出版社2001年版。

21. 汪圣铎：《两宋货币史》，社会科学文献出版社2003年版。

22. 彭信威：《中国货币史》，上海人民出版社1958年版。

23. 欣士敏：《金泉沙龙——历代名家货币思想述论》，中华书局2005年版。

24. 巫宝三：《中国经济思想史资料选辑》（三国两晋南北朝隋唐部分），中国社会科学出版社1992年版。

25. 郑学檬：《中国赋役制度史》，厦门大学出版社1994年版。

26. 黄天华：《中国税收制度史》，华东师范大学出版社2007年版。

27. 刘玉峰：《中国历代经济政策得失》，泰山出版社2009年版。

28. 叶世昌：《古代中国经济思想史》，复旦大学出版社2003年版。

29. 陈新岗等：《精耕细作：中国传统农耕文化》，山东大学出版社2017年版。

30. 赵靖：《中国经济思想史述要》（下册），北京大学出版社1998年版。

31. 陈新岗：《古代中国消费思想史》，兵器工业出版社2005年版。

32. 陈新岗、张秀娈：《山东经济史》，山东人民出版社2011年版。

后　记

　　《当代视域下的中国传统经济制度与思想研究》是由安作璋、王志民两位先生任主编，由人民出版社出版的《中华优秀传统文化的时代价值研究》丛书中的一部，也是国家社科基金重大项目"中华优秀传统文化的时代价值辨析研究"最终成果的一部分。恩师安先生虽然已经仙逝，但王先生承上启下，这套丛书及本书均按照两位先生制定的思路框架撰写而成。在此，向安先生表达永远的怀念之情，也向王先生表达深深的谢意。

　　当代中国经济的成功与优秀的传统文化基因密不可分。传统经济制度和经济思想是中华传统文化的重要组成部分，历史内涵极为丰富，远非这本小书所能包揽。笔者仅就土地制度、赋税制度、工商管理制度、货币制度等重要经济制度，以及重义轻利、重农抑商、崇俭黜奢、轻重之论等重要经济思想，在给出主要历史脉络的基础上，探讨哪些内容能够创造性转化为满足当代经济建设需要的新文化，哪些内容能够创新性发展为适应经济未来发展需要的新文化。在中国特色社会主义新时代，将传统经济制度和经济思想中的优秀部分进行创造性转化、创新性发展，对于建设社会主义现代化强国、实现中华民族伟大复兴，具有重要的历史意义和现实价值。

　　中华文明是世界四大文明中唯一绵延不断的文明形态，这是中国学者建立文化自信的主要来源。正因为此，很多学者都非常重视中华传统文化，也非常关注传统经济制度和经济思想，相关研究已蔚为大观。值拙稿付梓之际，谨向各位学者表示衷心的敬意。在撰写过程中，笔者参考了各位学者的研究成果，不仅包括已在文中列出的成果，还包括未在文中列出的成果，在此深表谢意。正是由于诸位学者的不断努力，我们对传统经济制度和经济思想的认识才更全面、更深刻，笔者也因为加入这个研究队伍而深感荣幸。在课题研究过程中，王志民先生给予了精心指导，秦铁柱博士也给予了很大帮助，在此一并表示感谢。

传统经济制度和经济思想的内容量大、面广，又因笔者学识有限，谬误之处多有。在此，恳请大方之家予以批评指正。

陈新岗

2020 年 10 月于济南